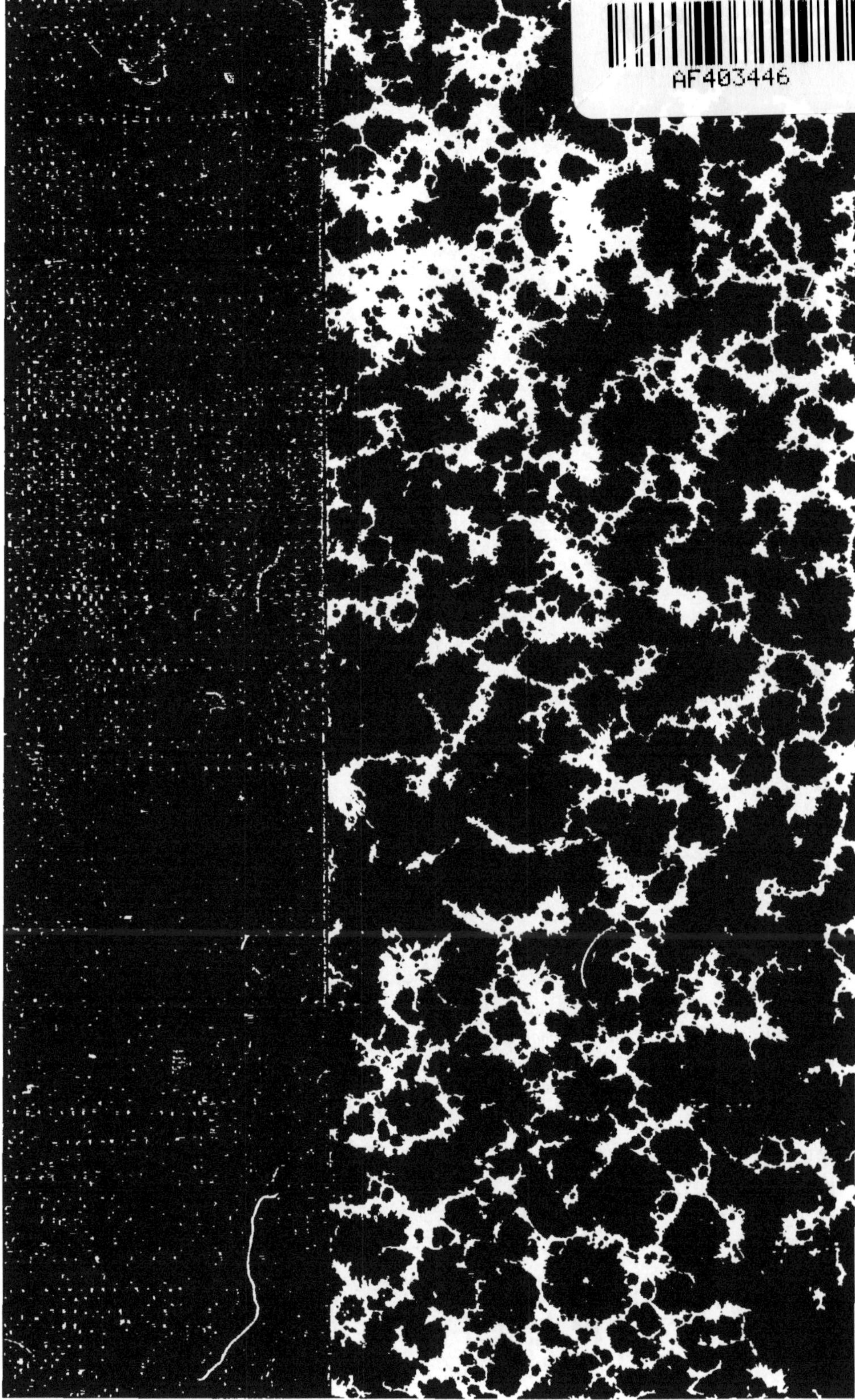

DE
LA MORALE POSITIVE.

Conférence faite au Havre,

PAR

PIERRE LAFFITTE,

Successeur d'Auguste COMTE,

PRÉCÉDÉE D'UN

Aperçu sur sa Vie et son Œuvre, par Émile Antoine.

> La première science de l'homme, c'est l'homme
> MADAME DE LAMBERT

PRIX : 3 FRANCS.

EN VENTE

AU HAVRE

Chez les principaux Libraires.

A PARIS

Chez M. Pierre LAFFITTE,
10, rue Monsieur-le-Prince.

1881

Quatre-vingt-treizième année de la Grande Crise

DE LA MORALE POSITIVE,

PAR

M. PIERRE LAFFITTE,

PRÉCÉDÉE D'UN

Aperçu sommaire sur sa Vie et son Œuvre.

AVIS DES ÉDITEURS.

Mettre en relations directes la population havraise et le Directeur du positivisme, tel a été le but pour lequel, sous une impulsion à la fois affectueuse et sociale, le centre positiviste havrais a été fondé. Après huit années d'activité continue, ce centre avait acquis assez de consistance pour que ses membres pussent faire appel à M. Pierre Laffitte et lui demander, pour le service de l'Humanité, de communiquer à leurs concitoyens, dans une série de conférences, le fruit de ses profondes recherches philosophiques.

L'attachement de la population havraise à la Patrie et à la République a permis à M. Pierre Laffitte de ne l'entretenir que de grandes choses. C'est pourquoi il choisit, pour sujet de sa première conférence de la salle Sainte-Cécile, la *Morale Positive*, clef de voûte du régime républicain, qu'elle motive, dirige et consacre. La bienveillante attention avec laquelle un nombreux auditoire a suivi une exposition qui n'a pas duré moins de deux heures a justifié sa confiance. De son côté, le public havrais a pu constater que le positivisme religieux propage, sans nul esprit clérical, au nom d'une science profonde, les grandes notions morales que pratiquent spontanément tous les gens réellement honnêtes.

Il était utile de conserver tant de précieux résultats sous une forme qui permît de les étendre au-delà d'un public privilégié, et qui laissât un souvenir durable de la première visite en Normandie du Directeur du positivisme. C'est pourquoi nous avons tenu à publier sa conférence sur la Morale positive avec tous ses développements.

Un préambule était nécessaire : la constitution de la morale positive est inséparable du nom de M. Pierre Laffitte ; il fallait, ne fût-ce que par une courte notice, faire connaître la vie et l'œuvre de ce grand citoyen. Le centre havrais est heureux de donner à son directeur ce témoignage public de son affectueuse reconnaissance.

ALBERT KRAUSE,

Président de la Société Positiviste du Havre,
21, rue de la Comédie.

Le 12 Shakespeare 91 (87ᵉ anniversaire de la Convention).

M. PIERRE LAFFITTE.

RÉPUBLIQUE OCCIDENTALE.

APERÇU SOMMAIRE

SUR LA VIE ET SUR L'ŒUVRE

DE

M. PIERRE LAFFITTE,

Successeur d'Auguste COMTE,

Par EMILE ANTOINE.

—

> Cette capitale compte beaucoup d'esprits éminents : si vous en rencontrez jamais un qui soit le disciple d'un autre, je vous conjure de venir me l'apprendre ; j'irai voir ce prodige, que je n'ai point encore eu l'occasion d'admirer, et je pourrai me dire avant de quitter ce monde : J'AI VU UN HOMME QUI AVAIT UN DISCIPLE !
>
> LACORDAIRE.
> (Conférences de Notre-Dame, de 1845).

HAVRE

Imprimerie T. LECLERC, cours de la République, 174.

—

1880

Quatre-vingt-douzième année de la Grande Crise.

DÉDICACE

—

A Monsieur FABIEN MAGNIN,

Ouvrier Menuisier,

Président de la Société Positiviste,

Né aux Abrets (Isère), le 27 Saint-Paul 22 (16 Juin 1810).

————

Cher et honoré Confrère,

Daignez accepter la dédicace de cet opuscule qui résume toute une vie de dévouement à la cause indivisible du Prolétariat, de la République et de l'Humanité. Elle vous était due, à vous qui, le premier des disciples prolétaires d'Auguste Comte, avez, comme son successeur à la présidence de la Société Positiviste, donné à M. Pierre Laffitte le plus constant concours, et étendu le champ de de son activité par la fondation du centre de Puteaux. C'est avec la joie du devoir accompli que vous contemplez jusqu'à trois générations de fidèles dans cette Société, dont vous avez inauguré la série des travaux, par votre mémorable rapport de 1848, et dont vous avez vu surgir tous les membres. Puisse l'Humanité conserver longtemps son fidèle serviteur, dans ce monde « où vous avez rencontré tant de bonnes gens et eu tant de plaisir à vivre, » et au milieu de cette Eglise positiviste, qui vous entoure de son filial respect. C'est le vœu que vous exprime, au nom de ses confrères de Normandie, celui qui n'a pas oublié l'accueil paternel que vous avez fait il y a huit ans au jeune républicain havrais, et qui vous remerciera toujours du meilleur de son cœur des bons conseils dont vous l'avez honoré.

Salut et respect.

EMILE ANTOINE

(Né à Rouen, le 3 Janvier 1848).

Le Havre, 17 Guttenberg 91.

INTRODUCTION

—

I. — Le positivisme est à l'ordre du jour ; ses notions et formules essentielles sont répandues dans le public actif, qui les adopte sans en connaître l'origine et sous des formes généralement vagues et confuses. Cette propagation, d'ailleurs inévitable, n'est pas sans périls : elle met sous le patronage de la science des institutions et des dogmes usés, auxquels on assure ainsi une prolongation d'existence ; en créant des réputations factices, elle détourne l'attention des véritables interprètes de l'esprit positif, et elle favorise l'exploitation du prolétariat par une pédantocratie parlant au nom de principes nouveaux, sur lesquels il n'a pas de contrôle.

Toutefois, s'il ne faut pas adopter aveuglément tout ce qui est donné comme positif, surtout lorsqu'il s'agit de rompre brusquement avec les traditions établies, et que ceux qui le proposent n'offrent pas dans leur vie privée et publique le minimum de garanties désirables, il n'en est pas moins nécessaire de n'accepter que ce qui est scientifiquement démontrable. Il faut en revenir à la juste appréciation des faits ; c'est une question de salut public. Faire de la science la base exclusive du culte, de l'éducation et de la politique, voilà ce qui distingue le positivisme de toutes les autres doctrines.

Il est difficile de se guérir des utopies démocratiques, mais c'est un effort nécessaire, et le public, surtout depuis de récents échecs, tend à se l'imposer de plus en plus, en même temps qu'il réclame, sous des noms multiples, les conséquences pacifiques et libérales du principe fondamental du positivisme, la séparation des deux pouvoirs. Il ne sait pas d'où lui viennent ces tendances et ces notions, qui dérivent d'un ensemble doctrinal très complexe et très abstrait. Cependant quelqu'un les a formulées tout d'abord, car ce n'est pas spontanément ou par voie mystérieuse qu'elles ont, depuis un peu plus d'une génération, graduellement surgi chez tant d'individus.

Toute transformation de l'opinion publique résulte toujours d'une action extérieure exercée par un génie puissant. C'est dans Auguste Comte qu'il faut chercher l'origine de cette émancipation de la théologie et de la métaphysique. Si tant de résultats précieux pour le régime républicain sont dus à la propagation spontanée et inconsciente du positivisme, que n'aurait-elle pas produit si elle avait été dirigée systématiquement ! Ce n'est, en effet, qu'en connaissant la source et la liaison des notions positives, qu'elles pourront être employées, sans perte de forces au bien commun.

Pour ces motifs, il est nécessaire que chacun prenne connaissance d'une doctrine qui est la véritable légataire universelle de l'Humanité, soit que l'on ait des dispositions à l'accepter ou à la contester, soit que, réservant son jugement, on veuille assister en spectateur non indifférent au débat engagé, entre le catholicisme et le matérialisme d'une part, et le positivisme de l'autre. Et par positivisme il faut entendre la religion de l'Humanité ; toute autre manière de le présenter est fausse et dangereuse, puisqu'elle sépare les éléments d'un ensemble indivisible, et que ce n'est qu'à ce degré que la philosophie positive a, selon le vœu de Diderot, atteint l'unité décisive qui permet de la rendre populaire. Il convient de rappeler combien cette fondation d'Auguste Comte est profondément liée à la consolidation de la République.

II. — La religion de l'Humanité, légitime héritière de

toutes les tentatives organiques qui ont, dans le passé, préparé le présent, adopte le programme de la Convention. Elle vient réaliser ce que poursuivirent, sans y parvenir, les républicains de 1793 : satisfaire mieux que le Catholicisme et la Féodalité aux aspirations constantes de la nature humaine, en instituant des fêtes, un enseignement et un ordre matériel. Les conventionnels, après avoir pris acte de la destruction de l'ancien régime, voulurent édifier le nouveau ; dans ce but, ils organisèrent : une politique, caractérisée par le gouvernement révolutionnaire et destinée à durer jusqu'à la paix, c'est-à-dire jusqu'à la consolidation de la République ; un enseignement public, d'après de généreux projets d'éducation populaire, et la création d'un enseignement supérieur destiné à relier les grandes créations scientifiques du XVIII° siècle ; un culte purement humain et terrestre, symbolisé dans le calendrier républicain, consacré à l'idéalisation du travail, et complété par des fêtes abstraites que vint coordonner le culte d'un être suprême, la Raison.

Cette triple tentative échoua par un double motif. D'une part, la doctrine démocratique, à cette époque la seule foi disponible en dehors du théologisme, par sa désastreuse influence sur la dictature du Comité de Salut public, vint imprimer à celle-ci un caractère absolu et arbitraire qui la fit inévitablement aboutir à la rétrogradation de Robespierre, caractérisée par le massacre des athées, des savants et des fondateurs de la République. Or, ces divers éléments positifs, créés par l'Humanité, pouvaient seuls, par leur concours, organiser le nouveau régime, à l'exclusion des docteurs démocratiques, dont la doctrine antiscientifique les mettait spontanément en opposition avec l'impulsion dont leurs victimes avaient été les organes. D'autre part, l'école sociologique du XVIII° siècle, représentée surtout par Montesquieu, Turgot et Condorcet, avait senti le besoin de rattacher le présent au passé et même à l'avenir ; elle demanda à la méthode positive la solution d'un problème qui, quoique urgent, n'était pas assez préparé ; il ne put être que posé non résolu. La révolution manqua d'une doctrine sociale et, par suite, d'une morale systématique qui pût servir de base rationnelle à une politique, à une éducation et à un culte purement humains. Auguste Comte, le premier, comprit que la réforme radicale des institutions politiques doit être précédée d'une transformation morale basée sur une conception scientifique des choses ; il consacra sa vie et son génie à la fondation de cette doctrine, et la solution à ce triple problème fut la religion de l'Humanité (1).

III. — Le public républicain se rapproche graduellement de cette manière de concevoir l'aboutissant normal de la Révolution ; malheureusement ce qui aurait pu être le fruit de la raison et de la prévoyance a été le résultat de déceptions et de révolutions, c'est-à-dire de la force des choses. L'avènement nécessaire de la République, en faisant prévaloir la question sociale sur la question politique, c'est-à-dire le règlement du nouveau régime sur la lutte contre l'ancien, a placé le prolétariat au premier rang dans les préoccupations publiques. Le prolétaire, qui trouve

----

(1) Auguste Comte, né à Montpellier le 19 Moïse, an 10 (19 Janvier 1798), mourut à Paris le 24 Gutenberg 69 (5 Septembre 1857) (*).

(*) L'ère moderne ayant commencé en 1789, c'est une faute, de la part des esprits avancés, de continuer à employer EXCLUSIVEMENT l'ère chrétienne, à laquelle ils n'appartiennent plus. Depuis la fondation de la Religion de l'Humanité, dont il a construit le calendrier, concret et abstrait, Auguste Comte n'a cessé de dater de l'ère nouvelle, usage que ses disciples ont adopté dans leurs relations privées et publiques.

La concordance quotidienne et mensuelle entre les deux calendriers, positiviste et catholique, a été établie pour une année quelconque dans une publication spéciale du Centre havrais. [CALENDRIER POSITIVISTE suivi du CATALOGUE DE LA BIBLIOTHÈQUE POSITIVISTE, édition de l'an 89, chez T. Leclerc, Havre]. Pour déterminer les années qui correspondent à l'ère nouvelle, il suffit d'ajouter douze aux deux derniers chiffres des années du XIXᵉ siècle de l'ère chrétienne

dans la vie de famille et dans l'activité civique les plaisirs du dévouement, a besoin, pour y satisfaire, du pain qui nourrit le corps et de la science qui élève l'âme. Du travail et une éducation générale : voilà le double problème moderne.

Il n'y a, au fond, que deux puissances, l'Industrie (dont l'État régularise l'action) et l'Église ; leurs organes ont pour fonction de pourvoir à l'existence matérielle et morale de l'enfant, de la femme et du prolétaire, les riches par le travail, les philosophes par l'éducation. La solution se trouve dans la science de l'Humanité ; liée dans son élément physique à l'industrie, elle se rattache en morale aux plus hautes aspirations des travailleurs. Actuellement, ceux-ci sont dépourvus de cet enseignement, le seul qui leur serait réellement utile, et ils en sentent la privation, plus que ceux qui les dirigent ; de là leur ardeur rénovatrice, qui tient surtout à leur situation. Mais cet élan ne leur est pas particulier, car la bourgeoisie n'a cessé d'offrir de ces natures élevées qui sentent plus que les autres la nécessité de faire le bien, et c'est parmi elles que se sont recrutées d'abord les âmes d'élite auxquelles l'Humanité confie le savoir qui doit un jour éclairer tous ses enfants.

C'est à la lumière de l'esprit scientifique qu'Auguste Comte a pu concevoir le plan général de la nouvelle organisation industrielle, dont le règlement constitue la question sociale. La méthode positive fait reposer toute l'efficacité de la solution correspondante sur l'établissement d'une nouvelle communauté d'opinions et de mœurs. C'est dire qu'une instruction générale qui répande le savoir construit par l'Humanité ne suffirait pas sans un culte privé et public qui fasse prévaloir, par un exercice approprié, les habitudes que suppose cette transformation. Le programme de la Révolution ainsi développé parle enfin au cœur de la femme ; il tend à lui inspirer un profond intérêt pour une transformation politique et sociale à l'égard de laquelle elle devait rester passive tant que domina l'esprit critique ; sa funeste prépondérance avait fait méconnaître l'intime liaison de la foi démontrable avec ce complet essor affectif auquel la femme rattache et son bonheur et ses devoirs, et qu'elle regarde comme la véritable destination de son existence. La question religieuse domine la question sociale elle-même, puisque toutes les autres considérations n'en sont que des cas particuliers, subordonnés à un tel ensemble ; elle constitue donc essentiellement le problème du XIX⁰ siècle.

En vertu de cet ordre nécessaire de dépendance, le provisoire n'aura cessé, et les institutions républicaines n'auront de stabilité, que lorsque l'organisation industrielle sera réglée d'après des principes généraux de conduite communs à tous, chefs et ouvriers, et aux deux sexes, et consacrés par des fêtes publiques. C'est à ces nécessités permanentes que la religion de l'Humanité vient donner satisfaction. Etre républicain, comme l'entend le positivisme, suppose une transformation radicale de l'appareil cérébral, et, par conséquent, une toute autre préparation que celle qui résulte de l'étude du catéchisme, romain ou luthérien, complété ou modifié par la lecture de journaux, de romans historiques et socialistes, voire même d'ouvrages de vulgarisation scientifique ! Pour que le républicain de sentiment devienne un citoyen de fait, il faut qu'il ait pris connaissances des principes généraux du savoir humain. Or, une doctrine ne se propage pas sans un corps régulier et permanent. On ne peut s'en remettre du soin de répandre la science à l'inspiration du Saint-Esprit, non plus qu'à son équivalent démocratique, la conscience ; on s'exposerait à attendre longtemps. Le clergé démocratique (journalistes, romanciers et dramaturges), quoique plus en faveur que le clergé théologique, n'est guère plus compétent au point de vue positif ; quant au personnel enseignant de l'Etat, il est dépourvu de toute foi religieuse commune, et d'ailleurs il suppose résolu ce qui est en question.

L'examen du problème, tel que le pose l'ensemble de la situation, aboutit donc à la nécessité de l'établissement d'une corporation de philosophes qui enseignent et conseillent au nom de la science, c'est-à-dire à la fondation d'un sacerdoce républicain. La Révolution positive ne pouvait se faire que par en haut, et non par l'Etat ni par le peuple ; descendue d'un esprit supérieur, organe des hommes de génie, ses prédécesseurs, elle s'étendra sur les individus, qui s'incorporeront le savoir abstrait de l'Humanité dans la mesure de leurs moyens et de leurs besoins. Une corporation enseignante indépendante de l'Etat peut seule concilier la liberté individuelle avec la nécessité d'une transformation sociale, liée à la prépondérance de l'esprit scientifique dans la direction des sociétés, en déterminant une adhésion volontaire et motivée aux principes destinés à prévaloir. La solution du problème moderne est contenue toute entière dans cette formule d'Auguste Comte, que son successeur a prise pour épigraphe de ses Circulaires annuelles : « *La formation du sacerdoce positif devient la* » *première condition d'une régénération non moins indis-* » *pensable à l'Ordre qu'au Progrès.* » En associant ainsi le peuple au mouvement intellectuel et moral, Auguste Comte avait résolu la question sociale et formulé le remède.

Etre positiviste c'est croire fermement que le rétablissement de l'ordre, lié nécessairement à la réorganisation de l'Occident, est un problème religieux, ou d'éducation dans le sens le plus général du mot ; que la solution définitive de ce problème se trouve dans la religion de l'Humanité ; enfin que cette religion ne peut prévaloir pacifiquement que par l'avènement d'un clergé positif, ainsi devenu le besoin le plus urgent du XIXe siècle.

IV. — Prétendre que la Révolution ne sera terminée

que par l'avénement de la Religion de l'Humanité, c'est choquer profondément les préjugés régnants dans le parti républicain, qui ne veut, pour lui, ni religion ni prêtre. Toutefois cette susceptibilité ne peut être que passagère ; si ces mots suffisent pour mettre en fuite la plupart de ces foudres de radicalisme, semblables à des esclaves fraîchement émancipés, qui tremblent encore au seul nom de leurs maîtres ensevelis, cela tient au caractère métaphysique de leurs conceptions. Ils en sont restés à une phase par laquelle passent, nécessairement, tous les hommes dans leur marche progressive, avant d'atteindre à la pleine émancipation. Auguste Comte lui-même n'y a pas échappé, et à plus forte raison ses disciples quelconques. Les lettrés ne reviendront pas de leurs préventions ; ils ne savent que ressasser les mots de liberté de conscience ! liberté d'examen ! dont la magie les dispense d'examiner et perpétue l'asservissement de leur raison. C'est en cultivant leurs préjugés que le groupe littréen et le camp matérialiste ont acquis leur popularité, nécessairement éphémère, puisqu'elle repose sur l'alliance de la foi aveugle en la science avec les dernières formes de la superstition démocratique.

L'élite du prolétariat se dégagera plus aisément de ces influences verbales. Par sa situation, le peuple souffre de tous les abus, et le moindre désordre qui éclate sur un point quelconque de la Terre doit l'atteindre infailliblement un jour ; il n'a pas de classe au-dessous de lui pour en amortir le coup. La femme, vouée au foyer domestique, est dans une situation équivalente ; de plus, essentiellement préoccupée de la culture morale, elle sait qu'il n'y a pas d'action indifférente, et qu'une perturbation qui semble négligeable peut altérer son œuvre et même la détruire. Les femmes et les prolétaires, en raison de leur nombre, de leur situation et de leurs fonctions, sont les premiers intéressés à la conservation sociale et au règlement en toutes choses. Or, règlement universel ou religion, c'est tout un.

L'Humanité a créé les mœurs, les préjugés et les institutions nécessaires à sa conservation et à son perfectionnement ; la religion en représente l'ensemble. Comme chacun de ses éléments, la religion a eu son enfance, sa jeunesse ; comme chacun d'eux, elle devait avoir son âge mûr, elle l'a atteint en devenant scientifique.

Le positivisme est la religion du prolétariat comme la République est son gouvernement ; c'est aussi la religion de la femme : non seulement il tend à lui assurer, dans quelque condition qu'elle se trouve, une existence purement domestique, mais encore il cultive universellement les sentiments qui feront de mieux en mieux reconnaître en elle la véritable providence morale. Entraver le développement de la religion de l'Humanité ne servirait qu'à perpétuer davantage l'ancienne constitution religieuse dans un état maladif et critique, qui en multiplierait les inconvénients, sans les compenser par les avantages qui en ont fait la valeur dans le passé. Il faut couper le câble ! Il n'y a de vraiment progressistes que les républicains religieux, parce qu'ils ont seuls éliminé à la fois les nuages démocratiques et les fictions théologiques, pour ne réorganiser la société, au nom de l'Humanité, que par la science, sans Dieu ni roi.

V. — Le positivisme convie les prolétaires à une fonction religieuse ; il voit en eux les gardiens de l'Ordre et les initiateurs du Progrès, en un mot, la Providence générale. Son sacerdoce, qui représente une grande pensée, et le Prolétariat, qui possède une grande force au moins virtuelle, par leur commune alliance ennoblie par la sympathie féminine, détermineront la véritable politique républicaine. Cette politique peut se résumer ainsi : rendre prépondérante l'opinion publique, éclairée sur ses devoirs sociaux par une éducation positive, afin de modifier avec sagesse les actes des détenteurs de la puis-

-sance matérielle, en répudiant tout appel à la violence, comme contradictoire avec un pareil régime.

Préparer les prolétaires à cette haute fonction morale, dont leur activité matérielle ne doit être qu'une condition d'existence, tel a été, dès le début de sa carrière, la grande destination qu'Auguste Comte a donnée à sa vie et à ses travaux. Il les appela à la remplir, en choisissant pour lui succéder à la présidence de la Société Positiviste, le plus éminent de ses disciples prolétaires, M. Fabien Magnin ; et c'est encore un prolétaire, M. Isidore Finance, que le président actuel a adopté pour remplir après lui cette suprême fonction.

Les prolétaires positivistes ont été des disciples sincères et fidèles d'Auguste Comte. Ils l'aimaient, non dans l'espoir que son ascendant leur frayerait un chemin plus facile aux honneurs et à la fortune, mais par reconnaissance pour les vérités que, chaque semaine, il leur prodiguait à pleines mains et pour l'immense service qu'il leur avait rendu en les arrachant à jamais aux utopistes et aux médiocrités intrigantes, auxquels le prolétariat sert de marche-pied, et qui, à chaque génération, le plongent dans des catastrophes dont il ne sort que décimé et la haine dans le cœur. Aussi ne répondirent-ils que par le mépris à la tentative que firent MM. Littré et Robin pour les grouper autour de leur étrange papesse et, en les séparant d'Auguste Comte, réduire celui-ci à l'isolement et finalement à la misère.

Le philosophe avait déjà reçu de touchantes preuves de la sympathie populaire en retour de son constant dévouement à la classe laborieuse. C'est un ménage prolétaire qui, pendant la crise de 1848, préserva Auguste Comte de la misère ; c'est une femme du peuple, Madame Sophie Thomas, qui accepta la première la religion de l'Humanité: aussi Auguste Comte la choisit-elle, après tant de témoignages d'attachement, pour sa fille adoptive. Ainsi se manifesta, dès ses débuts, le grand caractère de la Religion de l'Humanité : l'union de l'énergie prolétaire et du génie philophique, sous l'inspiration féminine.

Cette œuvre, M. Laffitte l'a reprise à la mort de son Maître et, depuis vingt-deux ans, il n'a cessé de s'y consacrer avec un dévouement exceptionnel, au milieu de contemporains trop agités par des fantômes pour apprécier l'immense portée d'une telle activité. Le successeur d'Auguste Comte méritait toute autre chose qu'un dédaigneux silence (1). C'est pour réagir autant que posible contre un pareil oubli que cette vue sommaire sur la vie et sur l'œuvre de M. Pierre Laffitte a été écrite. Puisse-t-elle contribuer à fortifier l'alliance si nécessaire des Femmes, des Prolétaires et des Philosophes !

------

(1) Par une honorable exception, le PANTHÉON DE L'INDUSTRIE a publié, dans son numéro du 11 Novembre 1878, une notice sur M. Pierre Laffitte avec un portrait, que nous avons reproduit dans cette édition.

DE LA VIE ET DE L'ŒUVRE DE M. PIERRE LAFFITTE

Directeur du Positivisme et successeur d'Auguste Comte.

I.

VOCATION DE M. PIERRE LAFFITTE.

M. Pierre Laffitte, directeur du positivisme et successeur d'Auguste Comte, est âgé de cinquante-six ans. Il naquit à Béguey, près Cadillac (Gironde), le 24 Homère 35 (21 février 1823), d'une famille d'artisans aisés. Chaque année, il va se délasser des fatigues que lui causent ses laborieuses occupations auprès de son père et de sa sœur, retirés à Cadillac. C'est là que repose son éminente mère, dont la mémoire lui fut toujours chère et précieuse, et qui n'a pu jouir assez de cette suprême récompense que donne à ses ancêtres immédiats celui qui domine ses contemporains par son savoir et ses services sociaux.

M. Laffitte fut élevé dans le catholicisme. Il subit ensuite l'initiation universitaire, d'abord au collège de Bordeaux, où il fit sa rhétorique, puis à Paris, où il arriva le 20 César 51 (12 mai 1839), le jour même de l'insurrection de Barbès. Celui qui comme successeur immédiat d'Auguste Comte devait poursuivre la révolution positive, put voir l'appareil de la guerre dans la ville que la révolution négative, par l'organe du plus digne de ses derniers représentants, disputait à la fiction constitutionnelle. M. Laffitte fit sa philosophie au collège Charlemagne. Ayant pris part au concours général de l'année suivante, — il s'agissait, dans une dissertation française proposée aux élèves de philosophie des collèges de Paris et de Versailles,

de résoudre, à la plus grande gloire de l'éclectisme triom-
phant, ce problème de métaphysique transcendante : « Que
la logique présuppose la psychologie. » — M. Laffitte
obtint le second prix. A la distribution des prix de ce concours (mardi, 18 août 1840), Victor Cousin, alors ministre
de l'instruction publique, promettait en ces termes la
liberté de l'enseignement : « Bientôt, à côté des écoles
» nationales, s'élèveront des écoles privées où toutes les
» méthodes, tous les systèmes que peut avoir la raison
» publique, seront librement enseignés. » Le jeune lauréat
devait plus tard, et au profit de la République occidentale,
suivant l'exemple initial donné par Auguste Comte, accomplir une promesse que les successeurs du maître des
Jules Simon et des Jules Favre ne devaient tenir qu'envers
les jésuites, les dominicains et autres congrégations théologiques.

Après avoir été soumis, conformément à la loi universelle de l'évolution humaine, aux deux conceptions générales préparatoires, la théologie et la métaphysique, qui
sont autant d'épreuves de la mentalité, M. Laffitte allait
poursuivre sans réserve sa préparation scientifique. Il se
livra d'abord et surtout à l'étude spéciale de la mathématique, point de départ de l'évolution positive. Depuis quelques années, par ses fonctions de répétiteur et principalement d'examinateur à l'Ecole polytechnique, Auguste
Comte renouvelait l'enseignement mathématique ; l'ascendant de son génie s'imposait, malgré la basse jalousie
de François Arago et de sa coterie, lignés pour faire mourir de faim celui dont la supériorité écrasait leur orgueil.
Le *Système de Philosophie positive*, qui venait d'être
achevé (juillet 1842), allait renouveler l'entendement
humain. Sous cette double influence, M. Laffitte fut amené
à faire la connaissance du philosophe, alors âgé de qua-
rante-six ans ; en lui désormais il vit son directeur et son
maître. Auguste Comte admit dans son intimité (1844)
« son jeune ami », et il lui consacra spécialement ses soi-

rées du lundi d'abord, et plus tard du mercredi et du samedi. C'est ainsi que surgit ce premier disciple que, dans la chaire de Notre-Dame, quelques mois plus tard, Lacordaire mettait la philosophie purement humaine au défi de produire. Car celui-là seul est disciple qui adopte les conceptions de son maître pour les développer en s'y subordonnant et non avec l'espérance de les quitter un jour pour devenir maître à son tour. Une génération s'est écoulée depuis ; le nombre de ces disciples s'est accru, quoique avec une extrême lenteur, mais assez pour que l'empire de la religion de l'Humanité s'étendît de l'Occident à l'Orient (1)

Évidemment destiné à la carrière théorique, par sa nature morale, par ses aptitudes mentales et de sérieuses études, M. Laffitte, à l'âge de vingt-et-un ans, choisit comme profession l'enseignement mathématique. Les leçons et les conseils d'Auguste Comte lui permirent de compléter sa préparation encyclopédique, dont il reconnaissait de plus en plus l'importance, et à laquelle il voulait satisfaire dans la plus grande mesure possible. Sous sa direction, M. Laffitte adjoignit à ses travaux mathématiques et physiques l'étude des théories vitales ; il consacra plusieurs années à son initiation biologique et médicale. De Blainville, disciple et successeur de Lamarck, était le dernier représentant de la grande école biologique dont Bichat sera le type éternel, et Auguste Comte l'avait à ce titre adjoint à l'éminent géomètre Joseph Fourier dans la dédicace de son traité fondamental. M. Laffitte fut l'auditeur assidu de cours mémorables interrompus par la mort de M. de Blainville (1850) ; c'est aux funérailles de ce grand biologiste, auxquelles M. Laffitte assista, qu'Au-

---

[1] Rien ne caractérise mieux la réalité de la fondation d'Auguste Comte et l'irrésistible ascendant universel d'une Morale et d'une Politique purement humaines, que la formation d'un groupe positiviste hindou. M. Dwarkanath Mitter, membre de la haute cour de justice de Calcutta, qui en fut le créateur, est le premier oriental qui ait accepté pleinement la religion de l'Humanité, dans laquelle il mourut le 28 Homère 36, six ans après sa conversion.

guste Comte accomplit la première commémoration publique de la religion de l'Humanité. En plus des cours complémentaires des docteurs Segond, Ch. Robin et Cl. Bernard, qui s'inspiraient des doctrines philosophiques d'Auguste Comte, M. Laffitte suivit durant trois années la clinique spéciale et générale de M. le docteur Gendrin à l'hôpital de la Pitié.

Quant à la sociologie, les travaux, les entretiens et les enseignements du fondateur du positivisme avaient pleinement pénétré M. Laffitte de cette création capitale du XIX⁰ siècle, à laquelle Auguste Comte a consacré plus de la moitié des volumes qui composent les deux grands traités qu'il a achevés. L'esprit général de cette science, qui est la caractéristique de la foi nouvelle, consiste à concevoir la théorie de l'existence sociale et la philosophie de l'histoirs comme assujetties à des lois naturelles. Cette fondation d'Auguste Comte a eu des résultats transcendants. Au point de vue théorique, elle a introduit de lumineux perfectionnements dans toutes les branches de la science de l'Humanité, et en fournissant des règles propres à la direction des relations sociales, elle a conduit à l'établissement de la morale positive. Au point de vue pratique, elle a rendu possible la création de l'art politique et abstrait la démonstration de la compatibilité du progrès avec l'ordre, qui en contient tous les germes, a permis tout à la fois de satisfaire à la tradition, de prévoir l'avenir et finalement de concilier sans arbitraire, par la séparation systématique des deux pouvoirs, la dictature néccessaire à l'ordre et la liberté indispensable au progrès. L'intimité dont M. Laffitte fut honoré lui permit d'assister à l'évolution de ces compléments et de ces perfectionnements, qu'Auguste Comte a formulés dans le *Système de politique positive* (1851 à 1854) et dans la *Synthèse subjective* (1856) (1).

---

[1] Dans un ouvrage considérable et consciencieux, spécialement destiné à

Aussi, d'après cette digne préparation, Auguste Comte voyait-il en M. Laffitte le disciple qui approchait le plus, de cœur et d'esprit, de la fonction sacerdotale ; le premier auquel il espérait conférer le sacerdoce de l'Humanité lorsqu'il aurait ajouté la maturité de l'âge à celle du savoir : c'est à lui qu'il confia, dès l'an 67, la présidence de son exécution testamentaire.

Lorsque Auguste Comte écrivit son *Testament* (décembre 1855), le positivisme ne comptait que des littérateurs parmi les adhérents qui, ayant atteint l'âge requis (quarante-deux ans), pouvaient prétendre à la fonction sacerdotale. Deux d'entre eux surtout avaient, par leur activité propre, déjà attiré l'attention publique, M. Littré en France et Stuart Mill en Angleterre. Celui-ci n'étendit jamais son adhésion jusqu'à la théorie positive de la nature humaine, qui est la clef de voûte de la doctrine régénératrice ; celui-là, après avoir été le premier des vulgarisateurs et des parrains religieux positivistes, prenait l'attitude d'un ennemi et d'un critique rétrograde. Auguste Comte prémunit ses disciples contre leur ascendant passager ; il motiva leur incompétence, et son jugement rendu publicdans la conclusion de son *Système de politique positive*, puis consigné avec plus de développements dans son *Testament*, fut généralement adopté par les positivistes.

Le fondateur de la religion démontrée mourut le 24 Guttenberg 69 (5 septembre 1857), avant que les jeunes disciples qu'il avait jugés aptes à former après lui le nouveau pouvoir spirituel aient rempli l'ensemble des con-

---

rendre compte des œuvres des contemporains, le Grand Dictionnaire Universel du XIXᵉ Siècle de P. Larousse, les trois grandes constructions d'Auguste Comte [la Philosophie positive, la Politique positive, la Synthèse subjective], n'ont pas trouvé place ; elles n'y sont l'objet d'aucun examen direct, elles n'y figurent même pas à leur rang alphabétique. La singularité du fait méritait d'autant plus d'être signalée que ce dictionnaire a rendu compte de certaines conceptions et même de plusieurs opuscules d'Auguste Comte [Catéchisme positiviste, Calendrier Positivistf).

ditions indispensables à cette suprême fonction. Conformément à ses volontés, le corps de l'homme le plus émancipé que l'Humanité ait jamais formé, le premier qui ait vu en elle la suprême providence, fut inhumé sans aucun appareil théologique, au cimetière du Père-Lachaise, dans ce vallon sacré, désigné par lui et déjà consacré par la tombe d'Elisa Mercœur, et où devait venir le rejoindre, quatre ans plus tard, sa fille adoptive, Madame Sophie Thomas.

La succession au grand pontificat de l'Humanité était ouverte.

II.

MISSION DE M. PIERRE LAFFITTE OU DES DEVOIRS RÉSULTANT DE LA FONCTION DE DIRECTEUR DU POSITIVISME ET DE L'ENSEMBLE DE LA SITUATION.

Reconnaissant les mérites supérieurs de M. Pierre Laffitte, les disciples d'Auguste Comte le choisirent pour directeur du positivisme et le nommèrent président du Conseil religieux, composé d'après les indications du maître, et destiné à suppléer à la vacance provisoire du siège sacerdotal. M. Laffitte hésita beaucoup avant de se donner à une si haute mission ; son extrême modestie, l'hostilité de rivaux écartés par Auguste Comte, la difficulté de se faire accepter d'hommes de son âge, la grandeur de la tâche, la responsabilité redoutable devant la Postérité, tout cela était bien fait pour retenir un disciple de trente-quatre ans, absolument pur d'ambition personnelle. Il céda aux sollicitations de ses collègues, et il se consacra à cette fonction, qu'il avait été le dernier à s'attribuer, avec la résolution de la mériter, en y vouant sans réserve tout ce qui lui restait de vie.

Au commencement de sa mission, le 23 Descartes 69 (30 octobre 1857), M. Laffitte traça son plan, développé dans ses trois premières circulaires. Continuer l'œuvre d'Auguste Comte dans toute sa plénitude, tel fut son but. Il y a marché avec persévérance, lentement, mais visiblement, au milieu des plus grands obstacles.

Constituer une force sociale purement spirituelle, c'est-à-dire rattacher à son action en les coordonnant tous les efforts inspirés par le positivisme, telle fut la tâche que se donna M. Laffitte. Pour maintenir le précieux noyau formé par Auguste Comte et préparer un groupe, si petit qu'il fût, de disciples aptes à interpréter les théories positives, il lui fallait satisfaire d'abord au besoin, universellement senti, d'un enseignement positiviste ; puis intervenir par des conseils motivés dans les questions si délicates et si pleines de dangers qui agitent l'Occident, enfin agir par des commémorations régulières sur le cœur des croyants. L'œuvre de M. Laffitte revenait donc à organiser le sacerdoce de l'Humanité, puisque dans l'acception positiviste le prêtre est essentiellement un philosophe apte à pourvoir à l'éducation universelle et à fournir, aux gouvernants et au public, une direction et des conseils dans l'examen des questions quelconques concernant la République occidentale, envisagée dans ses relations planétaires.

Comme organe de la religion de l'Humanité, c'est-à-dire d'un ensemble qui comprend un culte, un enseignement et une politique, M. Laffitte devait se garder d'une triple déviation : du mysticisme, qui détourne de l'action sociale par développement prématuré ou excessif des pratiques cultuelles ; du spécialisme académique, qui conduit à la chimérique agitation des faiseurs de projets, ni théoriciens ni praticiens ; enfin de toute participation aux fonctions industrielles ou politiques, qui ramènerait à la confusion théocratique des deux pouvoirs.

Ne devant participer à aucune fonction temporelle, le directeur du positivisme ne pouvait donc agir qu'en *modifiant* les chefs ou ceux qui les nomment. Pour y parvenir, il fallait qu'il remplît les devoirs que sa fonction suppose et justifiât sous tous les rapports de son aptitude à les remplir. Quels que soient les préjugés qui les dominent encore et les rendent à certains égards inférieurs, ni les gouvernants ni les gouvernés ne se laissent influencer par de simples formules. D'ailleurs, comment diriger l'homme sans le connaître ? et comment le connaître sans posséder les théories relatives à la société et au monde dont il est inséparable, et par conséquent sans être familier avec les théories mathématiques, point de départ obligé de tout le savoir positif ? C'est la confiance qu'inspirent ses enseignements qui fait la valeur et la portée des conseils et des consécrations d'un sacerdoce dépourvu de tout prestige surnaturel comme de toute invocation métaphysique. Le prêtre positiviste, pour satisfaire à sa fonction, doit donc offrir des garanties sérieuses de compétence scientifique, qui n'ont jamais été exigées des interprètes du dogme catholique, et encore moins des vulgarisateurs du dogme démocratique. L'enseignement, qui prouve l'aptitude et les capacités du sacerdoce de l'Humanité, est aussi l'unique moyen de le constituer, en transformant les esprits sérieux et doués de la persévérance indispensable à une telle initiation. A tous égards, il faut *savoir* pour pourvoir dignement et efficacement à la politique et au culte conseillés par le positivisme. C'est pourquoi Auguste Comte a posé, comme inéludable condition de la fonction sacerdotale, l'acquisition de l'ensemble du savoir humain, sur lequel repose l'éducation positive comme sur une base inébranlable. C'est un rude chemin, mais il mène au but, et cela justifie l'importance que M. Laffitte a donnée à l'enseignement sous toutes ses formes, parlées et écrites, depuis l'exposition systématique jusqu'à la conversation et la correspondance.

Aux difficultés de la fonction s'ajoutaient pour M. Laffitte celles de l'existence. Dénué de toute fortune personnelle, il vivait de leçons de mathématique. Logé au quatrième étage du n° 126 de la rue d'Assas, qu'il occupe encore, M. Laffitte ne voulut point habiter le domicile d'Auguste Comte, malgré les vœux de ses confrères ; il refusa, dès les premières années de sa direction, une pension viagère que lui destinait un positiviste hollandais, M. de Constant-Rebecque. M. Laffitte ne jugea point exagérée cette délicate réserve ; plus préoccupé d'être que de paraître, il voulait auparavant conquérir l'autorité effective, dont ses confrères ne pouvaient lui concéder que l'apparence. Un théoricien n'a droit à la munificence sociale que lorsque ses titres sont acquis ; jusque-là son existence ne doit dépendre essentiellement que de son propre labeur. Si l'on songe au peu de loisirs que lui faisait sa situation matérielle, on est surpris de l'activité que M. Laffitte dut déployer pour joindre à ses occupations professionnelles, qu'il remplissait comme s'il n'avait été préoccupé que de cela, les immenses travaux préalables que nécessitaient ses enseignements, ses prédications et ses constructions, dont la difficulté égalait l'étendue. (1).

M. Laffitte eut à tenir compte des obstacles dus à la situation politique. Comme tout penseur digne de la liberté philosophique, il n'hésita pas à professer publiquement sa foi ; il fut toléré, bien qu'il représentât une doctrine ouvertement républicaine, et qu'il partageât les sentiments d'Auguste Comte, qui, dès sa plus tendre jeunesse et jusqu'à son dernier jour, ne cessa de témoigner sa réprobation pour l'œuvre rétrograde de Bonaparte, alors que les démocrates chantaient en lui le soldat de la Révolution, dont il ne fut que la profanation et l'ennemi le plus funeste. M. Laffitte enseigna donc sous le régime impérial, soit qu'on ne prît pas au sérieux une prédication plutôt morale que politique si fort en opposition avec les habitudes démocratiques, soit qu'on craignît d'attirer, sur un philo-

____

(1) Il y a quelques années, M. Pierre Laffitte a perdu complètement l'usage de l'œil droit à la suite de travaux excessifs nécessités par ses multiples occupations.

sophe que bien peu écoutaient, l'attention d'une jeunesse ardente qui s'éveillait à l'appel de l'esprit positif et qui, par une réaction aveugle contre le catholicisme, dévia vers le matérialisme, devenu une banale parodie de l'esprit scientifique. Néanmoins cette situation était très instable, puisqu'il eut suffi d'une volonté dictatoriale pour condamner M. Laffitte au silence ou du moins à une action purement privée. Elle se prolongea dix-neuf ans ; ce n'est que sous le régime du 16 Mai, et en vertu de la loi sur l'enseignement supérieur provoquée par le parti catholique, que M. Laffitte put faire connaître *légalement* une organisation en fonction continue depuis la mort d'Auguste Comte.

Durant cette période de préparation, la conspiration du silence isolait le public actif des prédications de l'Église positiviste. La presse lui était naturellement fermée, soit pour signaler au public les expositions que M. Laffitte effectuait rue Monsieur-le-Prince, et les rares publications que permettait le peu de ressources du fonds typographique positiviste, soit pour rectifier le fatras de calomnies que M. Littré et ses complices lançaient contre le maître et contre ses disciples restés fidèles. Sauf de très rares et d'ailleurs récentes exceptions, le public extérieur ne put être directement invoqué.

C'est dans ces conditions et dans ce milieu que M. Laffitte commença son œuvre ; son action ne put s'exercer d'abord que sur un petit groupe, si restreint qu'il se serait tenu à l'aise dans la maison de Socrate. Privé de personnel et de ressources matérielles, le directeur du positivisme ne devait compter que sur bien peu de résultats visibles pour prix de longues années d'efforts patients, mais il savait, en acceptant cette fonction, que les débuts d'une réforme aussi radicale que celle que poursuit le positivisme ne pouvaient être que modestes. M. Laffitte était résolu d'accomplir son devoir, dût-il mourir inconnu au milieu de la tâche ; car, selon ses propres expressions, nul n'est

digne de contribuer à la plus grande révolution qu'il soit
donné à l'Humanité d'accomplir, s'il ne sait aimer, penser
et agir pour ses successeurs, au nom de ses prédécesseurs,
en se passant de l'approbation de la masse de ses contemporains.

III.

M. Pierre Laffitte directeur de l'École positiviste.

Le positivisme étant une religion, c'est-à-dire une doctrine universelle devant régler tous les rapports humains,
d'après de nouveaux principes, c'est évidemment une
chose peu aisée que de faire des positivistes. Il s'agit de
refaire les cerveaux, de modifier de fond en comble la
manière d'envisager les évènements quelconques, en les
concevant comme soumis à des lois constantes et comme
comportant des limites de variation d'autant plus étendues que les êtres qui les manifestent sont plus compliqués.
La chose essentielle, et sans laquelle tout resterait à faire,
est donc de modifier les entendements par l'enseignement
scientifique oral et écrit ; et c'est cette fonction qui caractérise essentiellement le sacerdoce institué par Auguste
Comte pour rétablir l'ordre social et moral en Occident.

Le savoir acquis, il fallait le transmettre. Auguste
Comte avait laissé des plans et des précédents pour l'enseignement positiviste. Comme il convient à un véritable
successeur, M. Laffitte donna l'exemple de l'unité et de la
continuité dans le développement. Non seulement il professa les doctrines mais il poursuivit les œuvres de son
maître, en les prenant où il les avait laissées : imiter celui
qu'on vénère caractérisera toujours l'action vraiment religieuse. A l'exception de la période pendant laquelle les
positivistes se consacrèrent tout entiers à la défense de

l'héroïque ville de Paris, dont le dévouement a été si indignement trahi par l'incapacité officielle surtout militaire, M. Laffitte n'a jamais suspendu le cours continu de son action spirituelle. Chaque année il a parfait des cours généraux, toujours publics et gratuits, effectués le dimanche après-midi, et caractérisant le développement graduel du positivisme. Il effectua aussi des cours de mathématique le soir d'un jour de la semaine, indépendamment de ses entretiens du mercredi soir et des leçons spéciales qu'il donna, dans ses rares loisirs, aux disciples d'Auguste Comte ou à leurs enfants, en vue du service de l'Humanité.

Le 15 Bichat 70 (17 décembre 1858), M. Laffitte institua son enseignement systématique. Pendant onze années consécutives, il fit un cours philosophique sur l'HISTOIRE GÉNÉRALE DE L'HUMANITÉ, déjà professé par son maître au Palais-Cardinal (1849-50-51). Ce cours fut surtout consacré à l'appréciation des principaux types de l'évolution humaine, en suivant la coordination accomplie dans le *Calendrier positiviste*. M. Laffitte reprit plus spécialement à ce dernier point de vue cet enseignement essentiel dans les dix-huitième et dix-neuvième années de sa direction. En appréciant quelques-uns de ces types (Moïse, Manou, Bouddha, Confucius, Mahomet), M. Laffitte fut amené à construire, d'après des études générales et approfondies, la théorie positive des civilisations orientales correspondantes, de manière à faire sentir la fécondité de la grande fondation d'Auguste Comte sur la philosophie de l'histoire.

Dans la quinzième année de sa direction, M. Laffitte, reprenant un enseignement interrompu par la guerre et par nos discordes civiles, exposa la SOCIOLOGIE, telle qu'elle est définitivement construite dans la *Politique positive*. Cette création capitale d'Auguste Comte a permis de satisfaire aux besoins organiques de la Révolution, tout en réduisant à son rôle secondaire et critique l'esprit démocratique. Il y avait urgence de reprendre cette exposition dans la situation que venait de faire à la République Française la prépondérance passagère de l'esprit purement démocratique, qui constitue une menace permanente pour tous les résultats généraux de la civilisation. C'est en raison de l'importance de cette science que, le 22 Bichat 88 (24 décembre 1876), M. Laffitte inaugura par ce même cours de Sociologie l'enseignement supérieur positiviste, légalement institué comme *Etablissement libre*, en vertu de la loi votée l'année précédente.

Donnant le spectacle d'un penseur aussi compétent en MATHÉMATIQUE qu'en sociologie, M. Laffitte inaugura le 16 Frédéric 74 (20 novembre 1862) cet enseignement qui, sans parler de son utilité pratique, constituera éternellement, pour l'individu comme pour l'espèce, le début de l'éducation positive et le type initial de l'émancipation théologique. Il exposa, de l'an six à l'an douze de sa direction, le système de Logique positive : Arithmétique, Algèbre, Géométrie préliminaire, Géométrie générale (algébrique, différentielle et intégrale) et Mécanique générale. M. Laffitte a repris cet enseignement l'an 89 (1877) ; après avoir consacré deux années à la Géométrie algébrique, il a entrepris la Géométrie différentielle, qu'il continuera l'an prochain. Dans ces diverses expositions mathématiques, M. Laffitte a suivi le plan général tracé par Auguste Comte dans la *Synthèse subjective*. Mais ce traité, trop condensé pour l'enseignement effectif, exigeait un commentaire ; de plus, l'enseignement historique conseillé par Auguste Comte restait à constituer : ce sont ces deux services, aussi utiles que considérables, qui ont été rendus par M. Laffitte. Nul plus que lui n'était apte à cette tâche, d'après une très active pratique journalière de l'enseignement mathématique, tant individuel que collectif, continué sans interruption pendant une génération, principalement d'après les cours qu'il professa jusqu'à ces dernières années dans l'un des principaux établissements destinés à la préparation polytechnique et centrale (1).

Toujours dominé par le sentiment social le plus élevé, M. Laffitte a éliminé de ces études logiques ces oiseuses recherches de haute géométrie, qui se ramènent à compliquer inutilement le procédé cartésien de représentation des courbes. Il n'a cessé de s'élever avec énergie contre cet oubli des devoirs sociaux, et de répéter ce qu'il disait, en 85, dans un entretien avec M. le Dr Bridges, président actuel du Comité positiviste d'Angleterre : « De telles études, dé- » pourvues d'utilité dogmatique ou logique, doivent être » blâmées absolument. Un ouvrier qui a fait une paire » de souliers a rempli sa fonction ; mais lorsque des » intelligences d'élite se consument dans des recherches » mathématiques sans portée, elles manquent au genre » humain ! Si les travaux théoriques ne sont pas réglés, » nous retournons au Bas-Empire. » C'est dans cet esprit que M. Laffitte a développé son enseignement de Logique positive, en combinant les notions dogmatiques avec les vues sociales et morales. Un extrait de ses Circulaires annuelles suffira pour donner un aperçu des difficultés d'une œuvre pour laquelle Auguste Comte n'a laissé que des indications générales.

« L'esprit de cette synthèse consiste essentiellement à » concevoir chaque élément scientifique comme construit » par l'Humanité pour son service, de manière à développer » le sentiment social et à tendre vers la constitution, par » l'enseignement abstrait, de l'état vraiment religieux. » M. la réalisation effective d'un tel projet ne consiste » pas simplement dans l'énoncé de quelques noms propres » et de quelques dates : il y a là un travail de méditation » tout autrement difficile. Il faut dégager, d'après des » documents certains, la loi d'évolution de la mathé-

---

(1) Il s'agit de l'institution de M. Harant. M. Laffitte y a professé aussi un cours de Physique.

» matique en la concevant comme liée à celle de l'Huma-
» nité toute entière, d'où résultent, à la fois, une vue
» claire de la marche de l'esprit humain, de précieuses
» indications sur la logique réelle, dont les divers degrés
» se développent dans l'espace historique, et enfin la
» noble exaltation des sentiments de respect et d'affection
» pour les grands hommes qui ont réalisé ces découvertes
» difficiles, pour les hommes d'Etat qui les ont protégés, et
» pour les civilisations qui en ont été le support néces-
» saire. C'est seulement ainsi que la notion d'Humanité
» peut acquérir une précision nécessaire pour éviter que
» son amour ne dégénère en une émotion trop vague, qui
» ne suffirait pas à nous diriger dans le service actif de
» notre espèce. » (30ᵉ Circulaire sacerdotale).

M. Laffitte n'a pas séparé la culture de la morale de
celle de la mathématique, à l'exemple de son maître et des
grands philosophes (Thalès, Pythagore, Descartes, Leibnitz,
Condorcet). Auguste Comte avait par sa mort prématurée,
laissé deux lacunes relatives aux parties les plus neuves et
les plus importantes du dogme positiviste, la Philosophie
première et la Morale (théorique et pratique). Tous les
principes essentiels concernant ces deux constructions
extrêmes sont répandus dans la *Philosophie positive*, et
notamment dans la *Politique positive* et dans la *Synthèse
subjective*. Il est évident que pour les y découvrir il faut
être capable de lire Auguste Comte ; M. Littré, qui n'a pas
su le faire, a étourdiment affirmé que la systématisation
des principes universels de l'entendement humain n'avait
pas été abordée par ce philosophe, et que sa prétention de
faire de la morale une science ayant sa méthode et ses
lois particulières était en contradiction avec son traité fondamental. A tous les points de vue, une exposition systématique était donc nécessaire pour réaliser les conceptions
d'Auguste Comte, montrer les faits acquis, signaler les
élaborations à développer. M. Laffitte avait d'abord pris
pour but de sa carrière théorique la construction de la Phi-

losophie première ; puis, confiant dans sa consciencieuse préparation encyclopédique, il osa concevoir la possibilité de faire un jour l'exposition systématique de la Morale. Il faut examiner le programme de ces cours pour se faire une idée de l'immensité de la tâche que M. Laffitte s'est imposée, non seulement quant aux matériaux, mais en ce qui concerne l'importance et la difficulté exceptionnelle des hautes méditations correspondantes.

La Philosophie Première, par laquelle débute l'enseignement positiviste, est la condensation du bon sens universel dans ses formules les plus générales et les plus abstraites. M. Laffitte l'exposa pour la première fois au début de sa direction, dans un cours particulier fait à l'un des plus généreux patrons du positivisme, M. Winstanley. Après avoir acquis la maturité convenable et formé un nombre suffisant d'esprits aptes à le comprendre, M. Laffitte ouvrit publiquement le 10 Frédéric 81 (14 novembre 1869) le cours de Philosophie première, qu'il a repris avec plus de développements, comme objet de son enseignement, les dix-septième et vingt-et-unième années de sa direction. Il en donna aussi une vue sommaire à Londres, l'an 84, lors de son premier séjour en Angleterre.

Il restait à accomplir une dernière exposition, la plus importante et la plus difficile. Toute religion aboutissant à un ensemble de devoirs qui régissent la vie humaine depuis la naissance jusqu'à la mort, il fallait formuler les règles de la Morale démontrable, de cette science suprême par laquelle s'opère le passage de la théorie à la pratique. Ce n'est qu'après une telle construction que la réponse définitive pouvait être donnée à cette question éternellement posée par l'instinct féminin et le bon sens populaire : A quoi servent toutes ces théories scientifiques ? Par cet enseignement il devenait visible pour tous que cet ensemble de travaux théoriques était destiné à nous apprendre quels sont nos devoirs, et dès à présent, c'est-à-dire dans une situation exceptionnelle qui augmente encore plus pour nous le prix d'une telle fondation. Le 7 Frédéric 84 (10 novembre 1872), M. Laffitte fit la première leçon de ce cours de Morale théorique et pratique, auquel il consacra vingt séances, et qui, dans l'avenir, sera enseigné à tous les enfants de l'Humanité. Il a repris, l'an 90 (1878), cette prédication en quarante leçons, consacrant la vingt-deuxième année de sa direction à la première partie de ce cours, c'est-à-dire à la Morale théorique, et la vingt-troisième à la seconde partie, relative à la Morale pratique ou théorie de l'Education.

Ainsi, M. Laffitte enseignait la Philosophie première, la Sociologie et la Morale dans le temps même où M. Littré affirmait, ce que le public matérialiste acceptait et répétait avec une docilité trop moutonnière, que la Morale n'est point une science, que la Sociologie n'est point faite, et que la Philosophie première n'a pas même été conçue par Auguste Comte.

Cet enseignement systématique laisse en dehors de l'action sacerdotale un public nombreux et des plus intéressants, car il s'adresse surtout à des esprits déjà scientifiquement cultivés et il ne pourra de longtemps encore s'effectuer que dans quelques-uns des principaux centres de l'Occident. Il fallait montrer comment on pourvoirait à cette double lacune. L'an 77 (1865) M. Laffitte introduisit ce perfectionnement, nécessaire à la propagation du positivisme et à la consolidation de l'esprit républicain. Il mit à profit la fondation, par M. Fabien Magnin, d'un groupe positiviste dans le centre industriel de Puteaux (banlieue de Paris). M. Laffitte y effectua, durant l'hiver, pendant quatre années consécutives, et dans un milieu essentiellement prolétaire, des expositions sommaires quoique toujours générales sur les conceptions fondamentales du positivisme et sur l'histoire générale de l'Humanité. L'an 86 (1874), il y reproduisit plus succinctement son cours de morale positive.

Dans la vingt-deuxième année de sa direction, M.

Laffitte compléta cette œuvre préparatoire par l'institution de deux annexes à l'enseignement métropolitain : le haut enseignement des campagnes, devenu si urgent depuis qu'elles possèdent ce pouvoir redoutable que leur a remis le suffrage universel, et celui des grandes villes, si important sous un régime politique dont la principale garantie repose sur l'alliance systématique des grands centres sous la présidence de Paris. M. Laffitte inaugura le premier enseignement par deux conférences faites les 13 et 20 Shakespeare 90 (22-29 septembre 1878), à Cadillac (Gironde), sur l'évolution sociale en Occident et spécialement en France, et le second par une conférence faite au Havre le 2 Bichat 90 (4 décembre 1878) sur la nécessité et les principes de la morale positive.

Poursuivant le même but philosophique et civique, M. Laffitte a, depuis le début de l'an 87 (1875), mis à profit l'institution de bibliothèques populaires dans divers quartiers de Paris. Appelé graduellement dans un nombre croissant d'arrondissements (XIVe, XIXe, XVe, IIIe et VIe), M. Laffitte y exposa les principaux aspects du culte, de la morale et de la politique positives. Voici l'indication sommaire des expositions qu'il y a effectuées : première année : de la morale positive, de la philosophie du XVIIIe siècle, des Etres collectifs : Famille, Patrie, Humanité (XIVe Art); seconde année : de la conception du Progrès (XIVe Art) et de la morale positive (XIXe Art) ; troisième année : de la Révolution française (XIVe Art) et de la morale positive (XVe Art) ; quatrième année : du culte des grands hommes (XIVe Art) et de l'œuvre de Condorcet (IIIe Art) ; cinquième année : de la philosophie du XVIIIe siècle (VIe Art), de Danton et du gouvernement révolutionnaire (IIIe Art), de la Révolution française (XIXe Art), de l'évolution de la féodalité jusqu'à sa destruction définitive par la Révolution, de la théorie de la Ville (XIVe Art). A l'exception de celle-ci et des conférences faites au IIIe et au XVe, M. Laffitte a consacré trois séances à chacune de ces expositions.

Un enseignement aussi sommaire n'est évidemment pas destiné à remplacer les méditations que suscite un cours systématique ou l'étude des œuvres du fondateur du positivisme. Mais il réagit doublement, et par la comparaison qui se fait spontanément entre de telles expositions et les prédications du sacerdoce démocratique, dont elles font ressortir l'insuffisance et le caractère purement déclamatoire ; et surtout, par la réalité et l'utilité des principales solutions positivistes qu'il propage. Enfin ces prédications sommaires servent de type à l'activité des jeunes apôtres positivistes.

IV.

M. PIERRE LAFFITTE, INTERPRÈTE DE LA POLITIQUE POSITIVE.

Des études si étendues et si difficiles, une telle activité propagandiste devaient nécessairement, aboutir à d'utiles applications sociales, indépendamment de leur haut intérêt philosophique. Car l'enseignement encyclopédique est essentiellement institué pour faire librement prévaloir la politique et le culte positivistes. Sans doute le but essentiel de la religion de l'Humanité est de réformer les opinions et les mœurs, mais comme la marche politique exercera une grande influence sur la rapidité de son essor, son sacerdoce doit intervenir dans toutes les circonstances graves où son action devient utile, comme conseil et comme direction. De là ces avis motivés adaptés aux diverses questions que fait naître le progrès dans une situation difficile et complexe, et que M. Laffitte n'a cessé de donner à la jeunesse, aux gouvernants et aux peuples.

Dans une civilisation qui lie les prolétaires à un sacerdoce qui est l'organe dont ils sont l'appui, le philosophe a pour but de faciliter ou de rectifier, selon les cas, les actes de la puissance publique. L'efficacité de ses conseils suppose qu'ils ne soient pas donnés en vue d'une compétition de pouvoirs, car comment asseoir son influence morale en conseillant au nom d'un parti qui menacerait de prendre la place s'il n'était pas obéi ? Le sacerdoce de l'Humanité doit le premier et en tout respecter le principe scientifique de la séparation des deux pouvoirs, qui constitue la supériorité décisive du positivisme sur le catholicisme et sur la démocratie. L'adoption de conseils donnés au nom de l'une ou de l'autre des deux doctrines transitoires suppose la foi en Dieu ou au Peuple souverain ; mais les chefs temporels et spirituels qui invoquent de telles autorités pour se faire consacrer ou nommer doivent chercher ailleurs des principes de direction ; l'action efficace exige la connaissance des lois positives. Les gouverneurs de la République appliqueront la plupart des solutions positivistes avant d'en adopter l'ensemble, en raison même de leur réalité et de leur utilité ; et ce sont ces applications décisives qui entraîneront la masse vers la religion définitive, et pour l'avantage de tous. La quantité des adhérents, une fois le prêtre formé, contribue à faire parvenir plus sûrement ses avis aux intéressés ; si elle ne crée pas l'organe de l'Humanité, elle étend la sphère de son action.

L'instabilité de notre situation, — et rien ne nous garantit encore dans l'avenir des terribles oscillations dont nous avons été les témoins ou les victimes, — fait ressortir l'urgence de conseils basés sur une morale précise qui, en dehors des religions révélées et des inspirations révolutionnaires, également décevantes, nous préserve de ces orages ou du moins tend à les adoucir. Nos insuccès et nos malheurs ont fait sentir de plus en plus la nécessité d'éliminer les utopies démocratiques, qui, sous le prétexte d'action et de régénération immédiates, ont depuis la déplorable dictature de Robespierre périodiquement décimé l'armée républicaine et prématurément détruit des natures d'élite égarées par un sentiment social bon en soi mais mal éclairé. C'est pour préparer et activer cette transformation radicale de l'opinion publique ainsi spontanément préparée, que M. Laffitte a tenté, par voie de conseils, d'exercer sur elle une action directe et systématique. Constamment préoccupé de la destination sociale de ses travaux quelconques, il a mis à profit chacun de ses cours, à défaut de publications spéciales, pour apprécier les questions fondamentales agitées par l'opinion.

M. Laffitte a surtout appliqué ses études à la fondation d'une politique rationnelle propre à diriger nos relations avec les populations orientales, de manière à organiser une véritable unité planétaire. Il rappela les devoirs qui nous lient, comme Occidentaux, envers ces éléments nationaux dignes de notre sympathie et de notre respect, dans les diverses crises que l'égoïsme révolutionnaire a provoquées, depuis vingt-deux ans, dans les diverses parties de l'Orient, notamment dans l'Inde, en Chine et en Turquie. Il développa les mêmes principes dans l'entretien qu'il eut, il y a deux ans, avec l'homme d'Etat turc, Midhat-Pacha. Au point de vue plus directement occidental, M. Laffitte intervint dans tous les cas importants. Il signala à l'attention publique les dangers du matérialisme, les périls de la théorie des races qui opposait les vertus germaniques à la prétendue décadence des races latines, le vice radical des solutions démocratiques du problème social par des associations ouvrières et du régime politique par le régime parlementaire ou par l'autonomie communale. Pour réagir contre ces déviations anarchiques, M. Laffitte insistait sur la nécessité de subordonner le progrès à l'ordre et de concilier l'amour de la Patrie avec celui de l'Humanité, d'après l'avènement en Occident d'un pouvoir spirituel qui fasse prévaloir la morale sur la politique. Ces diverses considérations furent rappelées toutes les fois que les questions correspondantes étaient mises à l'ordre du jour, par les gouvernants ou par les peuples.

M. Laffitte destinait ces conseils non seulement à la République occidentale mais en particulier à la France, où la situation politique les rendait plus pressants que partout ailleurs. Au milieu de la corruption impériale, il élevait les cœurs et les maintenait dans la véritable voie de la Révolution en dirigeant les regards vers l'avenir que le passé de la France lui destinait. Lorsque la guerre consomma matériellement une victoire déjà préparée dans les esprits par la renaissance matérialiste précédée du spiritualisme Kanto-Cousiniste, contre lesquels il avait de tout temps si énergiquement réagi, M. Laffitte intervint dans Paris assiégé ; il en glorifia la mission et le dévouement, de façon à tirer un espoir inaltérable au milieu de tant de ruines. Aux débuts d'une lutte fratricide, M. Laffitte revint avec insistance sur les dangers de l'autonomie politique des communes et sur la nécessité de pourvoir à une organisation scientifique du suffrage universel, en faisant la part relative des villes et des campagnes.

Depuis ces redoutables évènements trois questions surtout ont attiré son attention au point de vue de notre politique intérieure. Malgré l'abandon ou l'injurieux dédain des républicains militants, ayant l'âme trop haute pour venger sur la République les offenses faites à son maître et à l'école qu'il représentait, M. Laffitte prêcha énergiquement le ralliement de tous sous un chef commun que les événements avaient mis en lumière. Plaçant la République au-dessus du suffrage universel et des doctrines et religions quelconques, M. Laffitte n'oublia jamais que les croyances quelles qu'elles soient ne dispensent personne des devoirs de citoyen ; mais ce qui est en contradiction avec les principes théologiques et démocratiques est l'application même de la foi positive. Durant l'enfantement critique du gouvernement républicain, M. Laffitte soutint les courages en démontrant l'universalité de cette loi consolante : les oscillations qui caractérisent les perturbations sociales ont une intensité d'autant moindre que le développement et l'extension de la masse active viennent augmenter la stabilité de l'ordre. Lorsque, en 86 (1874), les conseillers municipaux et les journalistes démocrates reprirent, au sujet des cimetières de Paris, les projets de M. Haussmann qu'ils avaient repoussés cinq ans auparavant, M. Laffitte signala les dangers qu'une telle palinodie faisait courir à l'ordre et à la morale républicaine. Deux ans après, ces mêmes démocrates, que les lauriers de l'Empire empêchaient de dormir, ayant repris les projets économiques qui ont abouti aux démolitions de Paris, M. Laffitte, dans une conférence publique faite dans la salle de la rue d'Arras, après en avoir démontré les graves conséquences, conseilla l'élimination politique de ceux qui avaient entrepris et dirigé cette scandaleuse campagne industrialiste.

Le petit nombre des positivistes n'a pu, par suite du silence presque absolu de la presse, faire parvenir ces divers avis motivés à leur adresse, du moins dans le degré voulu pour les rendre efficaces. Sans se faire illusion sur leur portée immédiate, M. Laffitte persista à donner de sages conseils dans tous les cas où les bases de la civilisation se trouvaient méconnues, parlant de devoir aux pauvres comme aux riches, aux gouvernés comme aux gouvernants. L'application n'a pas dépendu de lui; elle relevait des hommes d'Etat et de l'opinion publique.

C'est donc surtout dans la vie publique de ses disciples que M. Laffitte a pu faire pénétrer ces principes. Depuis la chute de l'empire, il est entré dans la carrière une nouvelle génération de disciples, la plupart ouvriers et employés de commerce; poussés par le devoir, par les malheurs de la patrie, par la lutte effroyable dont la ville sainte avait été le théâtre, ils vinrent notablement accroître en nombre et en énergie le noyau positiviste. Par cette introduction d'éléments nouveaux surgissait une difficulté qui est l'épreuve de l'aptitude directrice du véritable or-

gane de toute réforme religieuse. La relativité, la netteté,
la réalité du positivisme permettent tous les degrés d'adhésion ; mais l'on conçoit quelle diversité présente la réunion d'adhérents attirés par des points de vue si variés et
nécessairement imprégnés encore de l'esprit et des habitudes démocratiques. Apportant les préoccupations in-
quiètes de leur ancien milieu, avec la naïve intention de
servir en dirigeant; enclins à juger que l'on n'agit pas ou
que l'on n'est pas pratique, les néophytes sont d'abord
essentiellement préoccupés de tout, sauf de l'action positiviste elle-même : tant il est difficile de se guérir de l'agitation révolutionnaire ! Pour arriver à unir le calme de
l'avenir aux ardeurs du présent, il leur fallait renoncer à
bien des illusions, comprendre la nécessité de se régler.
Malgré d'excellentes intentions, ce n'est qu'après une
préparation personnelle, plus ou moins prolongée, que
l'on peut arriver à apprécier la distance qui doit séparer
l'émission d'un projet de son exécution, à cesser de juger
d'après les seuls résultats immédiats et visibles de progrès, temporels et surtout spirituels, dont la postérité sera
le témoin et le juge équitable.

Loin de céder à l'impatience, qui est la plus redoutable
entrave que puisse rencontrer toute œuvre d'avenir,
M. Laffitte sut la calmer et lentement amener chaque
disciple, dans l'examen des questions quelconques, politiques, sociales, religieuses, à se placer toujours au point
de vue de l'ensemble. Certain dès lors d'être suivi par un
public dévoué assez initié et assez nombreux pour lui
fournir le concours nécessaire ; ayant, dans le centre
parisien, formé sous sa direction et par son action personnelle, une deuxième génération de disciples capables, à
des degrés divers, de le soutenir, de concert avec ses collaborateurs de la première heure, M. Laffitte créa le
9 César 90 (1ᵉʳ mai 1878), la *Revue Occidentale*. Organe
spécial et officiel du nouveau pouvoir spirituel, cette revue
est destinée à répandre ses décisions, ses projets, ses conseils

motivés et les travaux d'application de la doctrine positive
aux questions générales mises à l'ordre du jour sur toute
la planète ; en un mot, à dire où est le devoir. Par cette
fondation, M. Laffitte a montré combien sa direction avait
été sérieuse et profonde, malgré des critiques superficielles,
malgré les retards occasionnés par des obstacles multiples,
malgré le silence de la presse quotidienne, dont l'action est
d'ailleurs, par sa fonction propre, plus bruyante qu'efficace
lorsqu'il s'agit d'une transformation radicale à accomplir.
C'est ainsi que fut définitivement surmontée la conspiration du silence qui, durant la vie entière d'Auguste Comte
et les vingt-et-une premières années de son successeur,
s'était formée contre le positivisme religieux.

V.

M. PIERRE LAFFITTE, MINISTRE DU CULTE DE L'HUMANITÉ.

Dès le début de sa fonction, M. Laffitte a pourvu aux
pratiques cultuelles des positivistes déjà formés, c'est-à-
dire aux procédés destinés à rappeler à l'homme les conditions sociales et morales de son existence, que la pratique
journalière, spéciale et personnelle, tend à faire
oublier ou méconnaître. Pour faire sentir le mérite des
supérieurs, les avantages de la discipline, le besoin d'indulgence, le prix de la modestie, les plaisirs du dévouement,
c'est-à-dire la nécessité de la culture morale, rien ne vaut
l'action. Le positivisme ouvre deux voies à chacun de ses
croyants : l'action publique surtout relative à sa profession, et l'action de l'individu sur lui-même en vue de son
perfectionnement. Bien dirigées, ces deux existences tendent
à s'harmoniser, d'après la subordination de la seconde à la
première et grâce à leur commune inspiration féminine. En

transformant en acte religieux l'habitude de penser et d'agir sous cette inspiration qui n'a cessé d'être pour l'homme une source de précieuses émotions, — Auguste Comte a concilié le bonheur et le devoir.

Dans ses exhortations annuelles comme dans ses cours quelconques, M. Laffitte a toujours engagé les positivistes de toute condition à se considérer comme les membres à des degrés divers du pouvoir spirituel, appelés tous non point à enseigner mais à propager la foi nouvelle dans leur famille et dans les réunions privées, où l'action est la plus efficace et la plus indépendante des pressions temporelles. Dans ce but, il n'a cessé de leur recommander l'institution d'habitudes régulières et la culture de leur esprit et de leur cœur, venant compléter et consolider le scrupuleux accomplissement de leurs devoirs professionnels. C'est dans un effort peu intense, mais de tous les jours, qui développe à la fois la persévérance et les facultés morales, que M. Laffitte fait consister l'exercice fortifiant, la pratique religieuse par excellence. Ainsi, dans le sens positif du mot, *être religieux* c'est agir conformément au devoir ; mais cette action est accompagnée de certaines dispositions intimes et d'émotions que l'on peut, simultanément ou isolément, chercher à exalter. Cultiver les unes et les autres dans son intimité en les exprimant constitue le culte privé positiviste. Toutefois une telle expression n'est véritablement religieuse que lorsqu'elle tend à susciter l'activité domestique et sociale ; le positivisme ne distingue l'expression de l'action que pour les perfectionner, afin de rendre systématique une combinaison spontanée. Une bonne action faite par un homme imparfait pèse plus dans la balance de l'Humanité que toutes les prières d'un être parfait qui n'agirait point ; la vie n'est une prière continue que chez les âmes dévouées à leur famille, à leur patrie, à l'Humanité.

On ne doit pas être surpris que des hommes qui n'ont pas rompu avec la morale en s'émancipant de Dieu, tiennent à faire consacrer, au nom de l'Humanité, les diverses phases de leur existence domestique. Chacune donne lieu à un sacrement, c'est-à-dire à la socialisation des fonctions correspondantes ; nul citoyen ne doit accepter une fonction relative à la vie privée sans tenir compte des conditions que lui impose la réaction perpétuelle de la vie publique. Le prêtre de l'Humanité est l'organe de cette réaction aussi inévitable qu'indispensable ; il détermine, d'après les divers états de la vie domestique, les engagements moraux que contractent nécessairement ceux qui s'y engagent, et il doit sa consécration sociale à ceux qui, dignement préparés, les acceptent volontairement en présence de leurs coreligionnaires assemblés. C'est dans cet esprit que M. Laffitte a développé le culte domestique ; il a administré les sacrements de la présentation (naissance), de l'initiation (éducation systématique), du mariage, de la destination (choix d'une profession), et de l'incorporation (jugement après la mort). Chacune de ces consécrations a donné lieu à autant de constructions philosophiques aboutissant à des formules générales, qui les résument.

Exciter les sentiments publics est aisé chez des êtres qui n'existent que par le concours ; les plus détestables mesures elles-mêmes n'ont obtenu d'ascendant temporaire que par des appels à la sociabilité. Lorsque l'on se propose non d'agiter mais de diriger d'une manière continue les bons sentiments vers le perfectionnement universel, par l'institution d'un culte occidental destiné à s'étendre à toute la planète, il faut être maître des opinions, et par conséquent avoir réformé les cerveaux, du moins sous les aspects les plus généraux. Pour établir le culte public positif, il faut évidemment un public sympathique assez nombreux, des artistes aptes à concourir, des locaux convenables à ses glorifications et dont l'appropriation positiviste suppose une transformation préalable des chefs républicains. Tant que cet ensemble de conditions ne sera pas satisfait les fêtes publiques conserveront un caractère plus ou moins empirique, quelque désir que l'on ait de les renouveler, et quelque bien disposée que soit la population à participer à de telles célébrations, comme l'a montré, une fois de plus, la fête nationale de l'an dernier.

Un peuple occidental ne peut vivre sans un culte qui étende ses sentiments au-delà de ses propres frontières, sans un ensemble de réunions solennelles, dont un sacerdoce peut seul assurer la périodicité, la coordination, la convergence vers la commune providence, l'Humanité. Repousser des fêtes destinées à exalter les meilleures émotions de la nature humaine serait bannir de la vie ses meilleures joies. Les républicains de 1793 n'avaient pas à cet égard l'étroitesse de vue qui dégrade leurs prétendus successeurs, davantage asservis par cette métaphysique démocratique qui pousse l'esprit à se mettre en contradiction avec nos plus profondes affections. C'est une loi de la nature humaine qui nous pousse à ces pratiques cultuelles : l'expression de nos bons sentiments les fortifie et les épure, avec une intensité qui croît avec le nombre et la diversité des êtres qui y concourent comme avec la permanence des lieux et des dates. Les citoyens élevés par la Religion positive sauront utiliser dignement cette loi morale, si puissante pour améliorer les sentiments sociaux, afin d'établir la convergence harmonique de l'esprit et du cœur pour le service de l'Humanité.

M. Laffitte a préparé le culte public concret, résumé dans le *Calendrier positiviste*, par ses cours philosophiques et historiques et par ses commémorations spéciales de l'homme d'Etat et du philosophe du XVIII⁰ siècle, Frédéric (deux séances en 85) et Diderot (deux séances en 86, trois en 87). On ne peut, en effet, sympathiser avec le passé et le respecter dans la personne de ses plus dignes représentants que si l'on possède une vue claire des services qu'ils ont rendus à l'Humanité. M. Laffitte a donc préparé par la voie la plus rapide, parce qu'elle est la seule décisive, la célébration du culte des grands hommes, point de départ obligé de la grande révolution sociale. C'est afin de satisfaire à ce préambule nécessaire du culte final que M. Laffitte demande à la République le Panthéon, dont la destination normale est caractérisée par la devise ainsi modifiée :

Aux grands hommes, l'Humanité reconnaissante !

Une pénétration positive plus complète permettra de donner au culte public son vrai caractère abstrait en glorifiant les liens fondamentaux et les fonctions normales, afin d'améliorer les organes sociaux quelconques en les ramenant toujours au point de vue de l'ensemble.

M. Laffitte n'a pas attendu que toutes les conditions extérieures désirables se trouvassent réunies pour ébaucher sous les deux modes, abstrait et concret, le culte universel, instituant ainsi de précieux contacts périodiques entre les positivistes de Paris et ceux de la province et des divers centres de l'Occident. A compter de son installation, il a, chaque année, célébré la fête de l'Humanité (1er Moïse) et celle du plus grand de ses serviteurs, Auguste Comte (24 Guttemberg). Le positivisme a donné à la fête du premier jour de l'an un caractère purement humain, en le consacrant au plus éminent des liens sociaux. Cette grande et idéale conception de l'Humanité, qui combine la sympathie, la raison et le civisme pour inspirer et diriger tous nos efforts, est la plus convenable pour consacrer chaque nouvelle année, puisque en vertu de sa nature elle élimine les ruptures et les contradictions.

Le pélerinage que tout croyant doit faire à Paris doit être, autant que possible, complété par la visite des lieux que la naissance, la mort ou l'existence des serviteurs de l'Humanité ont rendus à jamais mémorables. M. Laffitte a institué ce perfectionnement le 10 Saint-Paul 87 (30 mai 1875) par la visite du Grand-Val, à cette habitation du baron d'Holbach où se sont connus, aimés sous l'influence prépondérante de Diderot, les penseurs éminents du XVIIIme siècle, français, anglais et italiens. Le 12 Dante 91 (27 juillet 1879), M. Laffitte a accompli le

pélerinage de Versailles, ville illustre à jamais puisque
c'est là que s'éteignit la royauté et que s'ouvrit la Révolution.

Par cet ensemble d'institutions et par la continuité des
deux fêtes de l'Humanité et d'Auguste Comte, M. Laffitte
a relevé le défi que de Maistre avait porté aux héritiers
de la Révolution ; les commémorations périodiques dont
le théoricien catholique regardait la fondation comme
supérieure à toutes les forces de l'esprit humain existent depuis vingt-deux ans, de par le positivisme.

VI.

M. Pierre Laffitte président des exécuteurs testamentaires d'Auguste Comte (Opposition de M. Littré).

Si, comme directeur du positivisme, M. Laffitte a témoi-
gné d'un respect continu pour l'œuvre de son maître, il
a comme président de son exécution testamentaire donné
l'exemple de la piété envers sa mémoire. Pour les disciples
de la première heure, reliés par une commune vénération,
cette fonction spéciale a été un véritable acte religieux.
Dans son testament, Auguste Comte avait tracé la marche
à suivre pour continuer son œuvre , et rattaché cette évolution à des siéges matériels, dont la garde constituait
l'exécution testamentaire proprement dite. Il léguait à ses
disciples le soin de payer ses dettes (car, pauvre volontaire,
Auguste Comte avait renoncé à toute propriété) et de
pourvoir aux pensions qu'il désirait voir continuées à sa
veuve et à sa fille adoptive.

Le testament d'Auguste Comte a été exécuté. Sa partie
matérielle est aujourd'hui réduite essentiellement à l'entretien de la tombe que ses disciples lui ont élevée au Père-
Lachaise et à la conservation du domicile qu'il occupa
seize années et dans lequel il mourut. C'est au premier

étage du n° 10 de la rue Monsieur-le-Prince que se trouve cette demeure qui fut le berceau de la foi nouvelle. Auguste Comte y écrivit les conclusions du *Système de philosophie positive*, qui contiennent le germe de tous ses travaux ultérieurs ; c'est là que son affection pour Madame Clotilde de Vaux donna à son génie toute la maturité indispensable à la fondation de la doctrine universelle, en lui découvrant le principe de cette réorganisation sociale dont il avait conçu le plan à la lumière de l'esprit scientifique et sous l'inspiration de la Révolution française. C'est dans ce même domicile que s'est continuée son œuvre, par l'institution des fêtes religieuses et de l'enseignement général, et que, depuis le 4 Archimède 60 (8 mars 1848), la Société Positiviste tient ses réunions hebdomadaires.

M. Laffitte a réuni dans les appartements de la rue Monsieur-le-Prince les divers objets qu'il a pu recouvrer et qui avaient appartenu au fondateur du positivisme : les meubles et les bibliothèques que Madame Comte, avec l'approbation de M. Littré, avait fait vendre à l'encan, malgré les instances des positivistes ; les correspondances et les papiers restitués à M. Laffitte en vertu d'un jugement rendu, il y a neuf ans (25 février 1870), contre Mme Comte et M. Littré ; enfin les volumes et les manuscrits rachetés, l'an dernier, à la mort de celle-ci. Fidèle aux volontés de son maître et ami, M. Laffitte publiera, au fur et à mesure des circonstances, les œuvres inédites et la correspondance générale d'Auguste Comte.

Peut-être cette constante opposition apportée à l'exécution testamentaire d'Auguste Comte par ces deux complices, aussi perfides que coupables, paraîtra-t-elle étrange et inexplicable à la plus grande partie du public, qui les regarde encore comme ses plus fidèles amis, bien que leur haine se soit manifestée sous les formes les plus variées. Cette mystification eut pour agents les grands-prêtres et directeurs de la démocratie, qui ne répondaient aux prédi-

cations des positivistes de la rue Monsieur-le-Prince que
par le silence ou la calomnie ; ils avaient ailleurs leurs
dieux et leurs autels ! Par une bien singulière idéalisation,
ils avaient découvert en M. Littré le continuateur d'Auguste Comte et un disciple plus grand que le maître, dont
ils lui attribuaient, avec la candeur de l'ignorance, une
foule de conceptions et d'aspirations. Doucement enivré
des perpétuels élancements de leur adoration perpétuelle,
M. Littré prit ce rôle au sérieux ; il se dit que lui aussi
il était philosophe, et il aspira à fonder une école nouvelle
pour la tourner contre son maître ! Les organes de l'académisme et du matérialisme, les journalistes militants,
aussi bien que les cardinaux romains et les pasteurs libé-
raux et orthodoxes, regardèrent dès lors la doctrine de M.
Littré comme le vrai positivisme, sans se douter que
ce prétendu maître n'avait pas de doctrine.

Malgré l'évidence et à en croire M. Littré, qui reprenait
à son profit un sophisme inventé par Stuart Mill, il y
aurait eu dans les œuvres d'Auguste Comte deux périodes
distinctes et contradictoires. L'hypothèse la plus favorable
que l'on puisse faire de ceux qui au nom de la *Philosophie
positive* ont repoussé la *Politique positive*, instituant la
Religion de l'Humanité, c'est qu'ils n'ont jamais *lu* Auguste
Comte. M. Littré rejeta d'abord la partie religieuse et
politique au nom de la pure conception philosophique.
Puis s'attaquant aux deux constructions essentielles
de celle-ci, il déclara que l'une, la Sociologie, avait
été manquée et que l'autre, la classification des phénomènes abstraits, était imparfaite : d'ailleurs, il la décapita
en éliminant la science morale. Par une telle opération,
M. Littré simultanément laissait le champ libre à la théologie et réduisait le positivisme à n'être qu'un nouvel
instrument entre les mains des classes dirigeantes. A ses
critiques il joignit, il est vrai, l'annonce de la réédification ;
mais dans la tour de Babel qu'il a élevée et qu'il destinait
à dominer la construction d'Auguste Comte aucune vue

d'ensemble n'a surgi. Jamais M. Littré n'a songé à exposer sa doctrine dans un enseignement systématique, gratuit ou non, public ou privé. Il y a quelques années, il parla beaucoup d'un projet d'école supérieure positiviste, sous le patronage de députés, de journalistes, de francs-maçons, et même de sénateurs. Les *six* traités destinés à exposer le savoir abstrait, annoncés il y a douze ans, n'étaient sans doute pas achevés ? peut-être même bien des casiers étaient-ils vides ?

Ce projet est donc allé rejoindre les divers traités successivement promis sur l'histoire générale de la médecine, sur le psychologie physiologique, sur l'histoire philosophique de l'Humanité. M. Littré a toujours été sur le point de faire un chef-d'œuvre ; depuis longtemps, Auguste Comte lui avait conseillé d'y renoncer, ce qui, une fois de plus, avait démesurément ému *l'immense* modestie de M. Littré. Pourquoi l'écrivain qui n'avait pas reculé devant l'idée de reconstruire la philosophie positive, aurait-il craint de concevoir le projet de refaire l'œuvre de F.-J. Gall et de Bossuet? M. Littré n'a pas même laissé l'espérance à ses admirateurs : il mourra tout entier avec ses grands desseins ; il a dû abandonner tous ces vastes projets, et les ans seuls, a-t-il dit, en sont la cause ! La philosophie et la science n'y ont, sans doute, pas perdu grand chose, et il est probable qu'en ce cas, comme en tant d'autres, M. Littré avait attaché des étiquettes sur des cartons vides. Mais si l'Humanité ne lui doit aucune construction intellectuelle, en compensation, il a beaucoup traduit et beaucoup écrit sur les œuvres d'autrui. Il a certainement rencontré son idéal dans la rédaction d'un *Dictionnaire de la Langue française,* qui lui a fourni l'occasion de composer une multitude d'articles que l'ordre alphabétique le dispensait de relier par des vues philosophiques. Aussi ce travail d'érudition a-t-il été la véritable destination de ce laborieux lettré : il s'y est complu, et c'est la seule œuvre d'ensemble qu'il ait terminée.

Plus compilateur que l'abbé Trublet, plus érudit, qu'il lui fut inférieur sous le rapport du cœur ! A l'opposé du bon Trublet qui ne se montre dans ses *Mémoires* que pour mieux exalter Fontenelle, son ami, M. Littré, dans un livre malhonnête sur Auguste Comte, dénigra l'œuvre et calomnia la vie de son prétendu maître, trois ans après la publication du travail si décisif de M. le docteur Robinet. (1) En cela, il était l'exécuteur des vengeances de son Egérie, et aussi de ses propres rancunes, car il ne pouvait pardonner au grand philosophe de l'avoir écarté de la direction du positivisme, après lui avoir retiré celle du subside sacerdotal, et signalé comme le centre de la lutte qu'allaient soutenir les disciples de la nouvelle doctrine contre les pseudo-positivistes. (2) C'est sous cette impulsion que dès la mort d'Auguste Comte, M. Littré représenta comme des divagations les conceptions sociales et religieuses du positivisme qu'il avait aveuglément propagées et pratiquées, et que depuis l'âge de cinquante ans il a successivement reniées. On peut s'en assurer en lisant

---

(1) Notice sur l'Œuvre et la Vie d'Auguste Comte, par le Dr Robinet, son médecin et l'un de ses treize exécuteurs testamentaires (1860, 1re édition ; 1864, 2me édition), 1 vol. in-8° orné des portraits lithographiés d'Auguste Comte et de Madame Clotilde de Vaux.

« (2) Voici le jugement définitif formulé par Auguste Comte sur M. Littré :
» Tous ceux qui, craignant la discipline intellectuelle, voulurent jadis m'empê-
» cher de transformer la science en philosophie, furent finalement groupés autour
» du principal représentant de l'anarchie académique [François Arago] ; leur
» puissance officielle et la dépendance où je me trouvais envers elle dirigèrent
» alors leur persécution contre mon existence matérielle.
» C'est ma réputation, privée et publique, que peuvent seule attaquer ceux
» qui, craignant la discipline morale, veulent m'empêcher de transformer la phi-
» losophie en religion ; ils seront spontanément ralliés sous l'écrivain accrédité
» [M. E. Littré] qui, devenu le champion dévoué de mon indigne épouse, repré-
» sente le mieux l'ensemble des résistances académiques et révolutionnaires à ma
» reconstruction du pouvoir spirituel. Sa stérile adhésion au dogme fondamental
» de la religion positive procure à cet ennemi l'apparence d'un ami, depuis le
» vain replâtrage que j'eus l'indulgence de tolérer un an après la rupture décisive
» de 1852. Quoique son assistance provisoire ait toujours été plus bruyante qu'ef-

la réédition de sa publication de 1852, intitulée : *Conservation, révolution, positivisme*, ornée de commentaires sur les variations de M. Littré par lui-même. Notoirement incapable de lire le dernier traité d'Auguste Comte sur la mathématique *(la Synthèse subjective)*, M. Littré déclara fou celui qu'il ne pouvait comprendre ; ce mode d'argumentation dépassant les bornes de la bêtise humaine, il n'y avait que la violence de sa haine qui pût porter cet académicien à un tel degré d'aveuglement. En fait, M. Littré, à l'égard du positivisme, n'a finalement rempli qu'un rôle de pur démolisseur.

Le public démocratique, confiant et d'ailleurs fidèle à ses principes (pouvait-il hésiter entre le dogmatisme comtiste et la *libre* méthode littréenne !), accepta sans examen des jugements qui lui étaient donnés comme reposant sur de sévères applications de la méthode scientifique. Quelques évènements bien caractéristiques auraient dû cependant éveiller son attention. Le directeur du vrai positivisme aurait-il accepté les fonctions de député et de sénateur que lui interdit le principe fondamental de sa doctrine ? Le loyal représentant du libre esprit scientifique aurait-il demandé à l'Etat l'appui de la force pour procéder à l'épuration des œuvres d'Auguste Comte ? Le procès en annulation du testament d'Auguste Comte intenté à M. Laffitte à la fin de l'Empire n'avait-il pas pour but de faire remettre aux mains de Mᵐᵉ Comte les œuvres et la correspondance du philosophe pour être « par les soins » aussi *intelligents* (?) que *dévoués* (??) de M. Littré, » revues, corrigées et expurgées de tout ce qui est relatif à la solution sociale et religieuse du positivisme formulée, di-

---

» ficace, et malgré qu'elle soit entièrement épuisée, l'éclat qu'elle a jeté sur lui
» facilitera des attaques où . on semblera respecter la doctrine en critiquant le
» fondateur. Je devais donc faire spécialement sentir à mes meilleurs disciples
» combien leur digne subordination devient indispensable dans la seconde lutte
» du positivisme, moins brutale, mais plus grave et plus prolongée que la pre-
» mière. » [Testament d'Auguste Comte, addition du 20 Moïse 68 (20 janvier 1856).]

saient ces imposteurs, sous l'influence d'une maladie mentale, ou, à défaut, d'empêcher M. Laffitte de les publier dans
leur intégrité ? L'organe d'une transformation religieuse
caractérisée socialement par l'incorporation du prolétariat à
la société moderne aurait-il eu l'impudeur de compter, au
nombre des soi-disant preuves de folie, le conseil d'Auguste Comte d'appeler des prolétaires au pouvoir, opinion
d'abord partagée et défendue par M. Littré lui-même ?
Dans une société pacifique et laborieuse, la richesse ne doit
pas être appelée seule à la direction des affaires publiques;
le travail aussi doit avoir sa part relative dans le gouver-
nemt exécutif de la République. Quoi qu'il en soit, M. Littré eut le triste courage, tant il était assuré de l'aveugle
crédulité de son public, d'insérer la presque totalité de ce
procès dans le numéro de mars 1870 de sa revue, dite la
Philosophie positive.

Ces faits n'ont pas altéré l'opinion universelle, et si
M. Littré commence à inspirer une désillusion croissante à
une grande partie du public républicain et socialiste, c'est
bien moins à son attitude philosophique qu'à sa conduite
politique que ce revirement est dû. Mme Comte eut à sa
mort un hommage refusé à celui qui commit la faute, la
seule grave de sa vie, de donner son nom à une femme
que son passé rendait indigne de le porter et qui ne l'en
récompensa que par la trahison et le délaissement. La
presse, qui avait passé sous silence la mort du grand philosophe, signala la disparition de son indigne épouse en
louant « son constant dévouement à Auguste Comte et à
» sa doctrine. » Cette même récompense ne manquera pas à
M. Littré, et d'avance on peut résumer son oraison funèbre
en ces mots : *Honneur au révolté !* Plus M. Littré étendait
la limite de ses variations, plus il s'élevait dans l'estime démocratique : sa réputation grandit avec elles, et les distinctions
dont il a été revêtu se sont multipliées en proportion ; les
conseils politiques, l'académie française, le sénat, la franc-
maçonnerie, lui ont successivement ouvert leurs portes.

Dans le camp républicain, depuis les ultra-radicaux jusqu'aux ultra-modérés, on voyait en M. Littré l'homme de haute intelligence, le vrai positiviste. M. Gambetta fut l'interprète de son parti lorsque, placé à la tête du pouvoir, il appela M. le D^r Ch. Robin à la direction du service médical des armées et M. Littré à la chaire d'histoire de l'École polytechnique, la plus élevée qu'il put lui donner (M. Littré y fit l'unique leçon de sa vie). Le sentiment qui inspira ces nominations honore le dictateur républicain ; ces deux individualités représentaient à ses yeux la doctrine de l'avenir, dont il préconisa la méthode dans son discours de Bordeaux et qu'en termes mémorables il affirma comme sienne, il y a six ans, dans un banquet offert à M. Littré, par ses admirateurs (1). A la vérité, M. Gambetta n'étendait son adhésion qu'à la *Philosophie positive* ; la *Politique positive* étant encore non-avenue pour lui. Le parti républicain, dont la crédulité consacre ainsi l'excommunication littréenne, continue à rejeter cette œuvre capitale d'Auguste Comte, la considérant naïvement comme une ridicule collection de momeries. M. Gambetta ignore encore la véri-

---

(1) « C'est par la vulgarisation de la méthode fondamentale de sa doctrine [il
» s'agit de M. Littré], qu'on pourra arriver à remettre la civilisation occiden-
» tale à son vrai rang, sur sa véritable base... ; c'est grâce à cette méthode qu'on
» ne poursuivra désormais le progrès que par l'éducation systématiqse et ration-
» nelle des peuples de notre continent.....

» Ce n'est pas le but de notre vie, à nous, de la consacrer à la recherche
» scientifique des faits que vous observez et analysez ; nous ne sommes que les
» interprètes modestes, souvent incomplets de votre pensée, de la doctrine que
» vous avez mission de féconder, et dont nous nous honorons d'être les serviteurs
» libres et dévoués. Mais il viendra certainement un jour où la politique ramenée
» à son véritable rôle, ayant cessé d'être la ressource des habiles et des intrigants,
» renonçant aux manœuvres déloyales et perfides, à l'esprit de corruption, à
» toute cette stratégie de dissimulations et de subterfuges, deviendra ce qu'elle
» doit être, une science morale,.... où elle s'imposera aussi bien aux consciences
» qu'aux esprits, et dictera les règles du droit des sociétés humaines. Ce jour-là,
» votre philosophie — la nôtre, — aura vaincu, et votre nom sera honoré parmi
» les hommes. »

Discours de M. Gambetta au banquet offert à M. E. Littré. (la RÉPUBLIQUE
FRANÇAISE du 7 Janvier 1873.)

table nature de la doctrine positiviste. Entré dans la vie politique avant d'avoir été initié à cette nouvelle conception des choses par l'étude directe d'Auguste Comte, il a cédé à une illusion difficilement évitable au milieu de la complexité et des tracas de l'existence politique. Pour compenser cette insuffisance de renseignements, M. Gambetta a dû, pour servir efficacement la République, faire des efforts considérables et véritablement exceptionnels, dont il faut lui tenir compte pour n'être pas injuste. Il n'est pas douteux que la tâche du chef du parti républicain aurait été grandement facilitée s'il avait pu s'appuyer sur un interprète des théories d'Auguste Comte plus digne, plus compétent et mieux préparé que M. Littré. Le jour où une expérience suffisamment prolongée aura convaincu M. Gambetta d'avoir mal placé sa confiance, ni lui ni le parti qui lui apporte son concours ne pourront refuser de sympathiser avec M. Laffitte et de s'intéresser à l'œuvre à laquelle il a lié son nom et qui est devenue d'utilité publique.

Pendant que M. Littré était porté au Capitole, ayant à sa disposition tant de forces précieuses dont l'avenir lui demandera compte, M. Laffitte agissait, inconnu ; il exécutait fidèlement le testament de son maître, il développait la doctrine positive et acquérait les titres indispensables au véritable successeur d'Auguste Comte. Celui qui consulterait le *Grand Dictionnaire universel du XIXᵉ siècle* de P. Larousse, ou le *Dictionnaire des Contemporains* de M. Vapereau (1), chercherait en vain à son rang alphabétique le nom de M. Pierre Laffitte. Par cette indication, on peut juger de la profonde obscurité où a été maintenu ce grand citoyen, malgré ses services sociaux. La postérité sera plus juste que ses contemporains. Dans le respect si

---

(1) Le 6ᵉ fascicule de la réédition de ce dictionnaire, publié au moment de l'impression de l'APERÇU, consacre à M. Laffitte quelques lignes extraites de la notice publiée par le PANTHÉON DE L'INDUSTRIE : M. Laffitte est resté inconnu à M. Vapereau jusqu'en 1880.

profond et si délicat avec lequel M. Laffitte a recueilli
l'héritage du fondateur du positivisme, se trouvent réunis
tous les caractères de la véritable piété et du seul culte que
verra l'avenir. Les générations futures, dans leurs souvenirs reconnaissants, ne sépareront pas d'Auguste Comte le
disciple qui a continué avec tant de dévouement l'œuvre
d'un tel maître.

VII.

DU SUBSIDE POSITIVISTE OU DES DEVOIRS DU PARTI RÉPUBLICAIN ENVERS M. PIERRE LAFFITTE.

Le philosophe avant de prêcher aux autres leurs devoirs professionnels doit remplir les siens ; M. Laffitte a
largement satisfait à cette obligation. Le public en retour
doit assurer au philosophe le plein accomplissement de sa
fonction, en le dispensant du soin de pourvoir à son existence matérielle. Le Subside positiviste a été fondé dans
ce but le 8 Frédéric 60 (12 novembre 1848) ; il convient
d'en préciser le rôle et de déterminer le public qui est
appelé à y participer.

Une part, de plus en plus secondaire, de ce Subside est
destinée à pourvoir à l'exécution testamentaire d'Auguste
Comte, réduite aujourd'hui essentiellement à la conservation de sa tombe, de son domicile et de ses œuvres. Y
concourir suppose qu'on reconnaît et admire, à des
degrés divers, les services, le génie, l'humanité de ce penseur, qui vécut pauvre et délaissé mais inébranlablement
voué au problème du XIXme siècle, la digne émancipation
du prolétariat. A ce degré, la participation au Subside
est un acte de foi et de gratitude. L'autre partie, appelée à
prendre une extension indéfinie, est exclusivement consacrée à l'enseignement positiviste, c'est-à-dire à l'exis-

tence du sacerdoce correspondant. L'obligation d'y contribuer incombe à tous ceux qui admettent la doctrine sous l'un quelconque de ses aspects essentiels, que ce soit l'amour de l'Humanité, qui en est le principe, l'éducation scientifique, qui en est la base, ou l'activité pacifique, qui en est le but.

M. Laffitte ne devait et ne pouvait d'abord compter que sur l'appui des positivistes complets. Dans un milieu révolutionnaire, en effet, où la défiance envers les véritables supériorités n'a d'égale que l'excessive préoccupation de son individualité, là défiance ne se surmonte et l'individu ne se subordonne qu'au prix de services prolongés. Le Subside positiviste, maintenu d'abord par deux souscripteurs principaux, MM. de Constant-Rebecque et Winstanley, jusqu'en 74 (1862), année de leur mort, s'est par la suite graduellement accru, grâce au concours dévoué des positivistes français et occidentaux, surtout anglais. Il a enfin permis depuis huit ans de dégager de plus en plus M. Laffitte de ses laborieuses occupations de professeur de mathématique. Il s'agit aujourd'hui non seulement d'assurer à son avenir la sécurité et le calme, mais de lui fournir un local plus vaste que le domicile d'Auguste Comte, et de subvenir à l'existence de ses collaborateurs français et occidentaux.

Pour utiliser pleinement une force aussi précieuse, il est urgent que les républicains apportent enfin leur concours à une fondation qui est le complément nécessaire de la Révolution organique. Depuis vingt-deux ans, en véritable successeur d'Auguste Comte, M. Laffitte a rempli les devoirs que lui imposait une situation unique dans l'histoire ; il a institué ces fêtes, répandu cet enseignement, formulé cette politique, en conformité avec l'esprit scientifique, que le public actif réclame de plus en plus. Fondées et poursuivies avec dévouement et persévérance, ces institutions définitives comportent beaucoup d'extension. Au nom des droits acquis par ses services sociaux, M. Laffitte, dans de nombreux appels, a demandé au parti républicain de contribuer aux nécessités matérielles d'une telle propagande.

Il écrivait, il y a quatre ans, dans la 27me circulaire sacerdotale :

« J'ai pendant de longues années poursuivi mon apostolat
» positiviste dans la mesure de mes forces, pourvoyant aux néces-
» sités de la vie par un travail utile mais péniblement accablant.
» Maintenant que l'âge est venu, et que le nombre d'années que
» je puis raisonnablement espérer de consacrer encore à ma fonc-
» tion sociale diminue, mon devoir, comme l'utilité, demande que
» j'enlève le moins de temps possible à cette haute fonction. J'y
» puis avoir une action plus importante que dans mes utiles occu-
» pations privées, où je serai facilement remplacé. C'est pour
» cela que je demande le loisir. »

Cet appel s'adressait à tous ceux qui réclament une morale purement humaine et qui reconnaissent qu'une telle morale ne peut prévaloir universellement que par la liberté, c'est-à-dire par un enseignement scientifique, gratuit et indépendant de l'Etat : à tous ceux qui aiment sincèrement la République et voient dans son avènement le règne du travail et la fin des conquêtes.

Malgré l'urgence, les républicains n'ont pas plus répondu à cet appel qu'aux précédents. Une expérience plus récente a permis de faire la part de ce qu'il y a d'essentiellement déclamatoire dans les revendications vulgaires en faveur de l'instruction du peuple, et dont la quintessence se réduit à la balançoire simoniaque de *l'instruction obligatoire*, qui devrait être éliminée du programme républicain, de l'accord de tous les gens sensés et véritablement honnêtes. L'on pouvait croire que ces appels réitérés n'avaient pas été entendus ou avaient été mal interprétés et qu'il serait convenable de tenter un nouvel appel, en donnant satisfaction aux scrupules de ceux qui, tout en réclamant l'instruction universelle, gratuite et laïque, refusaient de concourir à un subside employé en partie à des

« pratiques cultuelles. » Bien qu'une telle susceptibilité fût contradictoire de la part d'émancipés qui ont applaudi et même souscrit aux fêtes de Rabelais, de Spinoza et de Voltaire ! cette épreuve devait être faite. Une souscription spéciale à l'enseignement scientifique fut instituée et un appel adressé par M. Laffitte aux républicains français (5 septembre 1876) fut répandu à des milliers d'exemplaires. Comme l'on devait s'y attendre, il eut le même sort que celui d'Auguste Comte (24 février 1848) pour la fondation d'une association libre pour l'instruction positive du peuple ; c'est-à-dire qu'il aboutit à un refus de concours presque absolu. Quatre-vingt-treize souscripteurs y répondirent la première année ; mais les positivistes qui y avaient pris part ayant l'année suivante reporté leurs cotisations sur le Subside, le nombre des souscripteurs se trouva si réduit que le fonds spécial dut être supprimé.

Comment justifier une telle attitude de la part d'émancipés qui proclament sans cesse que la direction mentale et morale de la société est à la science et dont la plupart ont utilisé les enseignements et les publications de l'église positiviste ? Cette réserve ne peut être motivée par la quotité des souscriptions, car dès le début Auguste Comte en avait fixé le minimum à trois francs soixante-cinq centimes par an, soit un centime par jour ! Elle tient à des causes multiples, qui se ramènent toutes à la démoralisation provoquée par l'influence sénile des doctrines démocratiques.

Le principal obstacle est tiré du caractère *religieux* du positivisme. La défiance que les intéressés au maintien de l'anarchie mentale et morale actuelle ont excitée et cultivée contre le positivisme systématique, en l'assimilant au catholicisme romain, n'est basée que sur de puérils préjugés, indignes de cerveaux scientifiquement cultivés. L'ancien régime religieux, qui concevait l'ordre social comme immuable, avec l'égoïsme céleste pour but et la

théologie pour base, ne ressemble point à la religion de
l'Humanité qui fait concourir la fraternité universelle et la
science au perfectionnement continu de la société sur la
Terre. Ceux qui, malgré l'évidence, persistent à confondre
leurs origines, leurs destinations et leurs moyens, manquent de bonne foi ou de lumières. M. Littré a beaucoup
contribué à égarer l'opinion sur ce point. L'engouement du
public pour cet écrivain a eu pour résultat de détourner
de l'étude de la religion de l'Humanité une génération
d'esprits actifs aspirant à une transformation rationnelle,
et dont un trop grand nombre ont cruellement payé la
déplorable confiance qu'ils avaient mise en lui. En déna-
turant le positivisme, il a contribué, par son influence
critique, à aggraver nos désordres sociaux ; les révolutionnaires anarchistes ne voyaient de positivistes sérieux que
dans le camp de M. Littré, et ils regardaient, sur sa parole,
comme des intelligences déviées et comme des réaction-
naires, les disciples fidèles d'Auguste Comte. L'indigne
conduite de M. Littré, en suscitant cette guerre civile
philosophique dans l'armée de la Révolution, a retardé
cette transformation préconisée de tout temps par Auguste
Comte, de parti d'opposition en parti de gouvernement,
qui aurait rendu les républicains capables de remplacer
directement l'empire en 1870, et que la force des choses
leur a imposée depuis pour le salut de la République. La
France et l'Occident sauront mesurer un jour toute l'étendue des maux causés par l'exaltation de cette girouette
académique, placée à la tête de la République philosophique par la démocratie des deux mondes.

Indépendamment du motif tiré du caractère religieux
du positivisme, l'abstention du public tient aussi à sa
préoccupation des réformes matérielles, dans la poursuite
desquelles il voit le procédé essentiel de résolution des difficultés temporelles. Le positivisme, sans négliger les améliorations immédiates et secondaires, fait surtout appel
aux aspirations les plus nobles, afin de transformer tout

d'abord les cerveaux. Auprès d'une population élevée dans
la pratique de l'intérêt, bien entendu ou non, quel peut être
l'attrait d'un concours qui ne conduit ni à la puissance ni
à la richesse, qui se traduit par des obligations continues
et ne paraît rien donner en échange ! D'un autre côté, la
plupart de ceux qui ont la confiance du public, littérateurs,
journalistes et politiciens, ne pourraient ni satisfaire
aux exigences scientifiques ni conserver leur influence
sans se soumettre à de difficiles études. Ils trouvent plus
commode de faire profession de n'avoir pas de système,
renvoyant ainsi à un avenir indéterminé la recherche du
remède radical aux questions qui agitent le présent.

L'ordre social, plus imparfait que tous les autres, est
construit de telle sorte que la propagande positiviste, si
urgente, ne peut encore trouver l'accueil qui lui est nécessaire. Faite pour améliorer la situation républicaine, la
théorie positive du Progrès est détournée de son but par
une interprétation vicieuse de nos parlementaires ;
faute de l'avoir comprise, ils la subordonnent à l'impulsion
révolutionnaire, résultée de leur première éducation et des
excitations de leur milieu habituel. Il s'agit de l'opportunisme. Cette méthode politique, aussi légitime que nécessaire, repose sur un principe formulé ainsi par Auguste
Comte dans le *Catéchisme positiviste* : « la société reposant
» toujours sur un libre concours, il n'existe de transactions
» durables et de modifications légitimes que celles qui
» résultent d'un assentiment volontaire des divers coopéra-
» teurs. » La réforme des institutions devant être précédée
d'une transformation dans les opinions et dans les mœurs,
tout essai de rénovation radicale immédiate dans un
milieu non préparé moralement est nécessairement perturbateur, car il aggrave les difficultés, en compliquant la
situation et en déconsidérant les initiateurs. L'opportunisme consiste donc, pour les chefs républicains, dans la
renonciation volontaire et raisonnée à toute poursuite
directe des réformes radicales, qu'ils abandonnent aux

publicistes et aux théoriciens, afin de se vouer essentiellement à la réalisation des mesures assez préparées pour
comporter une application immédiate. L'Etat, vu la faible
portée des moyens dont il dispose, ne peut consacrer que
les progrès réalisés tout au moins par les citoyens actifs,
qui en prouvent l'efficacité et en garantissent ainsi l'extension universelle. Cette attitude gouvernementale est
destinée d'abord à pourvoir aux besoins les plus urgents
de l'Ordre, et subsidiairement à mettre mieux en lumière
la question religieuse ; c'est là ce qui légitime la méthode
opportuniste. Par elle l'attention générale sera de plus en
plus attirée vers la nécessité d'une morale positive, dont
l'adoption permettra l'accomplissement pacifique de la
réforme sociale. Tant que par le plein usage de la liberté
d'enseignement, de réunion et même d'association, la morale publique n'aura pas subi cette transformation nécessaire, les améliorations pratiques, quelque évidemment
utiles qu'elles puissent être, ne seront que des expédients,
passagers comme les situations qui les auront rendues
nécessaires.

Cette conception de l'opportunisme politique permet d'en
régler l'usage sans céder à la haine révolutionnaire qui
confond deux choses dans son adoption : l'abandon de la
méthode démocratique, et l'ajournement provisoire de
mesures radicales consacrant l'élimination de l'ancien
régime et relatives surtout à la réorganisation des institutions sociales et morales. L'on ne peut que louer la première
de ces attitudes, mais il faut se mettre bien en garde envers
la seconde. Pour réaliser certaines mesures qui doivent être
subordonnées à d'autres, plus urgentes ou préparatoires,
il faut d'abord satisfaire à celles-ci nécessairement ;
or il y a dans le programme démocratique bon nombre
de projets qui attendront jusqu'à la consommation des
siècles. Mais l'ardeur avec laquelle les directeurs républicains travaillent à rétablir l'arlequinade de l'Eglise
gallicane et à fortifier l'enseignement d'Etat, est la viola-

tion complète de la méthode opportuniste qu'ils préconisent et qui seule légitime leur gouvernement. Une telle marche est plus qu'un recul, c'est une désertion : l'ennemi c'est lecléricalisme, théologique ou révolutionnaire, c'est-à-dire le gouvernement et l'enseignement réunis dans les mêmes mains, et il importe peu désormais que ce soit par la grâce de Dieu ou par la volonté nationale. Il est trop tard, en effet, pour rechercher s'il faut interdire ou fonder un sacerdoce républicain indépendant de l'Etat : il existe ! La politique qui ne tiendrait pas compte de son existence pour le seconder, et à plus forte raison celle qui, en fortifiant des institutions politiques destinées à disparaître et à bref délai, en entraverait l'essor, ne serait pas une politique de résultats mais la continuation pure et simple de la politique d'utopies. Ainsi compris et appliqué, le procédé destiné à consolider les progrès politiques, le plus apte à faire passer dans les institutions les résultats acquis dans les opinions et dans les habitudes, ne servirait qu'à maintenir tout au moins dans une stagnation pénible la République française.

Dans tous les cas, et quelles que soient les mesures temporaires utiles ou nuisibles que croiront devoir prendre nos gouverneurs, la situation morale du parti républicain n'en serait pas essentiellement modifiée. Quand un homme d'Etat déclare que telle mesure républicaine n'est pas opportune, il accuse l'insuffisance de son parti ; c'est à celui-ci à donner à ses chefs un appui suffisant s'il leur manque ou, s'il existe, d'en manifester évidemment l'existence : Aide-toi et le gouvernement t'aidera ! Il faut donc se garder d'imiter ces opportunistes aveugles et inconséquents qui se croisent les bras et s'irritent contre ceux qui réclament des mesures urgentes. Infidèles à la fois à leurs chefs et à leur parti, ils se dispensent de leurs devoirs en réduisant leur tâche à singer le langage de leurs gouverneurs et à répéter, lorsqu'il s'agit de la liberté de l'enseignement ou de la suppression du budget des cultes, que ces mesures ne sont pas applicables ! La mission de chaque citoyen est au contraire de rendre opportunes ces conditions nécessaires à l'activité républicaine, en les réclamant et les préconisant sans cesse, afin de convertir à cette opinion l'ensemble du public actif, s'il ne l'est déjà. A chacun son rôle, et la République sera bien gardée.

La responsabilité des désordres sociaux est généralement rejetée sur le compte exclusif des anciennes classes dirigeantes, qui en cela ne faisaient que leurs propres affaires au détriment du bien public. Mais plus coupables encore sont ceux qui ont contribué à rendre nos crises plus aiguës et moins fructueuses en ne mettant pas le savoir qu'ils possédaient à la portée du prolétariat, ou en ne donnant pas leur concours moral et pécuniaire aux philosophes républicains qui, comme Auguste Comte et M. Pierre Laffitte, ont voué toute leur existence à l'élévation sociale et morale du peuple. Les gouvernants qui se sont succédés au pouvoir ont jusqu'à ce jour manqué au devoir capital d'assurer les conditions politiques de la complète liberté d'enseignement, cela est évident ; mais, de leur côté, les républicains n'ont *rien fait* pour la haute éducation populaire, et quand l'Etat élèverait par milliers des écoles primaires le principal resterait toujours à faire ! Il y a tout lieu de croire que la postérité trouvera bien insuffisants les motifs secondaires qui ont porté nos contemporains à priver le positivisme de tout appui matériel, bien qu'un tel concours n'ait fait défaut à aucune des plus singulières utopies du XIX⁰ siècle, si fécond en ce genre.

La situation actuelle de la France place au premier rang le devoir d'assurer au sacerdoce positiviste, aussi bien qu'à toute autre corporation qui, à son exemple, se donnerait la mission de pourvoir à l'enseignement scientifique universel, les conditions politiques et morales de son développement. Le gouvernement de la République doit garantir à tous la pleine liberté spirituelle, complétée par la suppression des budgets théologique et universitaire sans laquelle la liberté de conscience serait un leurre ; il ne doit certainement pas aux prêtres qui prêchent la morale de l'ancien régime une consécration politique, qu'il ne peut donner aux philosophes qui enseignent la morale républicaine. D'un autre côté, il est du devoir des vrais républicains d'assurer les moyens matériels d'existence à tous ceux qui viennent pourvoir à l'éducation civique, qui est le premier des besoins sociaux. Or il n'y a pas, actuellement, de doctrine en dehors de la religion de l'Humanité qui réponde à cette nécessité. D'ailleurs l'entente n'est aujourd'hui indispensable que sur les notions générales ; l'avenir fera inévitablement l'accord sur les détails. Quelque grandes que puissent être les divergences, sur le culte, l'enseignement ou la politique, c'est en citoyen qu'il faut envisager le positivisme. C'est comme citoyen que chaque républicain est appelé à participer au Subside fondé, depuis trente-et-un ans, pour subvenir aux dépenses nécessitées par la formation et l'entretien du nouveau sacerdoce, c'est-à-dire d'une corporation de philosophes exclusivement voués à la propagation, publique et gratuite, du savoir abstrait de l'Humanité. (1)

---

(1) Pour éviter toute indétermination à ce sujet, voici, suivant l'ordre d'exposition, le plan intégral de l'ENSEIGNEMENT POSITIVISTE :

I. — PHILOSOPHIE PREMIÈRE ou ensemble des Lois universelles.

II. — PHILOSOPHIE SECONDE ou SCIENCE proprement dite.

LOGIQUE	Arithmétique.		
	Algèbre.		
	Géométrie.	Préliminaire.	
		Générale.	Géométrie algébrique.
			Géométrie différentielle et intégrale.
	Mécanique générale.		
PHYSIQUE	Astronomie.		
	Physique proprement dite.		
	Chimie.		
MORALE	Biologie.		
	Sociologie (science sociale).		
	Morale proprement dite (théorique et pratique).		

CONCLUSION

I. — Ce rapide aperçu sur l'ensemble de la vie et de l'œuvre de M. Pierre Laffitte permet de juger comment, dans une carrière où il a trouvé bien peu d'encouragements, il a satisfait publiquement, sans reculer devant aucune, à toutes les exigences de sa fonction : enseigner, conseiller et consacrer.

Comme directeur, M. Pierre Laffitte a développé l'empire de la religion de l'Humanité, lorsque c'eût été beaucoup de le maintenir au milieu des crises qui ont entravé son évolution et des accidents qui n'ont pas épargné les existences positivistes. Au noyau constitué par Auguste Comte il a incorporé des fidèles surgis des diverses classes de la société, des deux sexes et de tout âge, qui ont volontairement accepté sa direction ; des églises formées en Angleterre, en Suède et dans les deux Amérique ont reconnu sa suprématie. Philosophe, M. Pierre Laffitte a continué et développé l'enseignement positiviste en le subordonnant toujours à cette profonde maxime de Mme Lambert : la première science de l'homme, c'est l'homme ; prêtre, il a institué, au fur et à mesure des circonstances, les consécrations privées et les commémorations publiques, tant concrètes qu'abstraites. Par ses travaux, par les services mémorables, essentiels, qu'il a rendus, par les mérites de son action spirituelle restée unique à ce degré, il a amplement confirmé les espérances qui avaient motivé sa nomination provisoire. En poursuivant dignement toutes les entreprises de son maître, il l'a fait revivre en lui-même, il est devenu le véritable successeur d'Auguste Comte, le chef définitif du nouveau sacerdoce.

Une telle situation est bien faite pour récompenser de

tant d'années d'activité patiente celui qui débuta dans une période obscure, au milieu des nombreux obstacles que devait lui susciter sa courageuse entreprise. M. Pierre Laffitte était alors soutenu par un bien petit nombre d'apôtres dévoués (français, hollandais, anglais), dont les actes serviront toujours de modèle et d'encouragement à la jeunesse positiviste, et particulièrement par la famille de M. le docteur Robinet, dont le dévouement exceptionnel et continu a tant contribué à établir, entre les disciples d'Auguste Comte, cette fraternité mutuelle qui a permis de mieux surmonter les difficultés résultées de l'abandon des contemporains. Le centre positiviste de France, à la mort de son fondateur, a eu le bonheur de posséder une famille, un prolétaire et un philosophe dont l'inaltérable union caractérisera toujours, auprès de la postérité reconnaissante, cette phase décisive de son évolution. La religion de l'Humanité a engendré ce qui manque le plus aux périodes révolutionnaires, un groupe d'hommes aux convictions irrévocables reliés par une foi commune, appelé tôt ou tard à fixer l'attention des esprits d'élite.

Les résultats visibles ne peuvent suffire à mesurer l'action de M. Pierre Laffitte. Auteur de tant d'aperçus profonds et originaux, sur la philosophie première, la mathématique, la physique, la science sociale et la morale, les beaux-arts et l'industrie générale, la politique et la religion, il serait insuffisamment apprécié d'après ses publications seules. Au milieu de tant d'occupations absorbantes, bien peu de ses travaux ont pu être rédigés et publiés. (1).

C'est la prédication orale qui caractérise surtout l'action de M. Pierre Laffitte. Ses leçons laisseront de profonds souvenirs ; c'est là que, se faisant tout à tous, son talent

----

(1) Voir la note A de l'Appendice.

d'expositeur se joue dans cet immense savoir que son vaste esprit a su rassembler et coordonner. Ce qu'il a voulu, c'est mettre généreusement à la portée de chacun ces connaissances qu'il a eu tant de peine à acquérir, et qu'il répand, sans appui officiel, gratuitement, pour le service de l'Humanité. Que d'abondance! que de richesses! dans ces cours, dans ces conférences, où il prodigue en quelques instants des vérités que des années d'étude ne donneraient pas. Grâce à des exemples et à des faits décisifs qui jettent un jour si saisissant sur les théories les plus abstraites, avec cette simplicité qui est une des originalités de ses expositions et le fruit de méditations puissantes, M. Pierre Laffitte a su rendre accessibles les notions fondamentales du positivisme ; on a appris par lui à lire Auguste Comte. Il a répandu des vues nouvelles et des démonstrations ingénieuses, en mathématique comme en sociologie et en morale, avec un désintéressement exceptionnel, qui a permis à maints vulgarisateurs d'acquérir aisément une réputation de penseur, dont il leur abandonnait la puérile satisfaction. La plupart des publications positivistes ne sont que la reproduction expresse ou tacite, directe ou indirecte, de ses enseignements, qui se sont dispersés dans les recueils et dans les pays les plus divers. Ce serait un document bien intéressant que la liste des auditeurs des cours de M. Pierre Laffitte ; français, anglais, espagnols, hollandais, suédois, hongrois, grecs, américains du nord et du sud, musulmans et japonais ; on verrait par là combien d'esprits éminents sont venus s'inspirer d'un penseur qui, pour la presse, n'existait pas.

C'est l'inébranlable certitude de la réalité et de l'efficacité de l'action qu'il a exercée sur les destinées générales de l'Humanité, qui a compensé, à un certain degré, pour M. Pierre Laffitte, l'abandon du parti républicain et l'obscurité où il a été maintenu dans sa patrie, qu'il honore tant par sa vie. Faute de loisirs, de personnel et de ressources matérielles, il a dû, malgré l'urgence, ajourner une foule de projets auxquels il aurait pu satisfaire ; mieux secondé du public, sa surprenante activité eût su faire plus encore. La postérité fera la part de l'éloge et du blâme ; quoi qu'il arrive, M. Pierre Laffitte aura donné un grand exemple laborieusement poursuivi, et son œuvre restera pour l'édification des âges à venir.

II. — Exempt de cette cupidité et de ce puéril désir des honneurs temporels qui dégradent tant de savants modernes ; ayant renoncé, même comme électeur, à toute intervention directe dans le gouvernement politique, le successeur d'Auguste Comte s'est maintenu dans la véritable attitude sacerdotale. Placé pour arriver à tout, il s'est trouvé assez riche de la glorieuse mission qu'il a embrassée, et il a dirigé sa vie privée et publique d'après des mobiles essentiellement sociaux. Il faut des sentiments pour faire des actes ; ses actes viennent d'être rappelés et M. Pierre Laffitte a laissé à ceux qui savent les apprécier le soin de pénétrer l'affection qui les a inspirés : « Avant » tout, » a-t-il dit avec cette exquise délicatesse d'appréciation qui caractérise son esprit chevaleresque, « il faut » produire et, en produisant, cacher l'amour qui nous fait » agir. » Chez lui, en effet, le dévouement fut constant, jamais déclamatoire.

Ceux qui n'auraient pas été attirés vers le directeur du positivisme par la haute valeur abstraite de ses expositions philosophiques et sociales, l'ont été par sa connaissance approfondie des choses délicates, par son goût prononcé pour les beaux-arts et surtout pour la musique, le plus affectueux de tous, par ses entretiens, auxquels une gaieté aimable et une heureuse simplicité ajoutent tant de vivacité et de charme, et qui ont joué un rôle considérable dans l'action religieuse et politique du positivisme. Vraiment gentilhomme dans la noble acception du mot, son affabilité lui a conquis les cœurs comme son enseignement les esprits. Quoiqu'il eût tous les titres pour juger, c'est avec sa bonté habituelle que M. Pierre Laffitte a couvert de l'oubli les attaques de littérateurs incompétents. Faisant toujours ressortir les mérites plutôt que les torts, il a introduit dans le langage et dans l'activité cette indulgence, exempte d'aigreur et de mépris, qui convient envers des esprits attardés à des dogmes auxquels on a cru soi-même, et qui ignorent, ne comprennent pas ou ne peuvent pas adopter encore ceux du positivisme. Opposé à toute artificieuse réserve, M. Pierre Laffitte n'a pas cru compromettre son légitime empire par trop d'abandon et de bienveillance; il a cédé à une disposition spontanée qui rendait ses prédications plus accessibles aux entendements féminins et prolétaires, et la confiance qu'il leur a inspirée justifie cette attitude.

Cette extrême bonté, unie à tant de modestie, aurait pu faire craindre aux débuts de sa fonction que le caractère de M. Pierre Laffitte ne se trouverait peut-être pas en harmonie avec ses éminentes qualités intellectuelles et morales. Sa vie entière a répondu; l'action est l'épreuve des hommes et dévoile ce que furent en effet leur cœur, leur esprit et leur caractère. Dans la fonction spirituelle, la manifestation de l'énergie n'exige point cette rudesse qui caractérise les commandements du guerrier ou de l'industriel, à l'orgueil qui convenait à celui qui portait la tiare lorsque le prince dominait le pontife, qui ne préférerait chez le directeur de la religion de la sympathie universelle cette douce fermeté qui attire le respect et rend facile l'obéissance! A celui qui accepta d'être le chef d'une église reniée et bafouée par le vulgaire des philosophes, qui prit l'initiative des fêtes et des consécrations religieuses, qui accepta en son entier la succession de son maître, on ne saurait refuser le courage intellectuel, celui que sa fonction exige; et les auditeurs de ses cours et de ses commémorations savent à quel degré il sait l'élever. Quant à la persévérance, ses disciples n'oublient pas que, malgré le délaissement des

contemporains, au travers des phases les plus cruelles pour
le citoyen, pour le croyant et pour l'homme, il ne désespéra
jamais ; loin de se laisser abattre par les obstacles, il les
fit servir à doubler son ardeur, et il réussit toujours à faire
passer dans ses entours son indomptable confiance. En ce
qui concerne la prudence, sans laquelle toute activité
avorte, il a su réserver les opérations prématurées, il a
connu son époque et il a su s'y adapter. M. Pierre Laffitte
a réuni l'ardeur, le savoir et la constance nécessaires à sa
mission ; il a été l'homme de la situation sans cesser d'être
le représentant fidèle de la doctrine.

Grâce à son dévouement, la mort d'Auguste Comte n'a
pas suspendu l'expansion de l'œuvre qu'il a fondée. M.
Pierre Laffitte a conservé et répandu le feu sacré qu'il avait
reçu de son maître. Il comptera au nombre de ces rares
serviteurs de l'Humanité qui, sans avoir égaré personne
au milieu des troubles de leur temps, n'ont cessé de pro-
clamer leurs croyances au grand jour, léguant ainsi à leurs
successeurs des exemples impérissables. Aussi sa direction
religieuse, qui lui a conquis autant d'amis dévoués qu'il
compte de disciples, a-t-elle pu lui susciter des adversaires
mais point d'ennemis. Derrière un maître qui s'est voué à
la régénération humaine avec tant de pureté, de sagesse
et de loyauté, ses disciples peuvent marcher sans crainte :
l'examen ne peut que fortifier leur respect et leur affection.

III. — Si les disciples de M. Pierre Laffitte lui sont si
attachés, c'est qu'ils comprennent que, sans son activité et
son dévouement, ils seraient restés perdus dans la tourmente révolutionnaire, qui les a séparés à jamais des églises
théologiques, sans savoir où se prendre dans ce milieu sans
convictions où les sympathies sont aussi mobiles que les
exemples sont incohérents. Grâce à cette église dont il est
le chef et à ce salon qui est devenu le sien, ils ont trouvé
dans les difficultés de leur vie privée et publique des encou-

ragements et des conseils, et dans leurs afflictions la sympathie qui adoucit et l'excitant qui relève.

Ils savent par leur propre expérience combien il est difficile d'apprécier à travers les préjugés révolutionnaires la solidité des conclusions positivistes. Mais, comme c'est par elles que se trouveront satisfaites les nécessités de l'Ordre et du Progrès, dont la non-conciliation provoque toutes les crises domestiques et sociales, la masse active les adoptera un jour. Cette doctrine incomparable, fondée pour préparer un meilleur avenir, vient rallier les âmes d'élite qui s'agitent au milieu des fantômes démocratiques et qui, avec de prodigieux efforts pour ne pas perdre de vue les devoirs vulgaires, poursuivent la satisfaction de devoirs négligés par leurs contemporains.

La religion de l'Humanité est destinée à faire cesser cette situation douloureuse que la plupart des esprits actifs livrés à leurs seules forces ne peuvent que constater en la déplorant. Les positivistes souhaitent de devancer cette époque en augmentant le nombre de ceux qui seconderont cette rénovation religieuse, à laquelle ils appellent surtout la jeunesse féminine et prolétaire. Propager la loi de l'Humanité est un devoir qui devient rapidement un plaisir et dont la satisfaction continue, en se liant avec les habitudes domestiques et civiques, domine celle des autres besoins de la vie. Ces nouveaux apôtres font connaître des existences, des doctrines, des institutions à des âmes qui, sans leur intervention, les auraient peut-être toujours ignorées ou méconnues, et qui leur devront ainsi à peu de frais une part de leur bonheur. Celui qui sert l'Humanité est assuré de l'immortalité, quelque modeste qu'ait été son œuvre, son nom dût-il rester dans l'éternel oubli. De nos jours, le citoyen ne peut goûter la satisfaction du devoir accompli qu'en concourant sciemment à l'incorporation du prolétariat à la société occidentale. En participant ainsi à l'œuvre capitale du XIXe siècle, il n'aura pas vécu inutile, car il aura apporté sa pierre à un édifice que les siècles consolideront sans cesse, loin de l'ébranler jamais.

Or, rien ne peut davantage faciliter cette noble tâche que l'union des vrais républicains occidentaux dans l'unité autour du successeur d'Auguste Comte. Par ce ralliement, non seulement ils donneront à leurs pensées et à leurs affections la stabilité et l'énergie dont ils ont besoin pour satisfaire au premier devoir de leur temps et communier ainsi avec tous les siècles, mais ils auront fourni une nouvelle preuve de la supériorité de la justice humaine en assurant, dès son vivant, à M. Pierre Laffitte cette prépondérance paisible et continue qui, pour un maître, est la légitime récompense de tant de travaux si dignement accomplis.

APPENDICE.

A.

ŒUVRES DE M. PIERRE LAFFITTE.

—

I. — *Des relations de l'Occident avec l'Orient*, préface de
la traduction de *l'Inde* de M. Congreve. 1858. un
vol. in-8° 2.50

Extraits du *Cours philosophique* de 1859-60 *sur l'Histoire générale de l'Humanité* :

1° *Discours d'ouverture*. 1859. 1 vol. in-8° 2.50

2° Le Positivisme et l'Economie politique (théorie *de la
propriété*). 1876. 3° édit 0.20

3° Considérations générales sur l'ensemble *de la Civilisation chinoise* et sur les relations de l'Occident avec la
Chine. (3 leçons). 1861. 1 vol. in-8° . . . . 3. —

Conseils motivés sur des mesures à prendre pour améliorer la situation de la République française, en faisant
la part relative des villes et des campagnes. Avril 1871.
1 broch. 0.25

II. — Œuvres publiées dans la *Revue la Politique Positive*. 1872-73. 31 numéros. . . . . 15. —

1° De la nécessité de la stabilité de l'équilibre économique (Discours du 24 Guttemberg 79) ;

2° De la conciliation de l'amour de la Patrie avec l'a-
mour de l'Humanité (Discours du 1er Moïse 85) ;

3° Théorie positive des fondations (n° 27) ;

4° *Cours de Morale Positive* de 1872-73 : leçons 1 à 5 ;
De l'autonomie communale, extrait de la 4e leçon ;

5° Extraits du *Cours de Sociologie* de 1871-72 : le grand
XVIIIe siècle, le Plan de Turgot, la Grande Crise, la
Constituante, la Convention, la Rétrogradation de Robes-
pierre et de Bonaparte.

III. — Considérations générales à propos *des Cimetières de
Paris*. 1874. 1 broch. in-8° . . . . 1. —

Appendice à la 2e édition du Catéchisme positiviste.
1874. 1 vol. in-12. . . . . 3.50

Cours de 1874-76 sur les *Grands Types de l'Humanité* ou appréciation systématique des principaux agents de l'évolution humaine. Ire partie : Théocratie et Antiquité. 1874-75, 2 vol. in-8° . . . . 15.—

Une statue à *Spinoza*. 1876. 1 feuille in-4°.

IV. — Œuvres publiées dans la *Revue Occidentale*, dirigée par M. Pierre Laffitte et fondée le 1er Mai 1878. 6 nos par an . . . . 20.—

1° Nécessité de l'intervention du Positivisme dans les affaires humaines ;

2° La question d'Orient ;

3° De la fonction électorale ;

4° Sur la procédure parlementaire ;

5° Les travaux publics et M. de Freycinet ; de l'aménagement des eaux ;

6° De la situation actuelle de la Religion de l'Humanité (Discours du 24 Guttemberg 90) ;

7° De la division des deux pouvoirs et spécialement du rôle de la femme à l'état normal (Discours du 1er Moïse 91) ;

8° De la socialisation des devoirs professionnels. (Discours du 24 Guttemberg 91) ;

9° *Cours de philosophie première* de 1877-78. etc.

V. — *Enseignement positiviste :*

Appel du 5 septembre 1876.

Programme des Cours de Philosophie première, de Géométrie algébrique, de Géométrie différentielle, de Sociologie, de Morale théorique, de Morale pratique ; chaque feuille in-4° 0.25

Conférences sur *la Révolution française*. Voir l'introduction au *Procès des Dantonistes* par le Dr Robinet, 1 vol. in-8° de 600 pages . . . . 10.—

Conférence sur *la nécessité d'une Morale positive*. Le Havre, 1881. 1 vol. in-8° . . . . 3.—

Circulaires annuelles adressées à chaque coopérateur du libre subside institué par Auguste Comte pour le sacerdoce de l'Humanité, nos 9 à 32 (1857 à 1879).

Les circulaires 9 à 15 ont été insérées dans la notice que le Dr Robinet a publiée sur l'Œuvre et la Vie d'Auguste Comte.

B.

DOCUMENTS RELATIFS AU SUBSIDE POSITIVISTE.

I. — *Relevé général des souscriptions au SUBSIDE POSITIVISTE, institué le 9 Frédéric 60 (12 novembre 1848).*

Années	NOMBRE de Souscripteurs				SOMMES
	Français	Occidentx	Orientaux	Total (*)	
61					3.000
62	Direction de M. Littré				3.300
63					4.200
64	40	26		70	5.600
65	48	22	"	91	7.400
66	53	21	"	79	7.004
67	54	18	"	75	7.056
68	52	15	"	73	8.246
69	Année de la mort d'A. Comte				15.486
70	20	14	"	37	5.486
71	24	14	"	42	6.114
72	35	13	"	51	7.355
73	36	21	"	61	9.313
74	40	21	"	65	6.883
75	34	17	"	54	6.675
76	39	17	"	59	3.991
77	31	16	"	52	3.935
78	25	17	"	46	3.836
79	25	16	"	46	3.713
80	31	21	"	58	4.649
81	33	29	"	66	5.136
82	20	28	I	54	5.705
83	22	39	"	63	5.548
84	28	45	5	80	6.171
85	73	34	"	109	7.620
86	88	43	1	134	8.563
87	84	42	1	131	8.775
88	91	52	1	146	8.926
89	96	58	"	157	10.143
90	116	43	"	159	10.178
91	125	56	"	181	11.119

(*) Les Souscripteurs anonymes compris.

Moyenne annuelle de l'an 70 à l'an 90 (1858-1878) :

1er septennaire : 53 souscripteurs, dont 33 français, ont versé 6,545 fr., dont 475 à M. P. Laffitte.

2e septennaire : 55 souscripteurs, dont 27 français, ont versé 4,646 fr., dont 214 à M. P. Laffitte.

3e septennaire : 131 souscripteurs, dont 82 français, ont versé 8,625 fr., dont 4,137 à M. P. Laffitte.

Le *Fonds spécial à l'Enseignement* a produit en outre :

1re Année (1876-77) .... F. 1.434 —		
2e » (1877-78) .... » 763 —	}	F. 2.385
3e » (1878-79) .... » 188 —		

L'administration du Subside Positiviste est confiée depuis l'an 85 à M. le Dr Robinet, 50, rue Saint-Placide, à Paris.

II. — *Etat de l'Emploi du Subside Positiviste*

	En 90	Proposé p. 91
I. Exécution du Testament d'Auguste Comte :		
1o Location du logement, 10, rue Monsieur-le-Prince.................. F.	2.400	2.400
2o Pension viagère à M. Paul Thomas... »	600	600
3o Garde de l'appartement d'Aug. Comte. »	500	500
4o Frais divers....................... »	1.939	1.200
F.	5.439	4.700
2. Subside sacerdotal à M. Pierre Laffitte... »	4.739	6.000
F.	10.178	10.700

III. — *Etat des Contributions du* CENTRE POSITIVISTE HAVRAIS, *institué le 8 Dante 83 (23 juillet 1871),*

1o Au Subside Positiviste.

Années	NOMBRE DE Souscripteurs	SOMMES	
83	1	50	
84	1	80	
85	6	125	1e Période
86	7	235	
87	8	286	
88	10	100	
89	13	112	2e Période
90	19	272	
91	23	375	

2o Au Fonds spécial à l'Enseignement.

Années	NOMBRE DE Souscripteurs	mmes
88-89	10 coopér. au Subside	110
	15 autres souscript.	59
	25	169
89-90	4 coopér. au Subside	25
	10 autres souscript.	38
	14	63

TABLE DES MATIÈRES

contenues

dans l'Aperçu Sommaire

SUR LA VIE ET SUR L'ŒUVRE DE M. PIERRE LAFFITTE.

FIN DE LA TABLE DES MATIÈRES.

ERRATA

Page 19, ligne 2 : *au lieu de* « philophique » *lire :* « philosophique. »

Page 24, lignes 23-24 : *au lieu de* « l'art politique et abstrait »
lire : « l'art politique abstrait ; »

RÉPUBLIQUE OCCIDENTALE.

Ordre et Progrès. — Vivre pour Autrui.
Vivre au grand jour.

DE

LA MORALE POSITIVE,

SA NÉCESSITÉ ACTUELLE,

SES CARACTÈRES FONDAMENTAUX ET SES PRINCIPALES

APPLICATIONS ;

Conférence Publique et Gratuite

Faite au HAVRE,

LE 2 BICHAT 90 (MERCREDI, 4 DÉCEMBRE 1878),

PAR

M. PIERRE LAFFITTE,

> Dans les temps de révolution, la
> difficulté n'est pas de faire son devoir,
> c'est de savoir où est le devoir.
> (TACITE.)

Rédigée par EMILE ANTOINE.

HAVRE

Imprimerie T. LECLERC, cours de la République, 174.

1879

Quatre-vingt-onzième année de la Grande Crise.

PREMIÈRE PARTIE

DE LA NÉCESSITÉ ACTUELLE D'UNE MORALE POSITIVE.

CHAPITRE PREMIER.

DE LA SITUATION ACTUELLE AU POINT DE VUE DE LA MORALE.

But de cette Conférence. Un système de morale positive, c'est-à-dire scientifique dans ses bases, dans sa destination et dans ses moyens de réalisation, est devenu indispensable par l'émancipation croissante des esprits et par l'avènement de la République, et inévitable par l'évolution scientifique dont le Positivisme est le couronnement.

Je me propose de démontrer que l'avènement d'un système complet de morale positive est devenu nécessaire, c'est-à-dire aussi indispensable qu'inévitable, d'après la situation de la France, l'existence de la République et la série des antécédents. Le Positivisme a pour destination l'établissement et la propagation de ce système, qui existe, qu'il faudra perfectionner en temps utile et qui est appelé à prévaloir, par la libre acceptation des citoyens graduellement convaincus. Il n'entre pas dans mon projet de vous présenter l'ensemble de cette morale par trop considérable ; je me contenterai d'en indiquer sommairement l'esprit général, les bases essentielles et les principales applications.

Que doit-on entendre par système de morale ? J'appelle système de morale l'ensemble des règles universelles d'après lesquelles l'Humanité dirige et perfectionne la vie personnelle, domestique et sociale. Je prends la vie sociale dans sa plus grande extension, c'est-à-dire que je conçois l'existence humaine comme liée non-seulement à une certaine patrie, mais aussi à toutes les autres nations, dont les relations prennent chaque jour une extension et une complexité croissantes, et tendent à embrasser finalement notre planète entière.

Pour avoir une telle universalité, un système de morale doit reposer sur une doctrine générale à la fois réelle et utile, dont l'ensemble soit si homogène et si bien lié que tout problème trouve sa solution. Il faut qu'en toute circonstance chacun sache avec précision ce qu'il doit penser et faire pour que ses concitoyens, soumis aux mêmes maximes, lui apportent leur concours. A toutes les questions qui peuvent surgir entre nous et les Turcs, les Hindous ou les Chinois, il faut des solutions précises et démontrables. Il ne s'agit pas d'invoquer des considérations vagues, telles que *Justice ! Fraternité ! Aimez-vous les uns les autres !* S'aimer est très beau et ne gâte rien ; nous partageons ces sentiments fraternels, mais cela ne suffit pas : c'est au nom des sentiments d'humanité qu'on a fait tant de victimes en Bulgarie. Ce qui est nécessaire c'est de savoir dans quel degré et de quelle manière on doit satisfaire aux conditions de l'affection et du dévouement, d'après une morale qui indique dans tous les cas la conduite que les gouvernements doivent tenir. C'est ce qu'on n'a pas encore fait et ce qu'il faut déterminer rigoureusement d'après la connaissance réelle de notre nature et de notre situation. L'esprit scientifique est seul capable d'atteindre ce but, car le propre de cet esprit est d'éviter l'indétermination et l'arbitraire.

Quel est l'esprit général d'un système de morale positive? C'est de ne se composer que de règles purement humaines, constituant une morale exclusivement scientifique dans ses bases, dans sa destination et dans ses moyens de réalisation.

Être scientifique dans ses bases, c'est ne jamais faire reposer les règles morales que sur l'observation du monde où nous vivons, de la nature humaine, ainsi que de l'évolution sociale à laquelle nous appartenons. Elle élimine par conséquent comme fictives toutes les solutions où l'Humanité n'intervient point comme intermédiaire entre le monde et l'homme, soit que l'on nie leur liaison, soit que l'on transforme cette liaison en identité. Elle puise ses documents dans les observations des poètes, des moralistes, des historiens, interprètes du bon sens vulgaire. Une telle morale ne concernant jamais que le possible, ses règles demeurent toujours démontrables; elles sont donc acceptables par tout individu parvenu à l'âge adulte.

Être scientifique dans sa destination, c'est ne se proposer en tout qu'un but purement terrestre, visible et vérifiable, sans jamais faire intervenir la considération d'une vie future hypothétique qui succéderait à celle-ci.

Nous écartons toutes les conceptions qui ne conviennent point à nos divers besoins, moraux, intellectuels et physiques; nous sommes citoyens de la Terre, nous ne nous intéressons à rien en dehors d'elle et de la vie de notre espèce sur cette planète. Quant à ceux qui se préoccupent d'autre chose et se regardent comme citoyens du Ciel, pourvu qu'ils ne songent à leur salut qu'après avoir accompli leurs devoirs terrestres, libre à eux; l'esprit positif est relatif. Toutefois nous ne pouvons nous entendre avec eux que par des considérations relatives à cette vie, qu'ils subissent nécessairement ; sortir de là, c'est entrer dans des discussions indéfinies : leur but, personne ne le connaît, et il comporte quant aux moyens une infinité de solutions possibles sur lesquelles nul ne peut appuyer avec certitude une détermination quelconque.

Lorsqu'on veut aller en Chine, on peut discuter les diverses solutions, car on se propose un but précis ; il y a possibilité réelle. De même lorsqu'il s'est agi de construire un chemin de fer entre Paris et Dieppe ; malgré la multiplicité des solutions réelles, on ne l'a pas fait passer par la Russie, car il y a entre les deux points fixes des limites déterminées par les besoins des populations, la configuration et la nature du sol, c'est-à-dire par des conditions vérifiables. Il en est ainsi en morale positive : nos raisons sont toujours réelles et démontrables, sans tomber jamais dans la spécialité académique ; il n'y a qu'une science, la Morale, et toute étude qui ne se relie point, par la méthode ou par la doctrine, à l'existence et au développement de l'Humanité est pour nous sans valeur. Il s'agit d'une morale ayant pour destination avouée le gouvernement de l'Occident et de la Terre, d'une morale de citoyens placés au point de vue de l'ensemble, qui permette de comprendre comment l'existence de chacun se relie à celle des autres habitants de la planète, et en quoi son vote peut exercer une action, heureuse ou funeste, sur la marche de la civilisation.

Être scientifique dans ses moyens de réalisation, c'est ne jamais employer comme sanction que des procédés purement humains, sans faire intervenir en aucun cas des craintes ou des espoirs surnaturels.

Nous ne nous adressons pas à ceux qui se servent d'autres procédés et se conduisent d'après d'autres principes, nous les laissons paisibles. S'ils ont besoin d'un bâton pour s'appuyer, nous ne sommes nullement disposés à le leur enlever ; c'est là un fait intime et personnel, et chacun sent sa force. Pour gagner le Ciel, les théologiens peuvent se mettre d'accord comme ils l'entendent; nous sommes incompétents sur les voies et moyens, et s'ils existent, nous ne pouvons pas les connaître; un devoir plus pieux, plus urgent, nous retient sur la Terre. Nous savons ce que nous voulons et la manière d'y arriver; et pour faire disparaître le vice, l'ignorance et la misère, nous sommes résolus à modifier les choses modifiables dans le degré où elles peuvent l'être et à ne nous résigner que devant l'impossible. C'est pourquoi, sans avoir la crainte ni sans attendre le secours d'aucune puissance surnaturelle, nous ne comptons que sur nous-mêmes pour remettre la direction des affaires terrestres exclusivement à ceux qui s'y intéressent et pour en éliminer tous les autres.

Est-il possible de se passer de toute considération surnaturelle en morale et d'atteindre à une aussi complète émancipation? Oui, depuis la pleine maturité de l'esprit humain.

En fait il existe partout, surtout en France, un grand nombre d'esprits non-seulement indifférents mais même hostiles à toute morale théologique. C'est un fait que constatent ceux qui déplorent la désuétude croissante du théologisme. Les intéressés se plaignent que, de plus en plus, la société s'éloigne de Dieu, et ils attribuent ce délaissement à la corruption humaine; cela est puéril. Puisqu'ils font profession de convaincre les hommes, qu'ils se fassent croire; s'il faut des gendarmes pour obliger à les suivre, ils deviennent inutiles et les gendarmes aussi, car il en faudrait d'autres pour les garder. D'ailleurs cette complète émancipation est une conséquence du passé: si nous sommes devenus incrédules, c'est que nos pères nous ont faits comme cela; nous n'y pouvons rien.

Il a toujours existé de ces esprits émancipés; mais leur nombre s'est constamment accru depuis deux siècles.

Dans les salons du XVIIIe siècle, quelques esprits supérieurs dédaignaient pour eux la théologie, et nous voyons à cette époque des hommes de haute valeur, des Diderot et des Frédéric, diriger largement leur vie sans aucune intervention du surnaturel. Les gouvernants imitèrent leur exemple ; ils purent agir comme chefs en utilisant, malgré le mépris qu'ils professaient pour elles, les croyances de la masse. Mais cette religion théologique dont ils ne voulaient plus pour eux, ils la trouvaient encore bonne pour le peuple.

Ce procédé de gouvernement serait aujourd'hui illusoire : l'état des esprits s'est bien modifié et les rôles sont changés. Lorsqu'il n'y avait qu'un petit nombre d'émancipés, on pouvait penser que la morale théologique était faite non pour soi mais pour les autres ; aujourd'hui cette attitude ne trompe personne : l'incrédulité a gagné tout le monde ; c'est l'intelligence, c'est le capital, c'est le travail, c'est le peuple lui-même qui est devenu indifférent ou hostile. En désespoir de cause, les anciennes classes dirigeantes n'ont trouvé d'autre moyen de ranimer la foi qu'en se sacrifiant, en cessant d'être voltairiennes pour se faire catholiques ; mais en se mettant si fort au-dessous des nécessités mentales de leur temps, elles se sont éliminées elles-mêmes du gouvernement. Comment le Catholicisme, qui en sa splendeur n'a pu empêcher l'essor de l'esprit révolutionnaire, serait-il apte à discipliner des esprits qui n'ont ni peur de son enfer ni attrait pour son paradis, qui ne veulent plus croire à des prescriptions de foi aveugle, et n'admettent plus pour eux cette morale théologique qui les ennuie et leur répugne ! Peut-être ont-ils tort ? mais le fait est incontestable : le procédé jésuitique n'attrape plus personne.

L'incrédulité, qui a gagné de plus en plus la France et l'Occident, tend à devenir universelle. Il y a eu de tout temps en Orient des gens émancipés de Dieu ; les Arabes

et les Turcs en ont offert des exemples des plus extraordi-
naires. Actuellement, les classes supérieures et les esprits
d'élite, Islamistes, Hindous, Japonais et Chinois, en sont
là : ils n'envisagent les conceptions théologiques que
comme des puérilités bonnes tout au plus pour les classes
inférieures. En fait, la nécessité d'une morale positive
intéresse les hommes d'État et les âmes élevées de la
Terre toute entière.

En France, la question est à l'ordre du jour depuis
1789. Il faut le dire, le besoin d'une morale positive y
est partout profondément senti, et l'avènement définitif
de la République lui donne un caractère d'urgence qui
frappe tous les esprits. Sous la dictature monarchique,
les émancipés cachaient le fond même de leurs pensées
sous des formules théologiques, et la situation, au moins
officiellement, restait voilée : en haut le mépris, en bas la
croyance. Avec la République, le système d'hypocrisie se
transforme nécessairement en système de ménagement;
maintenant on n'a plus à afficher des croyances que l'on
ne partage point, car on n'a plus l'excuse d'épargner aux
gouvernants des actions atroces. La France républicaine
possède, à la tête du mouvement, une masse active énergiquement sortie de toute théologie; c'est la grande
majorité de la France, c'est-à-dire le petit monde, les
classes les plus nombreuses et les moins instruites, ce sont
les électeurs; ils ont pris leur rôle au sérieux, et ils
entendent se servir de plus en plus de leur pouvoir. La
République, en enlevant toute illusion, pose donc avec
netteté le problème de la nécessité d'une nouvelle direction
morale.

Encore une fois, nous ne proposons pas cette direction
à ceux qui ont déjà une solution et qui sont faits à d'autres
procédés pour se gouverner; abandonner d'anciennes
habitudes morales pourrait avoir des inconvénients, et
s'ils assistent à nos enseignements, toujours publics, nous

leur en laissons la responsabilité. Non, ce n'est pas à eux que nous nous adressons, mais à ceux qui, essentiellement émancipés, réclament une morale purement humaine, à ceux-là mêmes que le théologisme déclare inguérissables, incapables de subordination et de gouvernement volontaire. Où le prêtre de Dieu a échoué, nous, ministre de l'Humanité, nous prétendons faire accepter librement la direction positiviste et le nouveau pouvoir spirituel.

Nous disons à cette masse croissante d'esprits volontairement sortis du Catholicisme et des autres théologismes qu'elle ne doit ni ne peut rester sans direction morale systématique. Elle se passe de la morale théologique, c'est entendu; mais quelle morale lui substituera-t-elle? car il faut la remplacer si l'on veut agir et non chercher sans cesse où est le devoir. Il faut élever les enfants; quels préjugés faudra-t-il leur enseigner? on ne peut se contenter de la solution dégradante qui nous montre un père incrédule faisant élever chrétiennement ses enfants. Il est contradictoire qu'un chef de famille fronde la théologie toute sa vie et se munisse dans tous les cas importants des sacrements de l'église.

Dans l'examen du rôle et des devoirs de la femme, continuera-t-on à trancher les débats que peuvent soulever ses diverses fonctions, de mère, d'épouse et d'amie, par la solution théologique, qui n'a d'autre base qu'un pur aspect anatomique? à légitimer sa subordination par sa provenance d'une côte surnuméraire extraite de l'homme par je ne sais quel procédé chirurgical? Cela est tout simplement ridicule, et de telles discussions n'aboutissent pas.

Dans les questions si graves qui s'agitent sur la société, des inspirations ne suffisent plus : la République veut des citoyens. Ici, comme pour l'éducation, il faut que des préceptes précis interviennent dans le règlement de la propriété et des rapports mutuels entre le riche et le pauvre. Peut-on, dans le conflit soulevé entre les entrepreneurs et les travailleurs, invoquer comme suffisante la solution catholique de la charité, lorsque ceux qui réclament n'entendent pas qu'on leur fasse l'aumône avec l'argent qu'ils ont gagné ! Il en est ainsi à plus forte raison dans la politique internationale.

Une population républicaine nécessite une toute autre attitude : l'homme est un animal assez intelligent et honnête pour accepter les solutions positives quand on s'explique convenablement avec lui. La dignité de la femme et du prolétaire se révolte contre la perpétuité d'une semblable argumentation ; ils demandent qu'on leur donne enfin des raisons, et non des contes puérils que nos enfants même n'acceptent plus qu'avec une réelle répugnance. Cette morale théologique, qui a la prétention de gouverner, est doublement insuffisante ; elle n'a plus d'influence sur la masse active, celle qui dirige et qui a par conséquent le plus besoin d'être réglée ; elle est incomplète, puisqu'elle se trouve en présence de conflits qu'elle n'a pas prévus et auxquelselle ne peut s'adapter.

La morale qui la remplacera doit, pour satisfaire aux nécessités de la situation, embrasser l'ensemble des affaires humaines sous leurs aspects quelconques, de manière à constituer une politique vraiment universelle. C'est dire qu'elle doit reposer sur la science, qui met spontanément d'accord ; et d'ailleurs, en vertu de la croyance qu'elle inspire, on réclame une morale scientifique. Le Positivisme vient satisfaire à ce besoin général de ralliement de tous les esprits actifs, et j'estime que le moment est venu de leur exposer ce système de morale, lentement et graduellement élaboré. L'avènement de la Morale positive, avec l'Humanité pour base, pour but et pour sanction, est le couronnement de l'évolution de notre espèce. Ce système et le sacerdoce qui a pour mission de l'enseigner et de le faire prévaloir existent ; la conception en a été faite par un homme de génie, et nous en sommes à la phase de vulgarisation et d'application. Nous ne disons pas qu'il faut la chercher, ce n'est pas une étiquette que nous attachons sur un carton vide, le casier est plein : ce n'est point une chose à faire, c'est une chose faite.

Avec le caractère éternel de toute grande création politique ou religieuse, le système de morale positive, construit à l'aide de matériaux séculaires, s'est lentement développé et a mis cinquante ans à se constituer. Le but de la vie d'Auguste Comte a été la fondation d'un système de morale théorique et pratique et d'un nouveau pouvoir spirituel. Dès ses débuts, il en est préoccupé ; à vingt-deux ans, il écrivait :

« Tant que la morale restera uniquement fondée sur les « croyances religieuses (*), il est inévitable que la direction géné- « rale de l'éducation appartienne, en dernière analyse, à un corps « théologique. Les hommes qui s'élèvent aujourd'hui si vivement « contre les jésuites, contre les missionnaires et autres corpora- « tions religieuses, devraient donc bien sentir que le seul moyen « de faire disparaître le reste d'influence de ces sociétés, est de « fonder la morale sur l'observation des faits. Jusqu'à ce qu'un « travail de ce genre soit fait, toutes ces réclamations seront à « peu près inutiles, parce qu'elles portent à faux en très grande « partie. » (*De l'Ensemble du Passé moderne*, 1820).

Auguste Comte ne cessa d'élaborer la morale positive ; il ne la considéra d'abord qu'au point de vue pratique, comme résultat de l'application des théories positives, ce qui exigeait la construction préalable du *Système de*

(*) A. Comte emploie ici comme équivalentes les deux expressions THÉOLOGIE et RELIGION. Plus tard, il observa qu'il y a une religion partout où il y a une foi qui règle l'activité tant personnelle que collective ; et qu'à ce titre la Religion est une institution fondamentale de l'Humanité soumise, comme toutes les autres, à la loi de son développement ; la théologie en représente la phase initiale et fictive. D'ailleurs chez A. Comte cette confusion ne fut que dans les mots, elle n'existe point dans ses conceptions, et jamais — cette citation en est une preuve — il ne qualifia de théologique cette foi positive que toute sa vie eut pour but de construire, et qui a pour conséquence nécessaire l'élimination radicale du surnaturel. (E. A.)

Philosophie Positive * (1830-1842). Cette œuvre fondamentale achevée, il reconnut que la morale pratique donne lieu à des théories positives spéciales, qui doivent par conséquent précéder l'application; et en 1848, il en fait l'objet de la dernière année de l'enseignement positiviste. Après en avoir développé les principaux aspects dans le *Système de Politique Positive* * (1851-1854), il en arrêta le plan général en 1856. Après trente-cinq années de préparation, Auguste Comte se disposait à écrire le *Traité de Morale Positive*, lorsque la mort vint briser cette grande existence (24 Guttenberg 69 — 5 Septembre 1857). J'ai construit cette morale, en m'appuyant sur le plan et sur les éléments laissés par le fondateur du Positivisme.

Une telle construction mérite l'attention. Les solutions positivistes ne sont pas parfaites mais bonnes; la perfection ne s'obtient pas du premier coup, et d'ailleurs si elles étaient parfaites elles seraient absurdes. Elle a nécessairement, par le fait de notre situation et de notre nature, des inconvénients et des imperfections que nous pourrions indiquer et que nous indiquons; nous ne prétendons pas faire des anges mais des hommes. Ce que nous affirmons, c'est que ce système est actuellement le plus complet et le meilleur qui existe; c'est le seul qui puisse rallier les âmes d'élite et donner à leur activité un but commun, sans tourner contre sa propre destination, comme il est arrivé à la morale catholique depuis la fin du moyen-âge et à la morale démocratique depuis la Révolution de 1789; le seul qui, susceptible d'obtenir de tous une adhésion réelle et motivée, permette de substituer enfin une providence réelle aux providences fictives qui ont dirigé nos premiers âges. Nous convions, en résumé, les hommes à prendre, sous la direction positiviste, le gouvernement rationnel de leurs propres affaires.

CHAPITRE DEUXIÈME.

DES PARTS RESPECTIVES DE L'ESPRIT POSITIF ET DE L'ESPRIT THÉOLOGIQUE DANS LA FORMATION EMPIRIQUE DES RÈGLES MORALES.

C'est le passé qui a rendu nécessaire la fondation de la morale positive. On y voit l'esprit théologique coordonner et consacrer les découvertes de l'esprit positif, dans le gouvernement spirituel (c'est au sacerdoce romain et non à l'Évangile que le catholicisme a dû sa grandeur), comme dans le gouvernement temporel (armées romaines).

L'examen de la situation actuelle nous conduit à analyser sommairement son mode de formation en la rattachant à l'histoire. C'est le passé qui a rendu nécessaire l'avènement d'un système de morale positive. Nous sommes en tout les fils de nos pères; nous en avons reçu un caractère moral et physiologique indélébile, et l'ensemble des règles morales et politiques qui nous dirigent leur est dû; c'est se mettre hors le genre humain que de s'insurger contre leur immuable et tutélaire empire; encore ne pourrait-on le faire que dans la langue créée par eux. Reconnaître moralement et mentalement cette origine est la caractéristique de la pleine émancipation et de la vraie supériorité. Il est bon que l'homme ne se croie pas né d'hier; qu'il sache que l'œuvre des siècles n'est pas à refaire, que tout ce qui est nécessaire existe, que ce sont nos ancêtres qui nous gouvernent. La haine du passé est une puérile conséquence de la bataille; c'est là le côté faible du parti révolutionnaire, qui oublie trop ses origines et n'a pas pour ses prédécesseurs le respect qu'il leur doit.

Il n'est pas difficile de concevoir que si nos pères avaient été des imbéciles, comme le soutiennent les théoriciens révolutionnaires, nous ne serions pas des gens distingués, comme nous prétendons l'être. On ne transforme pas une espèce à ce point : un homard ne produira pas un éléphant ; et malgré les affirmations gratuites de Darwin, nous n'avons pas encore un seul résultat scientifique qui permette de croire que les limites assignées à la variation des espèces aient été franchies. Nous sommes bien les fils de nos pères. Nous vivons sur leur capital moral, qui est immense ; et si nous en éliminons une partie, nous en maintenons davantage qu'on ne le croit communément : nous sommes avant tout conservateurs. Si l'héritage moral est devenu insuffisant pour diriger notre conduite, cela tient principalement à l'imperfection de sa constitution ; c'est pourquoi dans cette tâche d'épuration très délicate nous nous sommes proposé surtout de construire une morale homogène. Il s'agit de généraliser et de coordonner les règles morales qui préexistent, de façon que les devoirs qui dominent la Famille concourent avec ceux qui régissent la Patrie et l'Humanité, et réciproquement. Le passé, en éclairant notre situation, va nous permettre de concevoir comment l'évolution antérieure de l'espèce humaine a rendu l'avènement de ce système de morale aussi inévitable qu'indispensable, c'est-à-dire comment elle élaborait les moyens de le construire tout en ruinant les bases et la sanction de l'ancienne coordination.

Comme toutes les constructions de l'Humanité, la morale générale a successivement passé par les trois états, théologique ou fictif, métaphysique ou abstrait, scientifique ou positif. La morale fut d'abord théologique ; mais avant d'en examiner la nécessité, il faut préciser ce qui dans sa formation revient à la fiction, c'est-à-dire au pur théologisme, et ce qui résulta du bon sens, c'est-à-dire de l'esprit positif spontané. J'ai caractérisé les rôles respectifs de l'esprit théologique et de l'esprit positif dans l'établissement de toute règle morale dans ce théorème fondamental : *C'est toujours l'esprit positif qui découvre ; l'esprit théologique ne peut que coordonner et sanctionner sans découvrir jamais.* L'on peut mettre au défi le plus résolu des théologiens de citer une proposition scientifique quelle qu'elle soit, une formation intégrale par exemple, qui nous aurait été révélée. Les révélations se sont toujours exercées sur des choses hors de la portée de notre examen et sur lesquelles on ne peut rien savoir. Dès qu'il s'agit de propositions de géométrie, c'est une autre affaire, car il faut les démontrer, et c'est là la difficulté ; or il n'y a pas de danger que Dieu en révèle jamais, il n'y entend rien. Toutefois, si l'observation du monde et de la nature humaine a seule fait découvrir les règles générales propres à la direction de l'homme et des sociétés, c'est par le procédé théologique qu'elles ont été sanctionnées et coordonnées. C'est par là que le théologisme a joué dans l'essor de l'Humanité un rôle capital : il a donné aux dogmes moraux la stabilité nécessaire, en consacrant au nom d'une volonté supérieure les découvertes de l'esprit positif. C'est ce que constate Bossuet lorsqu'il apprécie les religions surnaturelles antérieures au catholicisme, sans étendre la même appréciation à sa croyance d'après le procédé habituel des théologistes, dont chacun n'excepte de l'illusion que sa propre fable. De plus le théologisme a consolidé les diverses règles morales en les reliant à une source commune, car il donnait à chacune la puissance de toutes les autres par cette coordination, dont la suprême consistance fut atteinte avec le monothéisme.

Pour établir la conviction fondamentale que c'est toujours l'esprit positif qui a dirigé les grandes constructions de l'Humanité, nous ferons porter notre examen sur deux d'entre elles ; nous considérerons, dans l'ordre temporel, l'organisation des armées romaines, et, dans l'ordre spirituel, de ce chef-d'œuvre de la sagesse humaine qui fut le catholicisme.

Moïse, instruit dans la sagesse des Égyptiens, nous a transmis dans le Décalogue les éléments de leurs grandes règles morales, devenues le fond de la morale de tous les peuples. Un habile ingénieur, M. Le Play, reprenant la thèse de J.-J. Rousseau, a prétendu que toute la morale humaine s'y trouvait contenue. Il serait absurde de croire que des règles aussi remarquables et résultées d'une analyse aussi compliquée aient pu être découvertes et formulées chez un peuple nomade, encore dominé par les conceptions fétichiques. Mais il y a plus ; il est absolument impossible qu'un homme, aussi éminent même que Moïse, ait pu trouver la vérité toute entière dans la plus compliquée de toutes les sciences, lorsque la Géométrie, point de départ de tout le développement scientifique nécessaire à la préparation de l'état normal, n'était pas née encore, et que, surgie avec Thalès et Pythagore, elle n'a reçu ses derniers perfectionnements que récemment, après vingt-quatre siècles de travaux. Dans une pareille situation, on ne pouvait directement atteindre à la perfection morale que par une révélation surnaturelle. Mais il est évident, comme c'est le propre des volontés absolues, que si c'était Dieu qui eût réellement révélé les dix commandements qui portent son nom, il aurait dit à Moïse du premier coup tout ce qu'il y avait à dire sur cette matière, et le Décalogue serait devenu la règle absolue. Or, Saint-Paul, dans ses *Épitres*, * où il a formulé toutes les bases essentielles du Catholicisme, établit l'insuffisance de la loi de Moïse : « Elle n'a rien conduit à sa perfection, » dit-il, et il la

---

(*) Tous les ouvrages ainsi annotés font partie du Catalogue de la *Bibliothèque Positiviste* inséré à la suite du *Calendrier Positiviste*, dans l'édition du Havre de 1878 (chez T. Leclerc, imp.)

rectifie et la complète par ce qu'il appelle le ministère de l'Evangile. Le sacerdoce romain, précisant cette formule, a réparé l'imperfection des commandements de Dieu en y ajoutant les commandements de l'Eglise; la première révélation n'était donc pas la bonne. Saint-Paul avait proclamé la loi de Jésus supérieure à la loi de Moïse, introduisant ainsi pour la première fois l'idée de progrès dans la morale, jusqu'alors regardée comme immobile. La loi de Saint-Paul fut, à son tour, trouvée insuffisante; nous voyons à la fin du moyen-âge, Jean de Parme, Joachim de Flore et les sectateurs de l'Evangile Eternel substituer, aux deux lois primitives et imparfaites de Moïse et de Jésus, une loi supérieure et définitive, celle de l'Esprit. Cette tentative avorta; mais il est certain que c'est au sacerdoce catholique que nous devons la notion de progrès, caractéristique de l'influence de l'Humanité et d'après laquelle tout ordre nouveau résulte du développement de l'ordre antérieur.

Pour ne laisser aucun doute sur la portée de notre appréciation et ne pas être confondus avec ceux qui, comme Rousseau, s'extasient devant la majesté des Evangiles et fulminent l'anathème contre la papauté antichrétienne, disons que nous ne louons dans le catholicisme que l'incomparable sagesse du sacerdoce. Loin d'avoir été inférieur à sa doctrine, c'est celle-ci, dont l'étrange faiblesse donne prise à toutes les railleries, qui a entravé sa légitime action. Ce n'est pas l'Evangile, c'est le but qui est sublime. Ce que nous admirons dans le clergé catholique, — et par là j'entends celui de Rome, car il n'y a qu'un seul catholicisme, — c'est ce dévouement social qui a, durant treize siècles, fait de la plus grande partie de ses membres autant de citoyens de la Terre. Ce qu'ils ont tenté pour leur temps les positivistes se proposent de le faire pour le leur, dans une situation bien autrement compliquée il est vrai mais avec des ressources plus puissantes, car ceux-ci, grâce en partie à leurs prédécesseurs catholiques, auront pour appui une masse prolétaire au lieu d'une population d'esclaves et des femmes à la fois plus tendres et plus pures que celles de la décadence romaine. Le dogme chrétien ne convient qu'à une religion de moines ; il ne peut rien instituer, il ne peut fonder une société ; il fait peu de cas de la Terre.

Cette tendance a été heureusement surmontée par le bon sens vulgaire et par les antécédents romains ; l'Orient chrétien, où le dogme prévalut, rappelle par le qualificatif de byzantin ce que l'esprit vraiment chrétien produit au triple point de vue mental, social et moral. Il est vrai que l'Église s'est refusée à reconnaître cette filiation, et a toujours maintenu la prétention que l'Évangile seul avait établi les préceptes qui commandent le dévouement à ses semblables de toutes les ressources de son amour, de son savoir et de sa puissance. C'était sanctionner l'ingratitude, et un jour devait venir où elle serait à son tour appréciée avec la même injustice.

Bien avant le catholicisme, la Grèce, par son essor abstrait, avait, en dehors de la pratique, imaginé des théories sur l'homme et sur la société et proposé de les changer pour les améliorer ; de là, chez les populations imprégnées par l'esprit grec, cette dispositon spéciale à admettre les innovations sans laquelle le catholicisme n'eût pu surgir dans l'empire romain. C'est la Grèce qui avait propagé par ses types poétiques (de Prométhée et d'Hercule, de Pénélope et d'Antigone), les grandes notions morales établies par les théocraties, chaldéenne et surtout égyptienne ; et Rome, qui, en fondant l'unité politique, avait universalisé cette civilisation, en avait fourni de séculaires applications. Si le catholicisme a été grand c'est parce qu'il a été romain. Ce n'est que dans l'Occident romain que se développe cette civilisation du moyen âge caractérisée par l'abolition du servage, l'émancipation de la femme, la féodalité et la séparation de l'Eglise et de l'Etat. La Papauté trouva une éminente organisation sociale instituée par un peuple qui avait conquis le monde, produit tant de grandes choses et qui lui transmit son admirable génie et une morale gouvernementale; elle s'en fit l'héritière quand, selon l'expression de Dante, Constantin se fit grec pour céder Rome au pape. Saint-Paul est un citoyen romain; ses successeurs pontificaux ont continué l'œuvre sociale de Rome modifiée par l'action religieuse; que sont les premiers papes? des hommes d'Etat, des défenseurs et protecteurs de la Cité, des Romains. Ce n'est donc pas d'après mais malgré l'Evangile que la papauté a consacré, avec tant de sagesse, toutes les grandes créations du polythéisme et du fétichisme, qui joue dans l'évolution le rôle du lest dans un navire. Le titre de gloire du sacerdoce catholique est de n'avoir pas hésité à surmonter les préjugés chrétiens, basés sur l'Evangile, toutes les fois qu'il s'est agi de modifier une situation déterminée pour le bien de l'Humanité.

Pour agir ainsi, il fallait posséder une profonde et réelle connaissance de notre nature : on ne modifie pas aussi complètement le cerveau des hommes, on ne les gouverne pas durant tant de générations, sans avoir formulé et enseigné des préceptes positifs découverts d'après les conséquences résultées effectivement de nos divers modes d'action. Les règles ainsi établies, le sacerdoce disait que l'Evangile les avait révélées; le vague de ce livre permet d'y trouver tout ce qu'on veut, mais en réalité on ne les y apercevait qu'après les avoir découvertes ailleurs. Si nous prenons, par exemple, le *Catéchisme de Montpellier*,* nous y trouvons sur la nature humaine un ensemble de notions précieuses dont la confession a été la source la plus abondante : on y a condensé une masse d'observations dans des règles, pleines de sagesse, relatives aux diverses manières de se conduire, soit pour bien faire soit pour éviter les inconvénients. On y donne d'abord et surtout les raisons humaines, puis Dieu intervient, comme complément de la sanction positive.

Dans son traité *Du Pape* (1819), qui est un chef-d'œuvre; — je n'appartiens point au catholicisme, j'en puis juger librement, — de Maistre, à propos de la confession, a caractérisé ce procédé, avec la netteté et la franchise qui lui sont habituelles :

« Sur ce point comme sur tous les autres, qu'a fait le
» christianisme? Il a révélé l'homme à l'homme, il s'est emparé
» de ses inclinations, de ses croyances éternelles et universelles;
» il a mis à découvert ces fondements antiques, il les a
» débarrassés de toute souillure, de tout mélange étranger, il les
» a honorés de l'empreinte divine, et sur ces bases naturelles il a
» établi sa théorie surnaturelle de la pénitence et de la confession
» sacramentale. Ce que je dis de la pénitence, je pourrais le dire
» de tous les autres dogmes du christianisme catholique; mais
» c'est assez d'un exemple. »

En fait, le catholicisme romain a employé les procédés scientifiques et enseigné des préceptes de morale positive; s'il les a formulés théologiquement, ce n'est qu'après en avoir découvert la solution positive. Dans sa morale, ce qui est surnaturel ce ne sont pas les préceptes mais leur source et leur sanction.

Si maintenant nous analysons les règles d'après lesquelles Rome a graduellement construit les principes propres à l'organisation de ses armées, nous constaterons que la théologie ne révèle point davantage les procédés propres à gagner les batailles, quoique ce soit elle qui sanctionne et coordonne les commandements propres à l'activité militaire. Quelle longue suite d'observations — combinées avec les conséquences les plus fines déduites soit de la nature humaine, soit de la situation spéciale de Rome, — n'a-t-il pas fallu pour construire ce code militaire qui a conduit ce grand peuple à de si hautes destinées.

Ces règles n'étaient pas inspirées par les révélations de
Mars ou de Jupiter, bien qu'on y ait cru alors, mais par des
raisons humaines, comme cela ne fait pas de doute aujour-
d'hui. S'il faut marcher avec ensemble, si le téméraire
est puni comme le lâche, si les prescriptions sur le courage,
la prudence, la constance, sont aussi rigoureuses, c'est que
l'expérience leur avait appris qu'une telle discipline pouvait seule assurer à chacun le concours de tous et à Rome
l'empire du monde. Ils ont donné des exemples terribles
de répression contre ceux que le zèle entraînait au delà
des bornes prescrites par des chefs que consacraient les
dieux; une victoire même, acquise à ce prix, ne pouvait
faire fléchir la sévérité militaire, tant ils veillaient à ne
pas laisser affaiblir les lois et la discipline. Toutefois
l'intervention divine était nécessaire : il y a des cas où les
raisons d'agir ne sont pas communicables: lorsqu'il s'agit,
par exemple, de décider s'il faut prendre à gauche ou à
droite, ou à quel instant il faut livrer bataille. Comme
souvent le problème est difficile et compliqué, et que l'on
ne peut pas toujours, à moins d'être César, démêler les
motifs de son choix, on se décide en pareil cas d'après le *flair*
du métier, ce que l'artisan appelle le tour de main; enfin
il n'est pas toujours convenable de divulguer ses raisons.
Dans de pareilles circonstances, pour justifier son choix
ou se dispenser d'explication, on faisait intervenir le dieu
en consultant les poulets sacrés ; l'élasticité du procédé
permettait de justifier tout ce qu'on voulait, en même
temps que l'on fortifiait la vénération des soldats pour
leurs chefs. Sans doute, l'esprit théologique ne pouvant
être relatif sans tomber dans l'arbitraire, cela devait présenter des inconvénients; aussi il vint un temps où ces
pratiques furent traitées de superstitions, et où bien des
esprits supérieurs pensèrent, avec Flaminius, qu'il n'y
avait d'augures acceptables que ceux qui étaient utiles au
salut de la République. Mais lorsque la croyance dans les

pratiques religieuses disparut chez les soldats eux-mêmes, les poulets sacrés furent mis au rebut. Aujourd'hui on ne les consulte plus pour livrer bataille, et, si un général ne communique pas ses raisons, chacun sait que ce n'est ni Mars ni un dieu quelconque qui lui assurera le succès, mais des vues positives basées sur une analyse sérieuse et complète de sa situation et de ses ressources.

En fait, toutes les règles propres à la direction d'une armée comme à l'organisation catholique ont été découvertes par l'observation, ou plutôt par une combinaison plus ou moins complexe d'inductions et de déductions soit en considérant les conséquences résultées effectivement de nos divers modes d'action, soit en les déduisant de la connaissance déjà acquise de notre situation.

Pour consolider cette notion, il faut examiner comment, sous la double impulsion de l'esprit positif encore empirique et de la fiction théologique, se sont graduellement formées les règles générales de la morale.

CHAPITRE TROISIÈME.

ÉVOLUTION SPONTANÉE DES RÈGLES GÉNÉRALES DE LA MORALE, CONÇUES COMME DUES AUX PROCÉDÉS POSITIFS MAIS EMPIRIQUES.

L'art moral a été d'abord empirique. L'homme au début ne se règle pas faute d'organes spéciaux. La formation des capitaux les fit surgir par la création du vieillard, de la femme et surtout de la caste théocratique, qui découvre les règles morales, après de difficiles travaux séculaires, et les fait prévaloir, malgré les instincts prépondérants, grâce au triple appui de la formulation. Moïse est le type de cette évolution. Importance d'une statistique morale.

L'Humanité est arrivée à concevoir la science morale et à en poser les bases après une évolution spontanée, plus ou moins empirique. Nous allons suivre ce développement graduel non plus sur des points spéciaux mais sur les règles plus générales que le génie des prêtres, des poètes et des philosophes a déduites d'une longue et profonde observation de la nature humaine.

Au début, l'homme n'a d'autre règle que le penchant du moment, qui le domine exclusivement ; il mange quand il a faim, il boit quand il a soif, il dort quand il a sommeil. Il agit sous la simple impulsion de ses besoins, sans autre frein que celui qui résulte des exigences de sa situation. La société humaine ne surpasse guère alors les sociétés animales, dont cet état est la règle. Dans cette période initiale de l'Humanité il ne faut pas chercher des préceptes moraux : l'homme n'est pas encore arrivé à se connaître, il n'a ni plan régulier de conduite, ni fixité, ni système de réaction sur lui-même. Il existe encore sur la terre des populations qui nous offrent des traces de cet état, et l'enfant le reproduit toujours spontanément. C'est dans cette phase de son existence que l'homme est vraiment royal et divin ; il casse son assiette, parce que tel est son bon plaisir ; il ne se reconnaît ni devoir ni frein, il rapporte tout à ses impérieux penchants : il est seul celui qui est.

Cette situation de l'espèce humaine a duré de longs siècles. Au bout d'une période de temps, variable avec la situation et les antécédents, on voit les sociétés se développer et s'étendre, les langues se former, les capitaux s'accumuler ; c'est alors que certaines règles empiriques surgissent spontanément. Les capitaux, — mot admirablement construit pour désigner les instruments par excellence, puisqu'ils ont conduit à la division croissante du travail matériel et finalement à la séparation des deux pouvoirs, — ont pour rôle capital de créer des loisirs, de permettre la vie théorique, et par suite l'essor de la civilisation, qui en est le produit fondamental. Lorsqu'on n'a plus besoin pour apaiser sa faim de chercher comment on se procurera son pain quotidien, qu'il suffit d'un peu d'argent pour s'approprier des aliments que d'autres ont réunis, il devient possible de faire vivre les êtres spontanément adonnés à la contemplation et à la méditation. C'est ainsi que l'Humanité créa le vieillard et la femme ; ce sont eux qui, naturellement portés à réfléchir sur les faits moraux, recueillirent et transmirent les premières suites de notions morales.

Mais le point de départ de la construction de la morale humaine, c'est-à-dire l'établissement de formules abstraites, est acquis solidement lorsque les capitaux accumulés en quantité suffisante fournissent des loisirs à la classe dirigeante, c'est-à-dire aux hautes classes militaires, et permettent à quelques individualités d'étudier les procédés de gouvernement sans songer à l'application immédiate. La caste qui va fournir la première coordination de la morale apparaît sur la terre et, avec le sacerdoce théocratique, une nouvelle phase commence pour la vie de l'Humanité. Les prêtres qui instituèrent ainsi toutes les sociétés n'étaient point d'oisifs paresseux mais des fonctionnaires sociaux qui, placés à la tête d'un gouvernement à la fois temporel et spirituel, réfléchissaient sur les règles qui conviennent à la direction des sociétés, constant objet de leurs méditations. C'est dans ces conditions favorables que de puissants génies formulèrent nettement d'après les documents antérieurs et leurs propres observations, des maximes morales abstraites qui purent être vulgarisées, grâce à la prépondérance sacerdotale de l'une de ces langues dont la multiplicité caractérise les premiers âges de l'espèce humaine.

Ces formules morales constituent d'incomparables découvertes. Elles ont été très lentes à se former et très difficiles à établir, car elles supposent un travail d'abstraction d'autant plus éminent qu'il s'accomplissait dans le sujet le plus compliqué, sans cette précieuse préparation logique que pouvaient seules fournir les diverses sciences abstraites, dont l'essor devait suivre et non précéder la phase théocratique. Il fallait, en effet, dans l'immense variété des actes humains, saisir une partie fondamentale et commune pour arriver à déterminer une relation stable envers chaque groupe distinct des relations humaines. Les théocrates ont dû, au milieu des actes déterminés par la prépondérance spontanée de notre personnalité, apprécier le mal qui pouvait être empêché et le bien qui pouvait être obtenu par l'application de tels préceptes. Si l'on songe combien peu l'homme se plaît aux méditations, on comprendra que d'efforts ils ont dû faire pour apprécier les penchants non d'après l'émotion qu'ils procurent mais d'après leurs conséquences sociales. C'est après une multitude innombrable d'observations, après des labeurs séculaires, qu'ils ont aperçu, pour l'individu et pour la société, l'utilité de vaincre les dispositions naturelles, le prix de la propreté, la nécessité de ne pas voler, de ne pas prévariquer. C'est ainsi que les théocrates sont arrivés à des formules comme celles-ci : *tu ne tueras pas, tu ne voleras pas, tu ne commettras pas d'adultère ; ne fais pas à autrui ce que tu ne voudrais pas qu'il te fît.*

Ces fameuses formules sont la caractéristique d'une société très développée ; non seulement il était impossible de régler la nature humaine avant d'en avoir observé les manifestations spontanées, mais il fallait la soumettre à des habitudes contraires à ses impulsions prépondérantes. La maxime : *tu honoreras ton père et ta mère*, a été formulée pour une espèce dont les débuts consistent non à honorer ses parents mais à les manger quand on a faim. La règle : *tu ne voleras pas* est contraire à la tendance spontanée de l'homme, bien sensible chez les enfants et chez les populations primitives, à s'approprier tout ce qui lui fait envie : l'homme, comme les animaux, est né voleur. Il faut un progrès inouï, pour qu'un individu qui a faim passe devant la boutique d'un pâtissier sans y entrer pour en enlever des gâteaux ; un enfant n'y mettrait pas tant d'hésitations, car il n'aperçoit pas les conséquences de son action, il n'a pas de préjugés. Que deux millions de Parisiens attendent pour satisfaire leur faim le moment du dîner ; que dans le dur hiver de 1794 les prolétaires parisiens, bien qu'armés et tout puissants, aient accepté le carême civique et se soient laissés mourir de faim par milliers pour le salut de la Patrie, — nous les avons retrouvés aussi héroïques dans le Paris assiégé de 1870, — c'est là un résultat étonnant de la puissance de l'Humanité. Pour peu que l'on veuille y réfléchir, on appréciera quelle prodigieuse succession de puissance, de persévérance et de génie il a fallu pour faire entrer ces formules morales dans la tête des hommes et les leur faire subir.

Par quelles propriétés les formules morales ont-elles permis d'arriver à de tels résultats ? C'est qu'en marquant le but avec précision elles donnent à chacun le moyen de réagir sur soi et sur les autres et forment la base de la conscience et de l'opinion publique. La première utilité de la formulation est de constituer le capital moral de l'Humanité et d'assurer ainsi la continuité, de fournir la direction qui convient au gouvernement de la nature humaine; annonçant de grandes choses en peu de mots, afin que l'on s'en souvienne, elle rend transmissibles les résultats de l'expérience du passé et fait gratuitement participer tous les hommes à cet héritage moral. Le second avantage de la formulation est de former la base de la conscience; elle permet à l'homme de réagir sur lui-même et de se régler en conciliant la subordination et la dignité, car étant soumis aux préceptes moraux il cesse d'être l'esclave de l'homme. C'est un motif pour nous vaincre et nous perfectionner : le souvenir de la formule agit comme contrepoids à l'égard du mouvement aveugle qui nous pousse à satisfaire nos désirs; grâce au point d'appui qu'elle nous donne, la réaction au lieu de succéder immédiatement à l'impulsion se trouve retardée par la prévoyance.

Enfin la formule est d'une utilité incomparable dans les relations des hommes entre eux et dans les luttes que ces rapports suscitent ; quand les principes moraux sont acceptés par tous et de la même manière, ils constituent un terrain commun, un point fixe de discussion et d'action mutuelle. C'est ainsi que toute règle profite aux faibles en les protégeant contre les violences des forts, dont elle sert à apprécier, juger et rectifier la conduite. Telle est sa puissance — et l'importance de ces maximes avait été si bien sentie qu'on les attribua aux dieux, — qu'un seul être peut condenser toutes les volontés dans la sienne, en invoquant la formule commune pour réagir contre tous

ceux qui l'enfreignent! C'est là le plus précieux résultat
de la formulation, puisqu'en assurant le concours des
volontés elle forme la base de l'opinion publique, la
véritable reine du monde, la plus formidable des puissances
sociales, car contre elle les créations les plus solides
viennent se briser sans retour. Cette triple utilité des
formules morales se résume dans la substitution croissante
de la puissance morale à la force matérielle.

Ces grandes règles morales qui gouvernent encore la
société occidentale, constituent le legs le plus capital de
la théocratie égyptienne, qui a tant influé sur la civilisation; c'est à elle que la théocratie juive emprunta les
formules du Décalogue, que le catholicisme a incorporé à
sa morale. Aussi est-ce à juste titre qu'Auguste Comte a
érigé en devoir permanent la commémoration publique des
services rendus par ce petit nombre d'esprits d'élite, sans
lesquels l'espèce humaine ne se serait jamais beaucoup
élevée au-dessus des sociétés de grands singes. L'histoire
ne nous a pas conservé les noms des prêtres de Memphis
ou de Thèbes qui ont trouvé ces diverses formules; c'est
pourquoi dans le Calendrier Positiviste Auguste Comte a
dû représenter cette phase capitale de la civilisation par le
type le plus connu des théocrates, Moïse. C'est ce nom
qui doit résumer pour nous cette évolution morale fondamentale, tout en n'oubliant jamais que là, comme ailleurs
l'individu n'a été que le ministre de l'Humanité, qui seule
a créé et graduellement perfectionné ces règles morales,
pour être employées à son service.

Il y aurait à entreprendre à ce sujet un travail d'une
haute utilité: ce serait d'établir la statistique des règles
morales dans les divers pays avec leurs différences et leurs
nuances respectives, de faire l'historique de la lente
évolution par laquelle elles se sont graduellement cons-
tituées et de la manière dont elles ont surgi chez les
différents peuples. On prendrait ainsi sur le fait les

procédés positifs ou scientifiques d'investigation par lesquels l'Humanité a graduellement construit, sous la protection provisoire du théologisme. les préceptes généraux de la sagesse commune propres à la direction de la nature humaine.

CHAPITRE QUATRIÈME.

DU ROLE DE LA MORALE THÉOLOGIQUE

La morale théologique a été utile. Pour la stabilité des règles morales un Grand-Etre est indispensable, et au début il ne pouvait être que *fictif*. Saint-Paul et Mahomet étaient sincères ; ne pouvant analyser leurs opérations mentales, ils les rapportaient à Dieu : cette fiction était inévitable. Cette même nécessité inspira la création antérieure du Polythéisme. Dans le théologisme, les êtres fictifs sanctionnent les règles morales, sur la Terre d'abord, puis, dans le Ciel. Le catholicisme romain a été l'apogée de la morale théologique ; le reconnaître est la caractéristique de la pleine émancipation. La morale théologique a été un procédé de conservation des progrès moraux.

Nous avons dit que la morale théologique n'eut d'autre réa ité que celle que lui procuraient les observations et les relations positives qu'elle s'est incorporées sans que jamais on ait pu démontrer l'intervention réelle et certaine de la révélation. La part faite dans ces découvertes à l'esprit positif, il faut insister plus particulièrement sur les conditions qui ont rendu nécessaire une morale théologique, c'est-à-dire une doctrine qui conçoive les phénomènes moraux comme le résultat d'une intervention surnaturelle continue.

Pour que les formules morales remplissent, envers l'homme et la société, l'ensemble des conditions énoncées d'action et de réaction il faut quelles soient stables, c'est-à-dire persistantes et homogènes. Il est évident que si les règles étaient susceptibles de modifications trop fréquentes, la morale correspondante paraîtrait douteuse et deviendrait impuissante à contenir d'énergiques passions

toujours agissantes. Il faut également que ces diverses
règles ne forment pas un ensemble discordant mais se
prêtent un mutuel appui et concourent au même but. Or
ces deux conditions exigent que la morale dérive d'une
autorité supérieure, sans laquelle il n'y a pas de devoirs.
La formule ne saurait être acceptée de tous si elle procé-
dait d'un individu semblable aux autres, car celui qui
l'aurait créée pourrait s'arroger le droit de la modifier ou
de la détruire à son gré; en outre tout autre serait porté
à revendiquer le même privilége; cette revendication paraîtrait d'autant plus légitime que nul bien n'étant sans inconvénients ni aucun mal sans avantages, la complexité sociale
permet de tout soutenir. Il ne suffit donc pas de dire que les
règles ont été découvertes par M. un tel pour qu'elles
soient ratifiées par ceux qui les subissent comme par ceux
qui les forment; il faut d'abord qu'on les croie émanées
d'une puissance supérieure, antérieure à l'individu, qui
les ordonne, les consacre et les sanctionne ; il faut aussi
que les degrés successifs s'enchaînent de façon que chacun
prépare le suivant et soit consolidé par lui en retour, et
que l'existence des individus ne soit pas en contradiction
avec celle de ce grand être qui les domine.

Où trouver au début cette puissance suprême nécessaire
à la constitution morale? Nous savons, depuis Auguste
Comte, que la coordination et la consécration de la morale
n'acquièrent toute la stabilité et toute la plénitude dont
elles sont susceptibles qu'en rapportant notre propre
existence et l'ordre fatal qui nous domine à l'Humanité.
Ce n'est que tard que la science abstraite a fait découvrir
en elle la source et la destination générales et réelles
auxquelles on doit rapporter toutes les affections, toutes
les notions, tous les efforts. Mais au début les notions
scientifiques, quoique de tout temps réelles, ne pouvaient
établir un ensemble, et l'esprit correspondant resté
dispersif manquait de généralité dans ses principes et de

générosité dans ses applications ; la suprême existence, encore insuffisamment caractérisée d'ailleurs, ne pouvait être déterminée ni connue. Mais si l'être réel reste encore inconnu, le cœur ne cesse d'adorer ou de redouter une puissance dont tant de preuves manifestent l'existence et que la raison regarde comme indispensable à la constitution morale du genre humain. L'être suprême fut représenté par des êtres fictifs, fétiches ou dieux, dont les volontés étaient réputées prescrire les principes de la morale ; l'appui de la démonstration manquant aux règles formulées, on n'aurait pas accepté des préceptes revêtus de pures raisons humaines. Ces volontés furent conçues comme absolues ; on dut croire que ces règles émanaient d'un être suprême dont l'irrésistible prépondérance rendait entièrement inutiles toutes les discussions que pouvaient soulever des contradictions qui sont inévitables dans toute formation empirique de la morale. Par la suite on ajouta la perfection morale aux attributs de la divinité omnipotente ; par ce procédé arbitraire de conciliation les imperfections furent présentées comme incompatibles avec la suprême existence ; elles représentaient d'apparentes contradictions dues à notre infériorité mentale, des mystères, dont les élus auraient un jour la claire vision. Toutefois, ce n'est que par la création d'un dieu unique que l'esprit théologique, ayant acquis toute sa généralité, put satisfaire à cette systématisation ; dès lors toutes les règles concernant le monde et l'homme sont conçues comme venant d'un seul, pour un seul et par un seul et même dieu. L'esprit théologique fournissait donc l'unique procédé susceptible de coordonner et de prescrire l'ensemble des devoirs spontanément positifs mais empiriques ; c'est pourquoi, malgré son caractère provisoire, il est demeuré sans rival jusqu'à l'avènement du Positivisme.

Cette manière d'apprécier l'esprit théologique nous laisse bien loin des critiques injustes et irrationnelles de

Voltaire sur le catholicisme et sur l'islamisme. Saint-Paul
et Mahomet cachaient-ils la vérité ou croyaient-ils à la
réalité des révélations dont ils formulaient les résultats ?
Je ne suis pas de ceux qui prétendent que ces fondateurs
religieux n'étaient pas sincères ; cela peut être vrai des
ministres d'une religion en décadence, mais il n'en est pas
ainsi à ses débuts, et si nous savons à n'en pas douter,
puisqu'ils ont pris la peine de nous le dire, que César et
Frédéric ne croyaient pas en Dieu, la foi a nécessairement
animé les fondateurs et les premiers apôtres de toute
grande construction religieuse. A nos yeux, Saint-Paul
et Mahomet ont été inévitablement de leur temps ; ils ont
été sincèrement convaincus de la réalité de l'intervention
divine. La science n'offrait alors que des matériaux ;
Saint-Paul et Mahomet ne pouvaient penser que par
l'entremise de l'esprit théologique qui, naturellement
synthétique, leur offrait seul les procédés généraux de
raisonnement propres à concevoir et à faire prévaloir la
réforme générale qu'ils avaient conçue. Mais si leur since-
rité est pour nous évidente, nous n'en tenons pas moins
pour incontestable qu'ils n'ont agi sur leurs contemporains et les générations suivantes que parce qu'ils ont
eu, sur la nature humaine, des notions positives, toujours
inaccessibles, est-il besoin de le dire ? à une divinité
chimérique.

La croyance à la révélation était inévitable : le travail
cérébral qui précède ou accompagne la découverte, surtout
lorsqu'elle porte sur des questions aussi graves et aussi
complexes que celles que suscitent la morale et la politique, acquiert une telle intensité que, dans l'isolement
indispensable à de si hautes méditations, au milieu de ce
monde de pensées et de sentiments, les hallucinations
sont presque inévitables. Les esprits supérieurs sont alors
sous l'empire d'une telle exaltation, les impressions
visuelles et auditives sont devenues si vives, qu'elles se

confondent avec les êtres eux-mêmes ; l'imagination prend corps, devient une réalité, et l'on croit à la présence réelle de l'être supérieur dont la croyance domine le penseur. On est alors très près de la folie et la culbute peut se faire ; mais, lorsque l'exaltation disparaît sans avoir altéré l'appareil cérébral, les convictions sortent d'une pareille crise affermies et irrévocables. Saint-Paul et Mahomet ont eu de ces hallucinations, mais n'en connaissant pas la théorie positive ils s'expliquèrent ces extases par l'intervention d'un Dieu qui leur révélait ainsi ses desseins.

Ce Dieu auquel ils attribuaient le résultat de leurs méditations n'était autre que Saint-Paul ou Mahomet sous l'influence d'une vive excitation morale passagère ; nous le savons aujourd'hui que nous avons remplacé partout la notion de volonté surnaturelle par celle de loi positive.

Cette conception théologique était d'autant moins évitable que plus on remonte vers les premiers âges de notre espèce, plus les hommes présentent entre eux une certaine égalité mentale et morale ; les inégalités d'esprit et de sociabilité se sont considérablement accrues avec les siècles. Les vastes conceptions qui illuminaient si prodigieusement le cerveau d'un Saint-Paul ou d'un Mahomet, et qui rendaient ces grands hommes comme étrangers à eux-mêmes, étaient si supérieures aux notions vulgaires, elles en étaient si distinctes, qu'une origine divine seule pouvait expliquer cette singularité dans l'opinion de leurs contemporains. Comment ceux-ci auraient-ils été capables de comprendre les raisons positives de ces transformations religieuses lorsqu'en l'absence d'une analyse préalable, alors impossible, la démonstration échappait à leurs propres auteurs !

Les chrétiens, qui se sont vantés bien à tort d'avoir, et d'avoir eu seuls, une morale complète et parfaite, oublient trop qu'ils ne sont pas venus les premiers ; avant eux, il y a eu des polythéistes, dont ils ont été les héritiers quoique ingrats. Le régime théocratique avait construit la morale fondamentale de l'Humanité sur les bases posées par le Fétichisme, qui est la religion originelle du genre humain. Puis le polythéisme progressif ou gréco-romain avait perfectionné cette morale, institué la science abstraite et fondé l'unité politique de l'Occident.

Avec autant de sincérité et par les mêmes motifs sociaux que leurs successeurs catholiques, les polythéistes ont eu foi en leurs divinités. Lorsque Saint-Augustin écrivit *La Cité de Dieu* *, il put, à peu de frais, faire l'esprit fort et railler et la religion de ses pères et leur superstitieuse confiance dans la protection des oies du Capitole malgré leur impuissance contre les Barbares, ou en des dieux portiers qui ne servaient même pas à éviter des frais de garde. En dépit de la fatuité des docteurs catholiques, il n'est pas douteux que, durant bien des siècles, les Romains ont été le peuple le plus pieux de la Terre, qu'ils ont eu la conviction que le succès des batailles et l'empire du monde relevaient de la volonté des dieux. Le grand César, qui n'y croyait pas, ne dédaigna pas d'écrire un traité de droit augural et de briguer la charge de grand-pontife de Vesta, et il se serait bien gardé de faire parade de son incrédulité devant ses légions; il ménageait leur croyance sans la partager. Le consul Claudius Pulcher, voltairien du temps, en avait éprouvé les inconvénients, car il perdit, par son impiété, la grande bataille navale de Drépane: s'étant avisé de faire jeter à l'eau pour forcer du moins à boire les poulets sacrés qui se refusaient à manger, il affaiblit le courage de ses soldats, qui se regardèrent comme abandonnés par leurs dieux ainsi outragés. Tant les Romains étaient persuadés que ce qui contribuait le plus à la sûreté et à la puissance de Rome, c'était non la sagesse et la capacité des généraux mais leur scrupuleuse et exemplaire soumission aux dieux!

Les railleries de Saint-Augustin étaient à la fois injustes et irrationnelles; trop dominé dans son appréciation du passé, par l'esprit révolutionnaire, ne considérant que le dogme dans une civilisation où tout avait été dominé par la plus noble activité sociale, il remplit envers le polythéisme le rôle que Voltaire joua plus tard envers le catholicisme. C'est là le revers inévitable de l'esprit critique : on n'obtient pas de ses enfants le respect qu'on n'a pas eu pour ses pères. Les plaisanteries de Saint-Augustin et de Voltaire ont réussi parce que les religions qu'ils bafouaient étaient déjà épuisées. On dit que le ridicule tue; oui, mais il ne tue que les mourants; il ne peut rien sur les vivants. L'on peut affirmer, par exemple, que jamais le ridicule n'entravera le mouvement scientifique : quand il prend, il annonce la mort.

Ces mêmes volontés supérieures qui semblaient prescrire les règles de la morale en formulaient aussi, par des punitions et des récompenses, la sanction toujours fatale comme le suppose toute société divinement constituée ; c'est le dieu qui commande, c'est le dieu qui punit. Lorsque l'homme est encore tout entier l'esclave de ses intérêts personnels, le seul obstacle qu'il puisse rencontrer à leur satisfaction est le frein théologique qui les conduit à la vertu par la terreur, procédé renouvelé de nos jours par Robespierre. Les hommes, impuissants, chargent les dieux de punir durant cette vie, et dans la personne de leurs descendants, les mauvais fils, les traîtres, les rebelles qui ont violé les prescriptions de la divinité.

Les plus anciens législateurs religieux de l'Humanité, Manou, Moïse, Confucius, limitent à la Terre la récompense ou la punition; partout la sanction est directe et s'étend du père à ses enfants, du prince à ses sujets. Une telle sanction, quoique toujours précaire avec le dogme théologique, s'impose lorsque la foi est entière et générale. Nous avons remarqué que la confiance qu'inspiraient les dieux dans la période correspondant à la civilisation militaire contribuait au succès des combats, en excitant dans l'âme des soldats l'enthousiasme et un respect absolu pour leurs chefs, devenus les interprètes et les agents de la divinité ; il suffit alors de prédire une chose pour qu'elle arrive. Le général livre-t-il bataille avant d'avoir consulté les poulets sacrés, la défaite sera la conséquence de son manquement aux dieux.

Acceptable tant que la foi demeure vivace, la sanction théologique purement terrestre devient insuffisante dès que les croyances sont ébranlées par le désaccord croissant entre les faits et les règles divines. « Si vous faites le bien, » disait la loi, « vous vivrez heureux et longuement, et Dieu bénira votre postérité jusqu'à la troisième génération ; » et bien souvent, au contraire, on voyait, au grand scandale de la raison humaine, les méchants exaltés, les bons persécutés, les biens et les maux répartis aveuglément sans qu'il fût tenu compte des mérites et des démérites. Pour soutenir les justes et contenir les pervers on dut chercher autre chose que cette sanction purement terrestre qu'une triste expérience signalait comme insuffisante et contradictoire : elle fut éloignée de la Terre et transportée au Ciel, dans une vie future, fictive et éternelle. Dès lors la règle est l'émanation d'un être suprême et infaillible avec lequel il n'y a pas à discuter, qui veille lui-même à l'observation de ses volontés et les sanctionne par des prescriptions immuables et fatales : ici ou dans une autre vie l'homme sera inévitablement et pour l'éternité récompensé ou puni. Que cet état final soit le nirvana bouddhique, la résurrection corporelle des juifs ou l'abstraite immortalité grecque, ce procédé permit à l'homme de garder l'illusion que chacun obtiendrait un jour personnellement la justice qu'il avait méritée.

La sanction théologique fut employée avec sagesse par les divers sacerdoces ; mais le régime le plus étonnant qu'elle ait consacré, celui qui a produit les résultats les plus décisifs, c'est le catholicisme. En combinant l'immortalité de l'âme avec la résurrection corporelle, la vie future put être systématisée de manière à garantir l'indépendance de son sacerdoce et par suite la séparation des deux pouvoirs, jusqu'alors réunis dans les mains de l'Etat. Parlant au nom d'une divinité dont les décrets ont toujours besoin d'être devinés ou interprétés, le prêtre menaçait les puissants de l'enfer ou leur faisait espérer le ciel, mais il joignait à ces préceptes surnaturels une foule de raisons humaines, qui ont fait la force du catholicisme. Par Saint-Paul, le problème de la nature humaine fut posé ; le sacerdoce institué par lui étudia et analysa avec une incomparable sagesse l'état mental et moral de la nature humaine ; son éducation, sévère, raisonnée, tendit à limiter ce qu'il y avait de vague et d'arbitraire dans son dogme. Le système catholique ne laisse rien d'indéterminé ; des notions les plus vulgaires aux plus élevées, tout y est conçu et combiné de façon à diriger l'homme de la naissance à la mort et à l'attacher irrévocablement, malgré des variations passagères, au procédé qui l'a formé. Un gouvernement tant de fois séculaire atteste la valeur intrinsèque de ce chef-d'œuvre politique de l'esprit humain. Cette organisation d'un pouvoir spirituel indépendant du pouvoir temporel, qu'il avait pour mission d'éclairer, de régler et de consacrer, a été la première tentative systématique de conciliation entre la liberté religieuse et la dépendance civique.

Il importe à nous, enfants de l'Humanité, dans toute appréciation du passé de surmonter les émotions que suscitent les débats du présent. Cet audacieux projet de fonder la distinction des deux pouvoirs sur la théologie et la guerre a finalement avorté, il est vrai ; mais, en dévoilant les conditions nécessaires à la stabilité d'une séparation qui constitue la base du régime républicain, il nous a amenés à reconnaître qu'elle ne peut être durable qu'entre un régime industriel et un sacerdoce scientifique. Le sacerdoce catholique en est arrivé, malgré les vertus personnelles d'un grand nombre de ses chefs, à autoriser et à justifier les actes quelconques de tous ceux qui s'associaient à son œuvre surtout lorsqu'ils étaient puissants, cela n'est pas contestable ; mais, nous ne devons pas l'oublier, en s'efforçant de rendre relative une morale théologique qui avait fait son temps, ce sacerdoce a permis de mieux concevoir qu'il n'y a pas de règles absolues, et que c'est sous la direction exclusive de l'esprit scientifique qu'il faut chercher des notions à la fois inflexibles en principe et modifiables sans arbitraire dans l'application. Enfin nous serions injustes si dans son œuvre nous ne voyions que cette gangue théologique par laquelle ont été conservés tant de précieux résultats qui resteront le titre de gloire du catholicisme du moyen âge. En citoyens émancipés, ayons respect et admiration pour ces belles natures sacerdotales qui ont su refréner l'égoïsme, donner l'essor à l'altruisme et faire, de peuples barbares et d'une population démoralisée par l'absence de but social, des gens honnêtes, dévoués et dignes de la liberté moderne.

Tel a été, dans la constitution morale de l'Humanité, le rôle du théologisme : il n'a rien découvert ; mais, en s'incorporant par une coordination et une sanction provisoires les découvertes spéciales et empiriques de l'esprit positif, il a donné le temps aux divers éléments de la morale scientifique de se développer et de s'accumuler, jusqu'au jour où Auguste Comte saisit, dans leur immense variété, le principe de la systématisation définitive, qui ne pouvait surgir qu'à l'état normal.

CHAPITRE CINQUIÈME.

DU RÔLE DE LA MORALE MÉTAPHYSIQUE OU DÉMOCRATIQUE.

La désuétude croissante de la morale théologique, caractérisée par l'avènement des réformés et des esprits forts dont les Templiers ont été les précurseurs, exigeait une opération critique dont la métaphysique fut l'organe. La morale correspondante a pour principe la conscience et pour sanction les droits. La doctrine démocratique, dont la vie de Rousseau montre les dangers, est à la fois fausse : la conscience résulte de l'éducation, elle ne la dirige pas, — contradictoire : la théologie, dont elle repousse les conséquences, s'y trouve incorporée dans tous ses dogmes essentiels, — et anarchique : l'absence de gouvernement en est l'aboutissant normal. L'élimination de la solution métaphysique est la conséquence de la prépondérance scientifique.

Une morale appuyée sur la révélation ne pouvait diriger éternellement l'espèce humaine. Avec la théologie, tant vaut le sacerdoce, tant vaut la morale ; aussi longtemps qu'il s'est dirigé dans les questions politiques et morales d'après des raisons positives, il a pu et dû nécessairement mener les hommes ; mais quand la science lui a manqué, c'en fut fait de sa suprématie. Avec la pure doctrine théologique, ses ressources se réduisent à de simples fictions et à un empirisme de plus en plus impuissant : c'est alors que sa compétence et son autorité commencent à être discutées et qu'il cesse de gouverner.

Lorsque le clergé catholique devint incapable de conserver la présidence du mouvement intellectuel et moral il perdit la moitié des Occidentaux, emportés par le courant révolutionnaire dont la Réforme a été l'un des produits secondaires. Or, catholiques et protestants se ressemblent : il n'y a pas entre eux de différence appréciable à l'œil nu ; les protestants, en général, ne se conduisent pas plus mal que les catholiques ; comme ceux-ci, ils ont compté dans leurs rangs des hommes supérieurs en tous genres, moralistes, poètes, philosophes, savants, hommes d'Etat. Les catholiques avaient prétendu qu'il n'y avait point de morale en dehors de leur morale, que son efficacité provenait exclusivement de l'immuabilité qui caractérise toute institution divine. Malgré cette prétention, l'expérience, qui décide, a prouvé qu'on peut être honnête homme et grand citoyen avec des procédés théologiques modifiés. L'absolu était entamé, or Dieu n'étant point démontrable il n'y a plus de ressources lorsque la foi est ébranlée ; son élimination n'était, dès lors qu'une simple question de temps. Par la suite, en effet, il se rencontra des esprits, plus forts que les réformateurs protestants, qui, malgré les périls et les insultes, conçurent que si l'on s'était, sans de graves dangers moraux, débarrassé de l'absolu théologique en divers cas, l'on pourrait sans plus d'inconvénients l'éliminer tout-à-fait. C'est ce qui arriva à la suite des comparaisons et des réflexions résultées des contacts de croyants hétérogènes.

Cette réaction sociale rend compte d'un phénomène historique qui, par sa précocité, resterait inexplicable si l'on s'en tenait à l'opinion de ceux qui attribuent au protestantisme l'initiative d'une réforme dont il ne fut que l'effet ; je veux parler de l'émancipation des Templiers. Auguste Comte a remarqué que du contact des deux religions antagonistes étaient sortis les premiers incrédules, et c'est logiquement que, dans son roman d'*Ivanhoe*, Walter Scott, ce génie étonnant, a fait un athée du templier Brian de Bois-Guilbert, qui au reste est le seul homme sérieux de son épopée. Dans les luttes qui, du VIIe

au XVIᵉ siècle, multiplièrent les relations entre les chrétiens et les musulmans, les hommes supérieurs ds. l'Occident, qui au point de vue théologique voyaient dans les Sarrasins autant des païens voués à l'éternelle damnation, estimèrent en eux, comme hommes, des adversaires nobles et généreux, des guerriers habiles, des artistes délicats, des savants audacieux et profonds, des hommes d'Etat animés du plus constant dévouement social. Deux croyances inconciliables étant susceptibles de produire des personnalités aussi éminentes, on se demanda des deux côtés quelle était la meilleure religion et même, finalement, si l'une quelconque était nécessaire. De là naquirent successivement la tolérance, le déisme, puis l'athéisme; on mit Jésus-Christ et Mahomet dans le même panier. Chez les esprits d'élite il n'y eut plus ni musulmans ni chrétiens, et l'on vit surgir dans les deux camps cette classe étonnante de chefs qui aspirèrent, sans dieu ni roi, au gouvernement de la Terre.

Il fallait désormais chercher la solution du problème de l'unité du genre humain en dehors de ces deux religions, parlant au nom d'un dieu unique, également incapables de suprématie et d'éternité. Il y avait d'autant plus nécessité de remplacer le catholicisme que, par suite de l'insuffisance sacerdotale, l'ébranlement s'étendait de la foi théologique aux vérités morales elles-mêmes; en sorte que leur conservation exigeait une coordination et une sanction nouvelles. A cette dissolution spontanée s'ajoutait l'influence de la nouvelle activité industrielle et du développement de l'esprit positif. Comme celui-ci est progressiste tandis que l'esprit théologique est immuable, l'hétérogénéité entre la doctrine générale restée absolue et les recherches spéciales qui étaient scientifiques allait aussi croissant. Il est évident que, dans une pareille situation, l'esprit humain ne persisterait point dans sa croyance à la réalité et à l'utilité de l'ancienne direction spirituelle; que le développement de l'esprit positif atteindrait nécessairement sa plénitude et deviendrait enfin capable de remplacer partout la théologie, d'après une morale positive plus complète et plus rigoureusement suivie que l'ancienne.

Mais aussi longtemps que l'esprit positif n'atteindrait pas à la généralité que pouvait seule lui procurer la fondation de la science sociale, l'élaboration de cette nouvelle législation morale qui allait rendre inutiles les commandements théologiques devait rester un mouvement inaperçu. D'autre part, la théologie, par ses entraves, menaçait d'aggraver le retard apporté à cette généralisation, à laquelle faisaient encore défaut bien des matériaux et des vues méthodiques. Il y avait donc nécessité de procéder à une certaine démolition préalable. Or, à lui seul, l'esprit scientifique, qui ne procède que par affirmations démontrables et par substitutions continues, ne pouvait y pourvoir ; il n'était pas encore assez préparé pour ajouter à ses conquêtes mathématiques et astronomiques le monde social et moral ; et de plus l'esprit critique qui lui fait défaut est, quoique très secondaire, indispensable à toute démolition. Une doctrine transitoire était donc devenue opportune.

Cette doctrine était déjà intervenue, sous l'impulsion scientifique, dans les mutations qui avaient, dans le passé, signalé le développement de l'esprit humain. La métaphysique avait servi d'organe aux théoriciens grecs qui, de Thalès à Aristote, ravirent aux dieux l'explication des phénomènes de la physique, céleste et terrestre. Les aristotéliciens du moyen âge la remirent en honneur comme procédé logique ; puis, avec une énergie croissante, les divers réformateurs protestants, de Luther à Socin, en étendirent la domination jusqu'à la morale elle-même, dont les diverses notions, métaphysiquement conçues, furent systématisées au XVIIe siècle, par Hobbes et Spinoza, les plus éminents des pères de l'église démocratique.

C'est ainsi que surgit la morale métaphysique qui servit d'organe à la pure démolition, en tirant les conséquences négatives et révolutionnaires de l'émancipation organique due à l'essor graduel de l'esprit positif.

La morale métaphysique conçoit les phénomènes moraux comme les effets, d'ailleurs incompréhensibles, d'un être abstrait propre à chaque homme, la conscience, considérée comme l'organe direct d'une volonté supérieure, la Nature. D'après cette doctrine, c'est la conscience qui suscite, explique et justifie toutes les actions de l'individu; dans les questions les plus compliquées comme dans les plus simples, elle nous apprend, par inspiration et sans recherche ni analyse préalables, comment nous devons nous conduire, quels sont les préjugés et les habitudes qui doivent prévaloir. Pour être parfait, l'homme n'a qu'à obéir en tout et partout à sa conscience et conformer sa conduite à ce que lui prescrit son intérêt bien entendu. L'ensemble des conditions nécessaires à l'indépendance de l'individu a été formulé dans la théorie du droit, antérieur, supérieur, inaliénable et imprescriptible.

Telle fut la conception qui suppléa à l'incompétence évidente du public et lui permit de lutter contre des abus devenus insupportables, et avec d'autant plus de facilité que, jugeant la situation présente d'après la comparaison directe avec un état imaginaire primitif, l'état de nature, il pouvait se rendre indépendant de toute tradition, dont l'invocation constituait le plus puissant argument en faveur de la conservation d'un régime oppresseur. La morale théologique et l'autorité royale commandent-elles des actes qui répugnent au cœur ou à la raison ? on invoquera son droit, on n'obéira qu'à sa conscience. La spontanéité et la commodité de ce procédé en ont fait la valeur comme instrument de lutte et de démolition, et sous ce rapport il a si bien rempli son rôle que les diverses nations occidentales l'ont adoptée et mise en pratique.

En elle-même, cette doctrine est puérile et impuissante à fournir des solutions réelles; elle ne pourrait suffire indéfiniment; arbitraire, elle n'a permis de renverser la théologie qu'en établissant l'anarchie; contradictoire, elle est entachée de tous les inconvénients de la théologie; si elle devait durer, mieux vaudrait le catholicisme. J.-J. Rousseau, qui est le plus populaire des vulgarisateurs du dogme révolutionnaire, offre le type des dangers de cette conception de la nature humaine. Dans la *Profession de foi du vicaire savoyard*, il en expose ainsi le principe avec toutes les contradictions qui le caractérisent:

« Conscience ! conscience ! instinct divin, immortelle et céleste voix; guide assuré d'un être ignorant et borné, mais intelligent et libre; juge infaillible du bien et du mal, qui rends l'homme semblable à Dieu ! c'est toi qui fais l'excellence de sa nature et la moralité de ses actions; sans toi je ne sens rien en moi qui m'élève au-dessus des bêtes, que le triste privilège de m'égarer d'erreurs en erreurs, à l'aide d'un entendement sans règle et d'une raison sans principe. »

Sous cette inspiration, il a mis ses cinq enfants aux Enfants-Trouvés et calomnié les plus grands hommes de son temps, qui avaient été ses amis et ses bienfaiteurs. Ce fut en somme un fort mauvais sujet; il appliquait ses principes.

Si la conscience inspirait tout ce qu'il faut penser et faire, il n'y aurait partout que des honnêtes gens, et s'ils ne l'étaient ce ne serait point de leur faute. Il n'en est pas ainsi; la conscience n'est point absolue, mais relative aux temps et aux lieux, sans arbitraire. Au début, c'est une action toute naturelle à l'homme de manger ses semblables cuits et même crus; il ne manifeste pas encore qu'il ait la notion du juste et de l'injuste, il a des besoins qu'il satisfait s'il le faut aux dépens de ses pareils et avec une tranquillité de conscience qui soulève celles de leurs descendants. Dans Paris assiégé et affamé, nous n'avons pas mangé nos concitoyens, nous n'y avons même pas songé. En Occident cette répugnance a atteint une telle intensité que de morale elle est devenue purement physiologique; nos estomacs eux-mêmes se refuseraient à cette alimentation.

Qu'est-ce donc que la conscience? Résultat complexe de l'activité cérébrale modifiée par la civilisation, la conscience représente l'ensemble des préjugés ou dispositions morales devenues habituelles; produit de l'Humanité, elle varie selon les lois mêmes de son évolution. Par suite, loin d'être l'inspiratrice de notre conduite et l'éducatrice par excellence, la conscience doit être formée et son développement est la grande destination de l'éducation. Le devoir capital du père et de la mère est d'inculquer les règles de la morale à l'enfant sous la forme d'habitudes primordiales et prépondérantes, de telle sorte que toutes les fois que l'une de ces dispositions ne se trouve plus satisfaite il éprouve un remords. C'est par le nombre des préjugés qui les dirigent que l'on juge de l'élévation morale des individus et de leur élévation sociale, car plus l'homme se civilise, plus il acquiert de préjugés; le nègre n'en a guère, l'animal sauvage n'en a pas du tout. Par préjugés, il faut entendre ici des habitudes susceptibles de démonstration, c'est dire qu'il y a préjugés et préjugés. Ainsi, c'est un préjugé progressiste de ne pas manger l'homme, le cheval ou le chien; par contre c'est un préjugé rétrograde de penser que la croyance théologique fait la moralité ou que les consécrations civiques se doivent faire sous son patronage. Distinguer les uns des autres, voilà l'office de la science morale, et faire prévaloir les préjugés progressistes celui de l'éducation.

La morale métaphysique n'est tout simplement qu'une altération de la théologie, qu'elle ruine par cela même qu'elle en augmente les contradictions. Elle transporte du pape à chaque conscience les privilèges de révélation et d'infaillibilité, opposant ainsi l'autorité individuelle à l'institution catholique de la papauté, interprète d'une volonté supérieure, personnelle en théorie mais collective et générale en fait. Le représentant de Dieu seul avait des droits, dont l'origine surnaturelle le dispensait à la fois d'affection et de raison ; elle étendit ce monopole à tous. Grâce à ces droits et privilèges chaque individu transformé en pape-roi, devint compétent sur tout sans avoir rien appris et l'égal de tous les autres hommes. Tout catholique avait un ange gardien qui, par révélation particulière, le poussait au bien et le détournait du mal ; elle conserve la fonction mais en spiritualise tellement l'organe qu'elle le transforme en une entité, la conscience. Celle-ci étant en rapport direct avec la divinité, toute hiérarchie sacerdotale devient inutile, et bien qu'elle continue de parler au nom de Dieu et qu'elle supprime en principe le sacerdoce qui en tempérait les périls moraux et sociaux, la métaphysique conserve néanmoins des religions d'Etat dont en échange de leur pain quotidien elle asservit les ministres de juges devenus ses agents. Elle maintient la croyance en une vie future surnaturelle, parce que ce n'est pas la peine de faire son devoir si l'on n'a rien à y gagner, mais elle supprime les peines pour ne conserver que les récompenses, ce qui est en effet très agréable pour des gens qui ne veulent pas mourir. Comme la théologie, elle enseigne que l'homme développé par la civilisation est un être dégénéré, déchu d'un état de nature primitif, qui a remplacé le Paradis terrestre, et où tous les hommes étaient libres, égaux. La perfection consisterait à y revenir ; que l'on fasse abstraction de quelques imposteurs, qui ont pris la place du serpent tentateur dans cet état de nature, et jamais la superstition, la corruption, le mal, ne seraient entrés dans le monde ! Par ces quelques dogmes on peut juger de tous les autres ; la morale métaphysique ou démocratique est une caricature vraiment enfantine de la morale théologique.

La solution métaphysique par son impuissance à fournir une direction offre de grands dangers depuis qu'elle n'est plus subordonnée à l'élan social qui provoqua la Révolution française. En permettant de discuter tout sans esprit scientifique ni vues sociales elle risque de démoraliser : elle place tout le monde en état de révolte contre les préjugés quelconques, rendus suspects par la consécration théologique. Ce que la conscience dicte étant la droite raison, tout ce qui lui répugne est préjugé ; la vénération, préjugé ! la culture morale, préjugé ! Etre émancipé d'une domination n'est certes pas une vertu ; si une telle libération est nécessaire à la position du problème, elle ne le résout pas, et en se prolongeant elle met l'homme dans une situation anarchique. Combien cette morale est inférieure à celle du Catholicisme du moyen âge, où le sentiment social maintenait malgré le dogme l'unité dans la variété ! Ici, au contraire, l'absence d'un principe prépondérant de ralliement produit les divergences les plus étranges ; toutes les règles morales sont mises en discussion, chacun se fait une théorie particulière, toute entente devient impossible : c'est l'individualisme qui prévaut. Théorie puérile, assemblage de divagations, incapable de mettre deux individus d'accord, comment une telle morale aurait-elle pu fournir une direction, instituer un gouvernement ! Elle a légitimé tous les crimes, autorisé toutes les lâchetés, consacré tous les gouvernements d'aventure, et abouti finalement, de la part des habiles, à la mystification d'un public honnête mais par trop confiant. On en est arrivé à concilier l'incrédulité et la participation aux sacrements théologiques, l'opposition la plus révolutionnaire et le gouvernement le plus rétrograde : cette gymnastique morale a trouvé sa systématisation finale et sa glorification dans le Cousinisme.

Il ne faut pas oublier que la science isolée, dispersive, qui a son type dans l'Académisme, peut aboutir aux mêmes aberrations morales que cette théologie adultérée. Au nom de la salubrité publique, ses docteurs commencent par faire déporter les morts à quelques lieues de la capitale, bientôt ils proposeront de les manger sous forme d'engrais et par raison chimique démonstrative. Science boiteuse que cet ensemble de doctrines spéciales que ne dominent pas des considérations morales! Faux et prétendus docteurs que ceux qui n'invoquent une liberté qu'ils doivent à l'Humanité que pour s'isoler des questions de leur temps et manquer au plus saint des devoirs, celui de donner aux travaux de l'esprit une destination sociale!

A quoi peut aboutir la conscience dans un pareil chaos avec une morale qui ne tient aucun compte ni de la méthode ni de la doctrine scientifiques? Comment saura-t-elle ce qu'il faut permettre, ce qu'il faut défendre, sans une puissance supérieure capable de le lui apprendre? La Révolution, qui n'est qu'une crise provoquée par l'inégal développement entre la destruction des anciens préjugés et la coordination rationnelle des nouveaux, ne sera terminée, la solution métaphysique éliminée, que par le libre avènement d'un sacerdoce républicain, qui fournira ces organes compétents interprètes d'une morale réelle et démontrable.

CHAPITRE SIXIÈME.

DE L'ÉVOLUTION SPONTANÉE VERS UNE MORALE POSITIVE.

Les habitudes morales instituées divinement sont finalement consacrées au nom de l'Humanité. Cette évolution s'est accomplie dans tous les modes de l'existence : personnelle (hygiène), domestique (culte de la tombe, mariage), civique (respect de la loi, défense de la Patrie) et religieuse (culte des grands hommes). Ce caractère purement humain se manifeste également chez les moralistes (Mme de Lambert, Vauvenargues, Duclos) et chez les romanciers (Mme de Lafayette, Lesage et Fielding). La morale positive s'est de plus en plus dégagée de la théologie.

L'homme acceptera-t-il une morale qui ne repose pas sur Dieu? sans l'espoir ou la crainte d'une autre vie quel motif le déterminera à être sobre, chaste, loyal, courageux et dévoué? L'impuissance de la morale métaphysique et l'abstention de la science académique ont porté de bons esprits, de nobles cœurs, à considérer la morale théologique comme un procédé arbitraire mais nécessaire pour faire prévaloir des habitudes positives. Certes, s'il était prouvé qu'une morale purement scientifique est, non pas impossible à construire, — elle existe, c'est un fait, — mais incapable de déterminer de véritables convictions, il faudrait fatalement en revenir au catholicisme. Par catholicisme, il faut entendre l'ultramontanisme, car il serait par trop ridicule de s'en rapporter à l'initiative individuelle et de venir nous offrir, comme solution morale, une douze-cent-millionnième interprétation des quatre Evangiles, chaque homme ayant un droit égal à formuler et à suivre la sienne.

Il faut montrer comment l'expérience a répondu avant qu'aucun enseignement systématique de la morale positive ait pu s'effectuer, comment l'esprit positif mettait graduellement le pied dans tous les domaines accessibles à la sagesse humaine et montrait son aptitude croissante à substituer, relativement aux règles qu'il découvrait, la sanction positive à la vie future surnaturelle. Qu'il s'agisse de préceptes d'hygiène, de devoirs familiaux, de règlements militaires ou industriels, de pratiques cultuelles, la corrélation des deux mouvements peut s'exprimer ainsi : *Les règles morales, d'abord regardées comme d'institution divine, sont finalement consacrées au seul nom de l'Humanité.* Tels sont les points de départ et d'arrivée de l'évolution morale qui se trouvent reliés par la phase métaphysique durant laquelle le caractère théologique s'efface de plus en plus, bien que le caractère positif demeure encore inaperçu. Ce qui pour Dieu se traduit par une incrédulité croissante représente pour l'Humanité un accroissement de dévouement, de savoir et d'énergie, c'est-à-dire de religion, dans la pleine et véritable acception du mot.

Vérifions d'abord cette proposition sur la morale personnelle. Les premières règles morales, d'une grande simplicité, concernent presque exclusivement les instincts nutritif et sexuel; qu'on lise, dans les textes mêmes, la législation de Manou, de Moïse ou de Mahomet, on verra combien ces préceptes hygiéniques se mêlent, à chaque page, aux règles morales proprement dites et aux mystères du dogme, qui n'y occupe en fait qu'une place secondaire. Il en a été de même dans les autres grandes théocraties; partout nous voyons l'antiquité prescrire au nom de l'autorité surnaturelle de simples règlements de propreté et d'hygiène. Que d'efforts les législateurs n'ont-ils pas dû exercer pour arriver à ce résultat, qui nous paraît bien simple aujourd'hui, que l'homme se débarbouille tous les

jours. Ce n'est pas chose facile en effet (s'il y a des animaux spontanément propres, il n'en est pas de même de
notre espèce), et pour l'y amener il a fallu faire appel à
toutes les puissances surnaturelles, infernales et célestes.
Maintenant les Français le font chaque jour, sans qu'il soit
besoin pour cela de faire intervenir la volonté des dieux.
Il y a plus, les peuples qui sont propres par raison théologique le cèdent sous ce rapport aux peuples émancipés :
les campagnes catholiques le sont moins que les Parisiens
dégagés de tout théologisme, l'Orient théocratique l'est
moins que l'Occident révolutionnaire. Il en est de même
relativement au règlement de l'instinct nutritif ; ici encore
ce ne sont plus des considérations surnaturelles qui décident de la qualité et de la quotité de notre alimentation,
mais des raisons purement humaines, déduites de notre
nature, de notre situation sociale et matérielle, et formant
une opinion plus forte qu'une argumentation théologique
quelconque. Ainsi voilà un premier résultat clair et certain de la civilisation Occidentale. Primitivement, tout ce
qui concerne l'hygiène privée et publique était réglé au
nom des dieux ; de nos jours, les préceptes correspondants
ne relèvent plus que de considérations humaines : c'est un
fait acquis.

Considérons maintenant l'une des institutions caractéristiques de l'Humanité et des plus grandes, puisqu'elle
assure la perpétuité de la famille humaine, le culte de la
tombe. Les poètes de l'antiquité, depuis Homère * jusqu'à
Virgile *, nous redisent encore par quels redoutables châtiments les dieux punissaient la violation du devoir sacré
qui prescrit d'ensevelir ses morts. Avec quelle élévation
Sophocle enseigne ce grand principe dans son *Antigone*,
le chef-d'œuvre du drame antique. Polynice, tué en assiégeant sa patrie, doit être jeté aux chiens, c'est l'ordre du
roi Créon. Fidèle à ces lois des immortels « qui ne sont
» point écrites, qui sont de tous les temps, et qui ne sau-

» raient être effacées, » Antigone ensevelit son frère ; sa mort est le prix de sa rebellion aux volontés d'un roi impie, que l'intervention du devin Tirésias lui-même n'a pu fléchir. L'expiation ne se fait pas attendre ; le fils et la femme de Créon se tuent de désespoir, les peuples voisins vont se soulever, et les furies vengeresses du dieu des morts ne cesseront de poursuivre le coupable que lorsqu'à son tour il aura subi le sort de Polynice. — Inspirée par le même esprit théologique, la loi athénienne condamnait à la peine capitale celui qui privait les morts de la sépulture. Pour avoir manqué à ce devoir, dont une tempête avait entravé l'accomplissement, les dix généraux qui venaient d'honorer leur patrie par la victoire des îles Arginuses furent mis à mort ; et malgré la généreuse intervention de Socrate, aucun ne fut excepté, tant l'absolu théologique dominait encore les esprits ! Ainsi dans l'antiquité le culte des morts est basé sur la crainte des dieux.

De nos jours, en France du moins, il n'est plus nécessaire de réglementer théologiquement cette sainte institution. En réalité, le culte de la tombe est moderne ; institué à Paris au commencement de ce siècle, il s'est graduellement étendu à la province, où il a fait, surtout dans les villes, de rapides progrès. Ce n'est pas à la morale évangélique que ces soins pieux doivent leur inspiration, au contraire ; ce culte si profondément humain s'accentue, se développe, avec l'émancipation croissante du théologisme. C'est, en effet, lorsqu'on a été bien persuadé que la mort est définitive, que l'on a attaché le plus haut prix aux restes des êtres disparus, comme un moyen puissant de fortifier leur souvenir et de consolider leur précieuse réaction morale. La cité la plus humaine de la Planète, Paris, est aussi la ville où l'on cultive davantage la mémoire de ses ancêtres et de ses amis. C'est elle qui, la première, a compris que le mode le plus digne d'achever l'année et de préparer la suivante, c'est de fêter ses morts ;

et, spontanément, elle a donné au dernier jour de l'an la prépondérance sur le 2 novembre théologique. Auguste Comte a systématiquement consacré ces antécédents dans le *Calendrier Positiviste*. Ainsi, cette précieuse institution qui reposait d'abord sur la théologie, la voilà également dégagée de Dieu.

La consécration du mariage en est là. Primitivement, l'idée de l'inceste n'existait pas et les alliances se faisaient dans la même famille; les récits des voyageurs qui ont exploré la planète ont confirmé ce que la *Bible* * et les législations théocratiques nous avaient appris. Que d'efforts pour en faire prévaloir la notion! Nous voyons, dans *l'Œdipe-Roi* *, par quelle sanction terrible le poète appuie, au nom des dieux, la règle alors nouvelle de la punition de l'inceste. Œdipe est condamné pour avoir commis, quoique à son insu et après avoir tout fait pour l'éviter, ce crime auquel la fatalité l'avait voué. La raison humaine eût été alors moins frappante que l'institution divine, et pourtant c'est celle-là qui spontanément prévaut aujourd'hui. Il en est de même de la consécration de la monogamie; les attaques dont elle a été l'objet de la part des partisans du divorce ne sont pleinement annulées que par les véritables émancipés, seuls assez dégagés des inconséquences théologiques.

Ce qui est vrai du mariage l'est aussi du respect de la loi. Actuellement, le citoyen en écarte l'absolu divin et réclame des raisons positives; la soumission ne s'accorde plus sans conditions. Lorsque la réaction catholique voulut faire passer une loi sur le repos du dimanche, ce n'est pas comme ayant été institué par Dieu, mais en raison de ses avantages moraux et sociaux, qu'il fut défendu par ses patrons théologiques. De même, ce n'est plus pour expier une faute originelle que l'homme travaille, mais pour subvenir aux nécessités de l'existence familiale par le seul mode compatible avec l'esprit moderne; et c'est précisément cette transformation de l'activité industrielle, de servile devenue civique, qui caractérise la politique républicaine.

La guerre, qui veut du courage, du dévouement et dans laquelle, comme l'exemple des incomparables armées romaines en fait foi, l'intervention des dieux a été si long-temps nécessaire (un ministre de la guerre, égaré dans le XIX° siècle, prétendait encore, il y a quelques années, que celui-là ne peut être brave qui ne croit point en Dieu), la guerre aussi s'est dégagée des considérations théologiques. Avant les héroïques défenseurs de Paris ouvertement athées, les armées républicaines avaient montré à quel degré peuvent atteindre l'obéissance, l'abnégation, l'héroïsme, sous des chefs et des gouverneurs émancipés. Les dictateurs républicains pour animer ces civiques légions ne firent point, comme le vulgaire des rois, appel à l'appât de conquêtes invariablement consacrées par le dieu des armées, mais ils élevèrent les âmes par la pure invocation de l'amour de la Patrie et du salut de la République. C'est ce haut sentiment du devoir qui leur fit surmonter les plus redoutables périls et maintenir l'intégrité de la France avec tant de majesté qu'en 1796, dans ses *Considérations* sur cette Révolution qu'il qualifiait de satanique dans son essence, de Maistre n'a d'éloges que pour les armées et le Comité de Salut Public, dont l'esprit seul gagnait encore les batailles. Dans l'armée française actuelle, les soldats se reconnaissent des obligations civiques quelles que soient leurs croyances théologiques.

La même transformation s'est accomplie dans le culte des grands hommes. D'abord une consécration publique ne leur était due que lorsque par une apothéose ils avaient été assimilés aux dieux. Puis il fallut pour en être l'objet, avoir servi Dieu et être devenu un saint : un seul poly-théiste, Trajan, aurait, dit-on, obtenu la grâce d'aller au ciel par les prières de saint Grégoire ; mais demander à

Dieu de réformer un jugement sans appel eût été une offense; aussi jamais ce pontife ne s'est-il laissé aller à un excès de zèle qu'il a lui-même condamné. Aujourd'hui, pour mériter des honneurs publics, il suffit d'avoir servi l'Humanité, qu'on ait ou non agi pour être agréable à Dieu; c'est ainsi que les diverses populations occidentales fêtent Michel-Ange et Boïeldieu, Pétrarque et Shakespeare, Spinoza et Voltaire, instituant spontanément le culte public que le positivisme a, dès 1848, systématisé sous le nom de culte des grands hommes.

Un phénomène fort curieux, indéniable, traduit et vérifie, à un autre point de vue, cette émancipation théologique de la masse sociale. Rien, en effet, surtout depuis deux siècles, ne confirme mieux l'ascendant graduel de l'esprit positif que la complète absence de considérations surnaturelles dans les recueils de maximes morales et dans les admirables peintures que les grands romanciers ont faites de la vie humaine. Tel est le cas des réflexions de Madame la marquise de Lambert, publiées en 1728. Cette femme si distinguée, qui ouvrit le premier grand salon philosophique, était alors veuve d'un gouverneur de Luxembourg et se trouvait dans une situation qui lui faisait éviter la singularité; ses conseils d'ailleurs furent imprimés à son insu. Dans ses *Avis à son fils**, qui devint lieutenant-général, il est à peine fait mention de Dieu, et dans l'ensemble il n'en est pas plus question que s'il n'avait jamais existé; elle lui donne comme modèle non la vie de Jésus mais l'exemple de ses ancêtres, comme but non le ciel mais la gloire :

« Oubliez toujours ce que vous êtes dès que l'humanité vous
» le demande... Sachez que les premières lois auxquelles vous devez
» obéir sont celles de l'humanité: songez que vous êtes homme. »

Elle précise cette maxime dans ses *Avis à sa fille**, qui épousa, plus tard, le marquis de Saint-Aulaire :

« Pour être chrétienne, lui dit-elle, il faut croire aveuglément ;
» pour être sage il faut voir évidemment... Choisissez, parmi les
» grands hommes, celui qui vous paraîtra le plus respectable ; ne
» faites rien qu'en sa présence, rendez-lui compte de toutes vos
» actions. »

Quant à Dieu, elle n'en fait mention qu'une seule fois,
en passant, et pour n'y plus revenir. Fénélon trouvait
le procédé un peu risqué ; mais l'éminente marquise,
obligée de parler le seul langage qui était écouté, lui
répondait :

« Les mœurs des jeunes gens d'à présent nous mettent dans
» la nécessité de leur conseiller non pas ce qui est le meilleur
» mais ce qui a le moins d'inconvénients. »

Comme Madame de Lambert, le noble et tendre Vauvenargues, dans ses *Pensées* *, fait de la gloire et du cœur
les plus puissants inspirateurs de l'esprit et de l'activité ;
comme elle, il parle à l'homme un langage que sa raison
accepte et comprenne dans son principe et dans son but.
Si nous ouvrons les *Considérations sur les Mœurs* *, de
Duclos, nous le voyons considérer comme la première des
obligations celle d'être citoyen et aspirer, dès 1751, à
l'institution d'une éducation générale et uniforme destinée
à former des Français, après avoir commencé par en faire
des hommes. Il appelle l'attention de ses contemporains
sur la nécessité de mettre à profit l'élan du siècle pour
fonder et universaliser la morale, « qui a pour objet, » dit-
il, « les hommes considérés relativement à l'humanité et à
» la patrie. » Nulle part dans ce beau livre il n'est fait la
moindre allusion au régime théologique, qu'il ne men-
tionne même pas tout en aspirant à le voir remplacer.

Les principaux types du roman de mœurs caractérisent
sous une autre forme l'avènement d'une morale positive.
Le premier en date, la *Princesse de Clèves* *, qui parut en
1678, obtint dans la haute société de ce temps un prodi-

gieux succès, que la postérité a consacré. Dans ce chef-d'œuvre, où les sentiments sont à la fois si chevaleresques et si purs, Madame de Lafayette a dépeint l'existence d'une jeune femme, remplie de distinction, qui triomphe des troubles d'une passion qu'elle combat par le seul sentiment du devoir, sans faire intervenir aucune considération théologique. Cette attitude se maintient et s'accentue dans les deux grands romans du XVIIIe siècle ; le *Gil Blas*,* de Le Sage (1715-1735), et le *Tom Jones*,* de Fielding (1750), nous représentent la vie de l'homme depuis la naissance jusqu'au mariage dans une situation précise quoique un peu exceptionnelle ; quelles que soient les conséquences des actes des deux héros, tantôt raisonnables, tantôt imprudents, faisant le bien parfois, parfois le mal, ces poètes ne font valoir, soit pour récompenser, soit pour punir, que des raisons positives. Ces habiles observateurs, qui connaissaient la nature humaine, nous ont légué ce que leur éminent esprit a vu et analysé ; ce qu'ils nous dépeignent, c'est la société française et anglaise, au milieu de laquelle ils ont vécu et qui revit encore dans leurs œuvres. C'est ce caractère profondément humain qui explique le puissant attrait qu'exercent sur tous les âges ces poèmes, qu'on ne se lassera jamais de relire.

Il est donc bien évident que, dans la vie civile comme dans la vie morale de l'Occident, les motifs purement humains ont prévalu dans la consécration de règles où jadis il semblait nécessaire d'invoquer l'esprit théologique.

CHAPITRE SEPTIÈME.

DE L'INSUFFISANCE CROISSANTE DE LA DIRECTION THÉOLOGIQUE EN MORALE.

Où l'esprit humain avance, l'esprit théologique recule. La morale monothéique n'étant point sociale devient de plus en plus insuffisante dans le règlement des relations civiques, occidentales et planétaires; aussi, dans leur pratique habituelle, les hommes d'État se sont-ils nécessairement et de plus en plus inspirés de l'esprit positif.

Paris, la cité par excellence, résume le double mouvement, organique et critique, du passé moderne.

Nous avons vu comment, pour beaucoup d'individus, la direction théologique est passée à l'état de solution imaginaire; c'est-à-dire que pour eux l'influence morale de ce Dieu qui d'abord pouvait tout, même dans le domaine matériel, est décrue à un tel point qu'actuellement tout se passe comme s'il n'existait pas. La morale de l'Humanité, en effet, comme nous le verrons plus tard, en est radicalement indépendante. Il me reste à établir comment cette direction doit tomber en désuétude chez les théologistes actuels, pour qui elle n'est en réalité qu'une quantité complémentaire plus ou moins intense d'une direction réelle, entre les mains de laquelle passe ouvertement le gouvernement de la société.

Où paraît la loi positive, la cause surnaturelle s'évanouit : Dieu était le tuteur qui devait veiller aux intérêts généraux de l'espèce humaine jusqu'au jour où la science aurait atteint toute sa plénitude ; que lui reste-t-il pour son partage maintenant que l'esprit scientifique est enfin capable de remplacer partout la morale théologique ! L'extension continue de la logique positive a rendu les cerveaux de moins en moins aptes à croire aux conceptions théologiques; graduellement on a reconnu la domination des lois naturelles en mécanique, en physique, en biologie. En matière industrielle ou pathologique, le théologien le plus déterminé n'agit pas autrement que le savant le plus athée; c'est aux lois positives que tous deux demandent la règle qui peut les conduire au but. Cet état mental domine la population entière, hommes et femmes, par le fait même des tendances progressives dont le positivisme n'est que le couronnement et la coordination. On ne peut pas indéfiniment se partager en deux; et l'état normal, vers lequel nous marchons, est caractérisé par le règne de l'esprit scientifique à l'exclusion de tout esprit théologique. Le progrès se mesure par la prépondérance croissante du premier sur le second dans la conduite privée et publique.

A l'envahissement continu de l'esprit positif correspond en effet la désuétude croissante mentale et sociale du gouvernement théologique résultée de l'opinion, passée à l'état de préjugé, de ne s'en rapporter dans les questions usuelles qu'aux données scientifiques; ce sont ces données qui, par l'appui indirect et longtemps inaperçu qu'elles apportaient aux traditions, ont permis de suppléer à la diminution croissante de la prépondérance théologique. Mais ce qui discrédita surtout l'ancien dogme, ce fut la nécessité de chercher ailleurs une direction apte à calmer et à résoudre les conflits sociaux, devant lesquels il se trouvait d'une insuffisance et d'une impuissance de plus en plus manifestes. C'est cette incapacité dérivée d'un vice dogmatique essentiel qu'il faut expliquer avant de conclure.

La morale chrétienne étant nécessairement personnelle n'a jamais pu embrasser le point de vue civique; ce qui explique pourquoi la sociabilité n'a jamais été explicitement invoquée par le sacerdoce catholique. Continuant la tradition juive, qui ne connaît d'autre patrie que la céleste Jérusalem, cette morale a donné à l'homme pour but capital non le service de la patrie mais le salut de sa personne ; elle l'a élevé pour le paradis et lui a enseigné le mépris de la terre. Dieu demande des saints pour peupler son ciel, il n'a pas besoin de citoyens. De plus, l'esprit théologique est inconciliable avec le régime nouveau, résulté de la combinaison de la science et de l'industrie. Il ne peut donc apporter que des solutions illusoires aux questions sociales actuelles, telles que la source et l'emploi de la richesse, les relations entre les nouveaux éléments sociaux temporels et spirituels, l'origine et le but du travail mental. Il n'a pas même abordé ce dernier problème, qui est capital ; c'est de la révolte de l'esprit contre les habitudes morales et contre la prépondérance sociale qu'est né cet état révolutionnaire, que le sacerdoce déplore après l'avoir provoqué et qu'il n'a fait qu'exciter depuis loin de le guérir.

Au point de vue occidental, l'impuissance théologique est c'aire. La révolution moderne, qui date du XIV⁰ siècle, débuta précisément par la rupture de cette monarchie européenne fondée, réglée et gouvernée par la papauté. La diplomatie a été l'expédient destiné à suppléer à cette vacance jusqu'à ce qu'une nouvelle organisation spirituelle ait reconstitué systématiquement la République Occidentale. La puissance internationale des papes ne s'est jamais rétablie depuis, et quand la Sainte Alliance des rois entreprit de refaire un certain équilibre européen, c'est un pontife schismatique, le tzar, qui fut placé à la tête de ce conseil où prirent place les autres princes protestants et dont le pape avait été exclu.

Enfin la morale théologique est incapable d'embrasser et de régler les rapports sociaux les plus étendus, les relations planétaires, sauf par la solution illusoire d'une conversion universelle. Comment fournir la règle en Orient lorsque, malgré une organisation sacerdotale si remarquable, l'Église n'a pu satisfaire aux exigences de l'Occident, où depuis la fin du moyen âge les siècles se comptent par les restrictions à sa prépondérance ! Le théologisme peut-il diriger les relations des occidentaux avec les musulmans, dont il regarde la croyance comme abominable et qu'il déclare inassociables, immiscibles à nous ? « Dès » que le chrétien et le musulman viennent à se toucher, » dit de Maistre, « l'un des deux doit servir ou périr. » Espère-t-on être plus heureux avec les Hindous ? mais un évêque assurait qu'il n'avait jamais pu agir que sur ses domestiques ; encore faut-il ajouter que leur conversion ne durait que le temps qu'ils demeuraient à son service. Que leur apporte le catholicisme ? des mystères ? ils font des dieux tous les jours ! des miracles ? Quand le divin Krichna veut abriter sa belle des rayons du soleil, d'une montagne il fait une ombrelle ! Faits à de tels prodiges, il n'est pas surprenant que les miracles chrétiens ne les étonnent que par leur simplicité. Il n'y a pas moyen de lutter avec les Hindous par des arguments théologiques et il faut renoncer à l'espoir de les convertir, comme l'a fort bien démontré d'ailleurs l'abbé J.-A. Dubois, missionnaire dans le Méissour, fort honnête homme et indianiste distingué. Quant aux Chinois, il est inutile d'y songer ; ils ne connaissent pas Dieu, ils n'en ont jamais senti le besoin ; ce qui ne les empêche pas d'être le seul peuple où le théâtre respecte la famille, tant cette institution fondamentale y est puissamment assise. On conçoit que des polythéistes aient pu se convertir à un dieu nouveau, chrétien ou musulman, cela revenait au fond à adorer un dieu de plus ; mais il n'en est point de même lorsqu'il s'agit de gens qui n'en veulent qu'un seul ou qui n'en admettent aucun.

On ne peut pourtant pas exterminer ces divers monothéistes, polythéistes et fétichistes ; politiquement, l'opération ne serait guère avantageuse, car les intéressés ne seraient nullement décidés à se laisser faire : on compte-

cent millions de musulmans, cent quatre-vingts millions
d'Hindous et environ cinq cents millions de Chinois, cela
fait plus de la majorité de la population terrestre. Ce n'est
donc pas à l'aide de la théologie que nous pourrons nouer
des relations diplomatiques avec l'Orient. Etre émancipé
comme Voltaire y conviendrait bien moins encore ; quant
à y appliquer la doctrine de Rousseau, il suffit de faire
remarquer que si les affaires de la planète se traitaient au
suffrage universel, nous, Occidentaux, nous serions gouvernés par les Chinois ; d'ailleurs l'un et l'autre croyaient
en Dieu. En pareille matière, la morale métaphysique est
mise hors concours.

Il n'y a plus de possible que la direction scientifique.
A l'inverse de l'esprit théologique, qui ne résout le pro-
blême de l'unité que par conversion ou par destruction,
l'esprit positif fait la part de chacun, tout en assurant sa
prépondérance, et établit ainsi son incontestable supériorité. Les véritables hommes d'Etat ont favorisé le
progrès humain en faisant de plus en plus prévaloir les
notions positives sur les conceptions théologiques ; ils
n'ont été éminents que parce qu'ils ont agi dans les choses
de la politique comme s'ils n'avaient jamais connu Dieu.
Richelieu en fut un type remarquable : positif avant tout,
il préféra toujours sa patrie au ciel, l'Humanité à Dieu.
C'était un homme d'Etat, un grand citoyen, à qui la théologie apparaissait comme un moyen : catholique, il soute-
nait les protestants ; cardinal, il déclarait la guerre au
pape ; chrétien, il préférait les Turcs à ses *bons amis* les
Espagnols, qui étaient alors en Occident les organes de la
résistance catholique. Certes, une telle attitude devait
passer pour criminelle aux yeux de Dieu ; mais il avait
prévu cet inconvénient et, par avance, il s'était fait remettre
en blanc une absolution générale. Substituer des raisons
positives aux vagues convenances d'un milieu théologique
ou révolutionnaire, voilà la caractéristique du véritable

génie politique. C'est cet esprit qui doit prévaloir dans le règlement des affaires d'Orient, comme dans toutes les autres; nous devons, dans toutes les relations sociales, substituer à la loi de Jésus la morale positive qui sert seule l'intérêt général de la Terre et de l'Humanité. C'est ce que vient rendre clair et précis le Positivisme, appuyé sur l'histoire.

Il ne me serait pas aussi facile dans un autre pays d'exprimer ce que je dis ici ce soir. La France est la nation la plus émancipée de l'Occident; actuellement, on y gouverne sans Dieu. C'est sa capitale qui a été le principal siège du double mouvement organique et critique qui, depuis plus de cinq siècles, caractérise la civilisation occidentale. Aucune cité n'a secoué aussi vite, ni aussi hardiment le joug théologique, aucune n'a mieux fraternisé avec les autres peuples, aucune ne s'est dévouée plus constamment pour assurer, à la France, à l'Occident et au monde, une indépendance et un concours dont elle jouissait déjà. Paris reste, dans les temps modernes, comme il le fut au moyen-âge, la cité prépondérante; dans sa fonction d'initiatrice, nulle autre encore ne l'a remplacée, et, malgré la tourmente soulevée par de sauvages blasphèmes, ce glorieux vaisseau a poursuivi sa route, portant l'Humanité et sa fortune. Pour l'élite des occidentaux, Paris demeure le centre commun de tous les actes, de toutes les pensées et de toutes les affections, LA VILLE.

DEUXIÈME PARTIE

DES CARACTÈRES FONDAMENTAUX DE LA MORALE POSITIVE.

CHAPITRE PREMIER.

DE L'ESPRIT GÉNÉRAL DE LA MORALE POSITIVE.

Auguste Comte a satisfait aux nécessités de la situation ; la morale positive est fondée et enseignée. Son esprit général consiste à partir de l'état actuel pour le modifier, par substitution, en transformant le mouvement révolutionnaire en essor moral continu. Une réforme aussi radicale ne peut être immédiate.

Je viens d'indiquer comment la série des préparations antérieures a nécessairement abouti à la morale positive, rendue aussi indispensable par la désuétude du théologisme, qu'inévitable par l'accumulation des règles empiriques établies par la sagesse des siècles. Le problème était si bien préparé, la reconstitution morale si urgente, que le plus profond penseur de l'école conservatrice, de Maistre, écrivait au commencement de ce siècle :

« Attendez que l'affinité naturelle de la religion et de la
« science les réunisse dans la tête d'un seul homme de génie ;

« l'apparition de cet homme ne saurait être éloignée, et peut-être
« même existe-t-il déjà. Celui-là sera fameux et mettra fin au
« XVIII° siècle, qui dure toujours... Tout annonce *je ne sais*
« *quelle grande unité vers laquelle nous marchons à grands*
« *pas.* »

Celui qui devait découvrir cette grande unité était né à
l'époque où de Maistre formulait cette prophétie : Auguste
Comte, en rapportant tout à l'Humanité, a donné aux
règles morales la généralisation et la coordination qui
leur manquaient. Par lui fut fondé le système de morale
démontrable, apte à régler l'ensemble de toutes les relations humaines « en substituant la paisible élaboration
» des devoirs à l'orageuse discussion des droits. » (*Discours
sur l'Ensemble du Positivisme* *, 1848.) (*)

Le positivisme ayant pour destination sociale l'avènement universel de ce système de morale, j'ai satisfait à ce
besoin urgent en instituant cet enseignement. Je pro-
fesse, en ce moment, à Paris, en vingt leçons, un cours
de Morale théorique, instituant la connaissance de la
nature humaine, prise dans sa plénitude à l'état adulte
et normal et en tenant compte des rapports du physique
et du moral, sans oublier l'examen des perturbations
correspondantes. Je complèterai l'an prochain cette étude
préparatoire par vingt autres leçons consacrées à la morale pratique ; cette seconde partie combinera la théorie
abstraite de la morale avec les diverses phases de l'existence, depuis la conception jusqu'à la mort, en vue du
perfectionnement de la nature humaine. Cette seule indication suffit pour expliquer comment ce n'est pas dans
une seule séance que je puis entreprendre de développer
un pareil système. Après avoir exposé les caractères fon-

(*) Cet ouvrage se trouve à la Bibliothèque publique de la
Ville du Havre.

damentaux de la morale positive, j'indiquerai sommairement ses principales applications. Commençons par en
examiner l'esprit général.

Le savant, quelle que soit l'étude positive qu'il se propose, part de la situation acquise, en suivant la direction
tracée par les antécédents. Le théologien, au contraire, et
plus encore le métaphysicien, chez lequel l'infaillibilité
papale ne vient plus mettre une borne aux abus de l'esprit,
considérant comme non avenu tout ce qui s'est fait avant
eux, se prennent comme point de départ dans les questions quelconques qu'ils se proposent. Le *Discours de la
Méthode* * est un exemple incomparable de la différence
radicale, comme procédés et résultats, qui sépare l'esprit
positif de l'esprit théologico-métaphysique : métaphysicien, Descartes tire tout de lui-même ; savant, il prend la
géométrie où ses prédécesseurs grecs l'avaient laissée et
continue leur œuvre. Il en est en politique et en morale
comme en géométrie : tout ordre artificiel durable, c'est-
à-dire toute réforme radicale, repose sur un ordre préalable, spontanément résulté du passé suivant des lois
vérifiables. Toute institution théorique ou pratique qui
ne respecte pas cette base naturelle ne peut être que chimérique et passagère, car dans ce cas le présent, qui ne
se reconnaît plus comme obligé par les prédécesseurs,
auxquels appartient toujours la dernière victoire, se met
en opposition avec la seule puissance morale qui le pro-
tége contre l'anarchie et s'expose à toutes les perturbations.

Suivant le précepte de Descartes, nous prenons donc
comme point de départ l'état actuel, l'ensemble de la morale moyenne pratiquée par les gens sensés ; nous accep-
tons ces habitudes et ces préjugés émanés de la série de
nos ancêtres et qui ont servi réellement à élever d'innom-
brables générations ; nous nous honorons de conserver
autant que d'accroître cet héritage moral, qui est notre

richesse la plus précieuse et la plus rare. Respecter la continuité, surtout en innovant, étant la condition fondamentale, le problème moral revient essentiellement à coordonner en les développant l'ensemble des règles existantes, empiriquement consacrées par le bon sens universel.

Mais, la part faite à la juste prépondérance de la tradition, il faut reconnaître que les préjugés moraux ont besoin d'être révisés par une autorité compétente. En voulant tout refaire sans cette direction, on s'exposerait à renverser des habitudes nécessaires. Cette tâche exige des principes sûrs et des lumières rares ; il faut savoir tenir compte de l'influence croissante des générations qui, faisant concourir des impulsions de plus en plus variées, institue des devoirs basés sur des motifs de plus en plus complexes. Toute situation profondément modifiée comme la nôtre exigeant des règles spéciales, il est nécessaire de formuler et de faire prévaloir de nouvelles obligations. Il ne l'est pas moins de faire disparaître un certain nombre de préjugés existants : dans une morale positive, il n'y a de place ni pour des droits anarchiques consacrés par une conscience révoltée contre ses propres créateurs, ni pour des devoirs envers une providence fictive lorsque la providence réelle est enfin connue.

Dans cette rénovation, nous ne procédons jamais que par SUBSTITUTION, respectant toutes les règles morales jusqu'à ce que nous en ayons d'autres à mettre à la place. Une profonde maxime du grand Danton exprime admirablement cet aspect de la méthode scientifique : *On ne détruit que ce que l'on remplace.* Il serait trop aisé de tout troubler sous le prétexte secondaire d'abus ou de progrès : il n'y a pas de choses parfaites, toutes ont leurs bons et leurs mauvais côté ; nous sommes nous-mêmes des bipèdes imparfaits, et cette définition vaut mieux que celle de Platon. Nous nous défions de ces esprits critiques qui poussent à l'instabilité des institutions politiques et industrielles, et dont la bruyante activité se réduit, en somme, à faire plus de mal que leurs prédécesseurs sans accomplir ce qu'ils faisaient de bien. En quoi une méthode qui aboutit à transformer toute l'existence en une suite d'essais infructueux peut-elle contribuer au bonheur et à la chose publique ! Nous n'admettons pas la critique des institutions et des préjugés pour leurs seuls inconvénients ; elle n'est légitime que lorsque nous avons des raisons positives de le faire et des remèdes sérieux à y apporter. Du reste, la manière propre à l'esprit scientifique de reprendre ce qui est vicieux, arbitraire et égoïste, est de faire des êtres, individuels ou collectifs, honnêtes, raisonnables et dévoués.

Enfin, nous ne voulons pas changer l'état de choses actuel du jour au lendemain ; la société, heureusement, va d'elle-même tant bien que mal. Ce que nous cherchons, c'est à le modifier lentement et d'une manière continue, d'après des vues scientifiques démontrables, en repoussant toute agitation perturbatrice, qui ne sert qu'à ranimer, dans les institutions et dans les esprits, une rétrogradation qui n'existe plus dans les mœurs. Dans une tâche aussi rude que périlleuse, car l'homme est un animal bien plus difficile à transformer qu'on ne le croit, il faut éviter les chocs brusques, qui font perdre des forces précieuses ; en morale comme en politique, nous répugnons à tout ce qui est extrême et violent. Aussi, les suppressions nécessaires accomplies, demandons-nous le maintien du *statu quo* politique.

Une réforme aussi radicale ne permet pas d'amélioration générale immédiate par la raison évidente que, dans tout changement de régime, la transformation des opinions et des mœurs doit précéder et non suivre celle des institutions. Les choses bonnes elles-mêmes ne peuvent se passer de cette condition ; quoique ayant pour elles l'appui de la raison collective, elles doivent subir l'épreuve du temps. Le dogme peut au premier aspect paraître absurde ou douteux, et la loyauté s'oppose alors à ce qu'on s'y soumette ; d'ailleurs comment peut-on appliquer effectivement un principe quelconque si on ne se l'est d'abord assimilé? Il faut donc qu'on puisse examiner les vérités qui doivent finalement devenir le fonds commun des croyances humaines : il n'y a de progrès digne et certain qu'avec la liberté de l'individu.

Notre but est vaste ; c'est le rôle de la théorie d'indiquer les conditions de réalisation de l'état idéal vers lequel tend notre activité, ce à quoi la pratique est impuissante puisqu'elle ne conçoit rien en dehors de ce qui existe. Si nous sommes hardis, c'est dans les conclusions auxquelles nous aboutissons et que nous indiquons nettement, car il faut savoir où l'on va ; mais dans l'application la conciliation est notre règle, et nous voulons aller lentement et sûrement à notre but. *Chi va piano, va sano, chi va sano, va lontano.* Nous marchons à la conversion pacifique des esprits et des cœurs, soutenus par une doctrine puissante et jouissant dès à présent en esprit d'un avenir certain, dont l'aurore inspirait à Condorcet la sublime prière qui termine son *Esquisse des progrès de l'esprit humain* *.

CHAPITRE DEUXIÈME.

DES BASES DE LA MORALE POSITIVE.

La morale positive repose sur la nature humaine, dont la connaissance suppose la conception scientifique du milieu tant planétaire que social. Gall en instituant l'étude positive des fonctions du cerveau élimina la conception métaphysique de l'unité de l'homme; parmi ses précurseurs, il faut signaler David Hume, Georges Leroy, Cabanis et Bichat. C'est Gall qui a accompli la révolution décisive qui a permis à Auguste Comte de construire la théorie systématique de l'âme, de consacrer le rôle social de la vénération et de fonder la morale positive.

La morale positive repose sur la réalité des choses; mais, comme elle forme dans la série scientifique le degré suprême vers lequel tous les autres convergent, la connaissance effective de notre nature morale suppose acquise celle de notre situation, tant planétaire que sociologique. Le Monde, la Société et l'Homme : voilà les bases, vérifiables et démontrables, qui donnent à la morale humaine une consistance que n'eut jamais la morale théologique.

La morale positive dépend d'abord de notre situation cosmologique, puisqu'elle devrait être modifiée si la Terre était autre qu'elle n'est; par exemple, elle varierait avec les dimensions de la planète. Si la surface occupée par les eaux était assez grande pour réduire l'étendue de la terre habitable aux proportions de l'Irlande, bien des règles relatives à l'alimentation et à la propriété se rapprocheraient du communisme primitif; que cette surface ait égalé celle de l'Occident, et l'unité de l'espèce humaine aurait été atteinte par la civilisation militaire. Enfin, si l'étendue de la terre habitable l'avait considérablement emporté sur l'espace occupé par les eaux, à l'inverse de la proportion actuelle, qui est absurde puisque notre planète est plutôt faite pour les poissons que pour les hommes, et à plus forte raison si la Terre avait eu les dimensions de Jupiter, le genre humain n'aurait peut-être jamais réalisé l'association universelle, condition de l'unité morale.

La morale positive est de plus subordonnée aux conditions biologiques : si le blé s'obtenait aussi facilement et aussi abondamment que l'air, ou si les aliments se trouvaient tout prêts à être consommés sans plus d'efforts que n'en exige la respiration, bien des préceptes moraux deviendraient superflus; on ne vole pas l'air, qui est relativement inépuisable. Pourquoi ne permet-on pas l'appropriation arbitraire des produits humains? pourquoi est-ce un crime de gaspiller les divers matériaux et provisions que nous fournit la planète, et un devoir d'apporter dans leur emploi une certaine économie personnelle et collective? C'est que ces capitaux sont à la fois difficiles à produire et en rapport trop faible avec la population; c'est qu'ils ont été et demeurent la base de la civilisation et qu'il faut les conserver en considération des besoins de ceux qui viendront après nous. Aussi est-ce la nécessité d'assurer l'existence quotidienne qui suscite les principales difficultés sociales et la plupart des institutions humaines. On ne peut donc établir de règles morales sans tenir compte de notre existence biologique.

On ne peut pas davantage faire abstraction de notre condition sociologique, puisque notre situation morale résulte des antécédents. Chaque génération laisse des résultats; elle lègue par conséquent à celle qui la suit un état qui diffère, plus ou moins, de celui qu'elle a trouvé et qui n'en est que le développement; de là résultent des modifications dans les pensées, dans les actions et dans les sentiments. Pour qu'une règle morale soit positive, il ne suffit donc pas qu'elle soit conforme à notre situation, il faut encore qu'elle soit opportune, c'est-à-dire en rapport avec le degré de civilisation correspondant. Quand Harfleur et Montivilliers se faisaient la guerre, dans une période analogue à celle où Rome guerroyait à deux lieues de chez elle, leurs relations ne pouvaient être réglées par les mêmes lois morales qu'à notre époque où elles font partie d'un même département. On ne saurait davantage les juger dans cette période militaire d'après une morale sociale identique à celle qui les domine, aujourd'hui qu'elles font partie d'une nation laborieuse qui porte en elle les destinées religieuses du genre humain. La morale positive suppose donc l'homme développé par l'évolution sociale.

Ces diverses influences, quelque nécessaires qu'elles soient, jouent cependant un rôle purement modificateur dans l'existence de l'homme ; elles sont dominées par un phénomène prépondérant qui, au milieu de cette variété, se manifeste suivant des lois constantes, qui constituent les principes irréductibles de la théorie positive de la nature humaine. C'est dans la morale spontanée, en effet, qu'il faut chercher cette base de toute morale au-delà de laquelle on ne saurait remonter. C'est là une vue sur laquelle il faut insister en la précisant.

Au point de vue positif, l'homme est un animal non seulement intelligent mais doué de conditions organiques en vertu desquelles il manifeste la disposition, observable chez toutes les nations et dans toutes les religions, à se conduire d'une manière sociable spontanément, indépendamment de tout précepte et de toute systématisation. La démonstration de l'existence chez l'homme de sentiments bienveillants innés, est la découverte scientifique la plus grande du XIXe siècle et la plus importante qu'on ait faite en morale depuis la loi de Saint-Paul ; elle est due à F.-J. Gall. La bienveillance n'a jamais été niée directement ; les mots usuels, qui ne sont adoptés que comme

résultats d'observations faites par tout le monde, en font
foi. Mais, si le bon sens universel a toujours admis la
bienveillance spontanée, les hypothèses qui en expli-
quaient l'existence étaient, jusqu'à Gall, demeurées ou
fictives ou purement abstraites, en sorte que le langage
et la pratique étaient en désharmonie avec les théories,
évidemment inférieures. Gall en établissant la pluralité
des organes cérébraux ruinait la théorie métaphysique de
l'unité de l'homme. Rien de plus faux que cette théorie
purement abstraite ; elle réduit l'âme à la seule intelligence servie par des passions et des instincts ; elle établit
entre l'humanité et l'animalité une séparation radicale,
en contradiction avec les faits vulgaires et la vérité scientifique. Loin d'être un, l'homme est l'animal qui offre les
aspects les plus multiples, non seulement sous le rapport
de l'égoïsme mais sous celui de l'intelligence. Animé par
des instincts plus ou moins divergents, il est bien rarement conséquent avec lui-même : aujourd'hui il est
gouverné par l'amour-propre, demain par l'instinct des-
tructeur ; à tel moment par la vénération, à tel autre par
l'instinct nutritif ; hier il était intelligent, le voici enrhumé
du cerveau et il devient bête. « J'ai cinq cents physio-
» nomies par jour, » disait Diderot. Reconnaître une entité
ou un instinct prépondérant dans l'homme, ainsi tiré et
poussé dans les directions les plus diverses et les plus
variées, c'est créer un être fictif, qui ne se réalise jamais.
Lorsque J.-J. Rousseau et Helvétius, confondant l'ambition avec la sociabilité, ont écrit que l'homme est gouverné
par l'amour-propre, cela voulait dire que Rousseau et
Helvétius en avaient beaucoup et rien de plus.

La découverte et la démonstration de Gall avaient été
préparées par les penseurs du XVIIIe siècle, surtout par
David Hume, Georges Leroy, Cabanis et Bichat. Descartes
avait provisoirement abandonné à l'esprit théologico-
métaphysique l'étude de la nature humaine, dont l'insti-

tution positive eut été au XVII° siècle prématurée. Sous l'impulsion de F. Bacon, l'école encyclopédique tenta, au siècle suivant, de construire une morale purement positive. Hume, qui fut le principal précurseur philosophique d'Auguste Comte, entreprit de fonder sur des observations et des faits la théorie de la nature humaine (1739); mais il sentit que cette systématisation n'était pas encore assez préparée et il se borna à exposer ses vues spéciales dans divers *Essais philosophiques* *. Dans le traité qu'il a spécialement consacré à ses *Recherches sur les principes de la morale* * (1752), Hume part du bon sens universel pour réfuter la théorie imaginaire de l'intérêt bien entendu ; il constate que l'observation collective, interprète de la morale spontanée, a reconnu des dispositions bienveillantes, des sentiments de compassion et de reconnaissance. Le langage ordinaire, dit-il, a exprimé toutes ces idées et les a distinguées des passions égoïstes. Les animaux susceptibles de désintéressement le seraient-ils par un raffinement de l'esprit ? pourquoi nous refuser ce qu'on leur accorde! De même qu'il y a en nous des besoins irréductibles, des sentiments intéressés et ambitieux irréductibles, il n'est pas plus difficile de concevoir qu'il en est de même de la bienveillance et de l'amitié ; cette hypothèse est à la fois plus simple et plus conforme à la nature. Au principe supposé de l'amour-propre, Hume oppose le principe de l'*humanité* :

« Quoiqu'on ne regarde peut-être pas cet amour de l'humanité comme une passion aussi forte que la vanité ou que l'ambition, comme il est commun à tous les hommes, il doit être le fondement de la morale, ou de tout système général sur les mœurs et les actions humaines. »

Georges Leroy confirme et développe la thèse de David Hume, dans ses *Lettres sur les Animaux et sur l'Homme* * (1781). Nul n'a mieux compris la nature morale et intellectuelle des animaux que ce grand observateur, lieutenant des chasses du parc de Versailles. On lui doit l'institution décisive de la comparaison scientifique des fonctions les plus élevées chez l'homme et chez les animaux, lesquels manifestent mieux l'existence des facultés cérébrales élémentaires, puisqu'elles n'y sont pas compliquées des modifications dues à notre état de civilisation. Sur cette base, Georges Leroy établit la bonté native de l'homme, qu'il ramène à un instinct irréductible, la *compassion* :

« Elle est le vrai fondement de la sociabilité, de la moralité et
» de toute vertu naturelle, et par elle l'homme est placé à
» une distance infinie des autres animaux, beaucoup plus encore
» que par la supériorité de son intelligence... Cette disposition
» précieuse et sacrée acquiert en nous de la force par l'exercice
» et l'habitude... Elle est, à la vérité, souvent altérée par des
» intérêts qui parlent plus haut ; mais elle se fait entendre lors-
» que ceux-ci se taisent, et l'exercice habituel en rend quelque-
» fois l'action prédominante. »

Enfin Cabanis, en cherchant la solution du même problème dans la physiologie, appela l'attention sur le point de vue de l'ensemble, seul réel, dans son traité *Du Physique et du Moral de l'Homme* [*] (1802). Dans ce célèbre ouvrage, qui fit de Cabanis le précurseur immédiat de Gall, se trouve instituée l'étude de la liaison profonde qui existe entre les fonctions intellectuelles et morales et les fonctions végétatives et animales ; la réaction du moral sur le physique y est indiquée, annonçant ainsi le procédé capital du perfectionnement de la nature humaine.

Malgré son mérite, cette précieuse préparation était insuffisante. Il fallait faire cesser l'indétermination où restaient les vues générales de ces penseurs encore dominés à leur insu par la métaphysique. Il fallait préciser ces vagues principes de l'humanité, de la compassion, de la sympathie, d'après une analyse positive de ces facultés complexes, et rendre leur existence désormais indubitable en les rapportant distinctement à autant d'organes cérébraux. Cela supposait la systématisation des théories positives sur la vie organique et animale, c'est-à-dire la fondation de la biologie ; ce fut le résultat des travaux de Bichat, mort en 1802, à trente-et-un ans, médecin du grand hospice d'Humanité de Paris : *Recherches physiologiques sur la vie et la mort* * (1800), *Anatomie générale* * (1801). Il devenait dès lors possible d'étendre la méthode positive à l'étude de la vie cérébrale.

C'est Gall qui a commencé ce mouvement ; dès ses débuts, il rencontra l'hostilité de Bonaparte et de l'Académie des Sciences, et finalement une indigne supercherie a tenté de réduire une rénovation scientifique qui n'a de comparable que celle de Galilée, à la connaissance de l'état intérieur du cerveau d'après la seule détermination de la forme et des dimensions du crâne. Cette opposition a pâli devant les découvertes de Gall, qui a eu soin d'ailleurs de les vulgariser par des cours et par des publications, dont la plus importante a été reproduite par lui, avec de moindres développements anatomiques, de 1822 à 1825, dans son traité *Sur les fonctions du cerveau* * Gall a établi scientifiquement ces deux principes : 1° l'âme est un terme abstrait qui représente un ensemble de fonctions multiples, morales et intellectuelles, irréductibles les unes aux autres; 2° chacune de ces fonctions occupe un siège particulier dans une portion déterminable de la substance grise du cerveau. Cette dernière conception était décisive, car la morale était ainsi dotée d'un procédé logique important, puisque son point de départ était irrévocablement placé dans la nature humaine. Dès lors le cerveau fut envisagé non plus comme un organe simple mais comme un ensemble d'organes, dont les trois groupes principaux correspondent à l'intelligence, au caractère et au cœur, qui gouverne tout l'appareil.

Le problème de la décomposition de l'âme a été posé

par Gall ; mais, si l'on en excepte l'analyse des bons sentiments, il l'a manquée, surtout en ce qui concerne la décomposition des facultés intellectuelles ; de plus, il a trop
isolé le cerveau des organes végétatifs et du système ner-
veux en général. Cet insuccès fut principalement dû à
l'insuffisance de la méthode ; Gall, comme ses précurseurs
quelconques, avait étudié l'homme abstraction faite de
l'Humanité. La résolution du problème final appartient à
Auguste Comte ; après sa création de la sociologie, il put
construire la théorie cérébrale et, sur cette base systématique, fonder la science morale. C'est par lui que la conception positive de l'âme a été réduite avec précision à la
théorie abstraite et générale des fonctions, simples et composées, du cerveau tant intérieures qu'extérieures, ces dernières étant envisagées dans leur double mode actif et
passif. Désormais, on doit considérer le cerveau comme
l'appareil qui relie le corps et le monde, et par l'intermédiaire duquel se produisent leurs actions et réactions
quelconques.

C'est depuis Gall que nous savons avec certitude que
l'homme est aussi naturellement capable d'attachement,
de vénération et de bonté, qu'il est spontanément égoïste
et ambitieux. C'est grâce à la démonstration de l'existence
des sentiments bienveillants que le positivisme a mis le
doigt sur la question capitale, développer le respect, si
gravement compromis par l'état révolutionnaire. La vénération est la condition de toute hiérarchie, de toute digne
dépendance, de toute soumission, et par conséquent de
tout perfectionnement. Si l'homme n'était pas un animal
vénérant, il n'y aurait ni sacerdoce, ni gouvernement, ni
société et par suite point de morale. Pourquoi, malgré
son intelligence supérieure, le singe a-t-il une existence
si fort au-dessous de l'état social du chien ? c'est qu'il
manque de vénération. C'est pour la même raison que
les purs démolisseurs, ennemis-nés de toute supériorité,

sont les plus arriérés des hommes, quelque illusion que puissent faire leurs revendications progressives. Aimer ses supérieurs est le commencement de la pleine émancipation et du véritable progrès moral, d'où dérivent tous les autres. Un des hommes les plus remarquables de ce siècle, le fondateur de la pathologie positive, nature énergique, savant audacieux, Broussais, s'honorait de sa vénération pour le grand Bichat, qu'il appelait « son maître ». C'est là le caractère de toute âme élevée.

Le respect est une faculté que l'éducation positiviste cultivera et développera d'une façon toute spéciale. Il y a des choses qu'on doit mépriser et pour lesquelles il faut avoir, à l'exemple de l'Alceste de Molière,

> ..... ces haines vigoureuses
> Que doit donner le vice aux âmes vertueuses.

Mais la vénération est la base de toute société volontaire ; c'est elle qui distingue la soumission du citoyen de la plate abjection du sujet ; c'est d'elle que vient la supériorité de la civilisation occidentale sur toutes les autres ; c'est par elle que Paris s'est trouvé placé à la tête du progrès humain. Les Parisiens ont deux qualités contradictoires en apparence ; ils sont vaniteux, comme tous les citoyens, mais ils ont de plus le sentiment de la vénération très développé, et c'est ce qui en a fait la population à la fois la plus progressiste et la plus facile à gouverner. C'est pour fortifier le sentiment social par excellence que le premier culte public a établir avec la République est celui des grands hommes, quels qu'aient été leur temps et leur nationalité ; c'est à eux que nous devons tout ce que nous sommes.

Gall fut le précurseur scientifique immédiat d'Auguste Comte. Grâce à sa découverte capitale, la morale spontanée, graduellement rapprochée de l'état normal par l'évolution, a été irrévocablement incorporée à la science de l'Humanité, et, pour la première fois et à jamais, les règles de la morale, dont on s'était préoccupé de tout temps, sont devenues pleinement homogènes et relatives sans arbitraire. La science ayant pris possession de tout son domaine et finalement abouti à la philosophie et à la religion démontrables, l'esprit abstrait le plus systématique a pu donner pleine satisfaction aux tendances empiriques du bon sens universel et aux plus profondes affections du cœur humain. Auguste Comte, prenant l'homme tel qu'il est et dans son ensemble, a étendu les préceptes de la morale positive à tous les aspects de cette nature compliquée, ondoyante et si diverse. Il a fait reposer la moralité sur le concours des deux attributs de l'Humanité, la raison et la sociabilité, pour résister aux révoltes et aux abus de notre animalité. Grâce à Gall, il a pu assurer les deux pivots de toute organisation civique : la vénération des faibles pour les forts et le dévouement des forts aux faibles, pour consacrer le commandement idéal de la morale : faire le bien pour le bien lui-même.

A ceux qui mettent en doute la réalité de sa morale, le positivisme répond hardiment, par l'organe de son sacerdoce : l'existence et la durée de la morale positive sont inséparables de celles de l'espèce humaine ; née avec elle, elle ne disparaîtra qu'avec elle ; c'est par l'action, spontanée ou systématique, de son cerveau, en dehors de tout intérêt, que l'homme aime, respecte et se dévoue, quel que soit l'être supérieur, fictif ou réel, que le spectacle du monde extérieur présente à sa raison comme devant être l'objet de son affection. Les lois naturelles n'existent pas seulement du jour où on les découvre, elles sont de tous les temps ; c'est pourquoi l'Humanité, prenant son bien partout où il se trouve, revendique comme siens tous les dévouements qui, depuis le passé le plus reculé, ont honoré l'espèce humaine.

CHAPITRE TROISIÈME.

DE LA SANCTION DE LA MORALE POSITIVE.

La morale positive joint l'utilité à la réalité. La sanction humaine a été employée de tout temps par les théologiens eux-mêmes, et dans tous les conflits elle l'a emporté sur les procédés surnaturels ; elle comporte trois degrés, dont le plus puissant est l'opinion publique : REVIVRE EN AUTRUI constitue la principale récompense. L'esprit positif se fait croire, et de Maistre, qui en fait l'aveu, en fournit la preuve ; l'art moral semblait devoir échapper à son empire : cette exception, purement relative à l'ordre d'avènement des divers degrés du savoir humain, n'était que passagère ; elle n'existe plus aujourd'hui pour les esprits actifs. Les applications des lois naturelles sont des actes de FOI positive, puisqu'elles résultent de la soumission volontaire de la raison individuelle au savoir de l'Humanité ; par sa relativité, cette foi nouvelle écarte toute possibilité d'un despotisme scientifique, et détermine les seules convictions inaltérables propres à assurer l'universel et irrésistible empire de l'opinion publique.

Vainement la morale positive, malgré son incontestable réalité, prétendrait-elle à la domination universelle si elle ne satisfaisait pas à la seconde condition de toute doctrine dirigeante, c'est-à-dire à l'utilité, en fournissant une sanction et une consécration irrécusables à ses règles quelconques. Pour prévaloir, en effet, il ne suffit pas que la science conquière les esprits cultivés, il faut qu'elle puisse se faire croire au point de gouverner les volontés populaires. J'indiquerai donc quels sont ses procédés généraux de gouvernement ; comment la foi, qu'ils supposent toujours, a surgi avec l'esprit positif, et constitue une nouvelle autorité morale capable de faire universellement accepter et pratiquer les vérités qu'elle enseigne.

Il importe tout d'abord de ramener à sa véritable valeur la sanction théologique. Cette sanction consiste essentiellement à répartir dans l'enfer ou dans le paradis, soit directement soit après un stage purgatif, les méchants ou les bons, pour l'éternité. Les théologiens affirment qu'une morale qui ne repose pas sur la vie future manque de sanction, sans remarquer qu'une telle morale, qu'ils proclament excellente, ne convient qu'aux natures inférieures : assimiler le devoir à un placement à gros intérêt, n'est-ce pas souiller de vues intéressées tout acte de dévouement! Pour justifier leur assertion, il faudrait établir qu'ils n'ont jamais employé d'autres procédés de gouvernement, ou tout au moins que ceux-ci n'auraient joué qu'un rôle secondaire. Or, la civilisation a eu pour résultat d'établir le caractère finalement illusoire des procédés surnaturels et la supériorité constante des motifs humains : jamais les théologiens ne les ont séparés, et, toutes les fois qu'il y a eu conflit, c'est toujours la sanction humaine qui l'a emporté.

Voir dans la sanction divine le gage de la moralité, quand son efficacité n'a jamais été constatée indépendamment d'une intervention de moyens humains, dénote plus de foi que de logique ; car cette constante coïncidence est plutôt une présomption en faveur de la sanction terrestre. Au point de vue théologique, les peines ou les récompenses distribuées pendant la vie ne sont qu'une sorte d'à-compte sur celles qui attendent l'homme après sa mort. Pour que cette sanction future soit efficace, il faut croire ; sans la foi, point de salut : cette condition, qui est la première, devrait absolument parlant être exclusive de toute autre. Si cette foi surnaturelle eût suffi pour être sauvé, il n'y aurait eu que des saints aux beaux jours de la foi ; et cependant, au moyen âge, que de types de monstruosité morale ne trouve-t-on pas parmi les parfaits dévots ! Assurément, c'était une tentative aussi audacieuse qu'économique, que de prétendre réduire la pénalité aux seules sanctions surnaturelles. Mais, si l'on s'en était contenté, l'on aurait joué gros jeu : la force eût régné sans partage, et il n'y aurait eu d'opprimés que les honnêtes gens ; c'eût été le cas de quitter pour jamais une vie terrestre si ingrate et si peu agréable, et de plier bagage pour l'autre monde. Aussi, dans leur sagesse profondément humaine, et pour assurer autant que possible le bonheur sur la Terre, les Moïse, les Numa, les saint Paul et les Mahomet ont exigé que l'on joignît la pratique à la croyance, et jamais ils n'ont dispensé les sacerdoces qu'ils ont fondés de l'emploi des procédés positifs. Il y avait bien contradiction majeure de la part d'organes d'un être absolu et tout-puissant, qui doit nécessairement être obéi, à confesser ainsi l'insuffisance, et au fond la chimère, de la sanction divine. Ils ont passé outre ; leur Dieu étant fait pour servir l'humanité et non pour la détruire, ils ont réduit son office moral à sanctionner, dans le Ciel, leur droit nécessaire de lier et de délier sur la Terre, et ils y ont, en fait, maintenu l'ordre comme s'ils n'avaient dû compter que sur leur seule providence.

Rien ne confirme mieux le caractère secondaire et passager de la sanction surnaturelle que les épreuves décisives auxquelles l'expérience universelle l'a assujettie. Les prescriptions de la divinité, quelque redoutables qu'elles aient été, n'ont jamais pu tenir contre la force de l'opinion publique ; toutes les fois qu'il y a eu opposition entre la sanction divine et la sanction humaine, c'est toujours la théologie qui a reculé et a été vaincue. Le moyen âge en offre un exemple caractéristique. La féodalité, issue du civisme romain, adopta la pratique du serment qu'il avait instituée, en en transformant le caractère surnaturel qu'il y avait attaché ; elle finit par ne plus invoquer, comme garantie de la vie future, que l'honneur, c'est-à-dire la bonne renommée qui résulte de tout un passé de

loyauté. L'église catholique avait dit que celui qui se battrait en duel irait droit en enfer, et d'autant plus sûrement
qu'il mourrait sans confession ; l'opinion féodale, au contraire, tenait pour lâche et honni jusqu'à son dernier jour
celui qui ne se battrait pas. Les chevaliers n'hésitèrent
point ; ils préférèrent courir le risque d'être grillés toute
l'éternité en compagnie de Belzébuth, de Satan et de Béhé-
moth, plutôt que d'affronter pendant quelques années le
mépris public ; et, pour rester fidèles à l'honneur, ils sacri-
fièrent une vie éternelle et bienheureuse auprès de Dieu.
La sanction théologique n'a donc pas réussi.

En quoi consiste la sanction positive ? quels sont ces
procédés généraux de gouvernement si universellement
efficaces, et qui n'ont pas cessé d'être employés par nos
pères et par les théologiens eux-mêmes ? Cette sanction
consiste à invoquer, suivant les cas, la conscience, l'opinion, la force ; tels en sont les trois modes, classés suivant
l'ordre décroissant d'efficacité et de dignité. Le plus noble,
parce qu'il suppose la persuasion et la conviction, caractérise la sanction purement religieuse : c'est l'appel à la
conscience de l'individu, c'est-à-dire à son cœur et à sa
raison. Si cet appel échoue, il faut recourir à une véritable
contrainte morale pour l'obliger à se soumettre : on invoque
alors la famille, les concitoyens, les peuples ; cet appel à
l'opinion participe à la fois des deux autres procédés. Mais
quand, insensible à ces influences, l'individu trouble
l'existence commune par l'exagération de sa personnalité,
il est nécessaire d'employer des moyens extrêmes, c'est-
à-dire de s'en prendre à ses biens, à sa liberté et, dans les
cas exceptionnels, à sa vie même. D'une façon ou d'une
autre, il faut que l'expiation ait lieu sur cette terre, quelle
que soit la situation que le coupable occupe. L'institution
universelle de la responsabilité est le plus sûr garant de
la moralité humaine. Pour prévenir ou rectifier les fautes,
on ne peut légitimement faire appel qu'à la conscience et

à l'opinion, et le pouvoir spirituel ne doit pas faire usage d'autres procédés. La force, qui est entre les mains exclusives du gouvernement proprement dit, est réservée à la répression des délits et des crimes; néanmoins on n'en doit faire usage que lorsque les deux premiers appels sont demeurés insuffisants. Tels sont les moyens qui ont été utilisés par nos ancêtres pour assurer l'accomplissement des devoirs, et dont l'admirable ensemble constitue une sanction plus salutaire et plus efficace (toute l'histoire en témoigne) que les inventions de l'enfer ou du paradis. Qui se soucie d'une échéance aussi éloignée quand la tentation est si proche ! mais qui ne redoute cette expiation immédiate du remords, de la honte, de la pénalité corporelle! A toutes les joies du paradis, l'homme préférera toujours la jouissance directe et permanente que donne le témoignage de sa conscience et l'approbation des gens de bien. Lorsque les perturbations maladives de la personnalité enlèvent aux sentiments et à la raison leur influence normale, comme c'est le cas chez les fous, on a recours à la séquestration. La sanction positive est donc apte à pourvoir à tous les cas que présente l'existence. Ce qui la caractérise surtout, dans son double mode directeur et répressif, c'est le règne de l'opinion publique, dont le principal office consiste à attacher aux actes l'idée de gloire et de déshonneur. Croire qu'on ne gouverne bien que par la violence ou par la corruption, c'est prendre des cas anormaux pour l'ordre lui-même, car en tout temps la force, quelque nécessaire qu'elle soit, a été un moyen complémentaire, et elle est toujours, et de plus en plus, subordonnée aux opinions dominantes. L'efficacité et la durée de son action dépendent des limites du concours que ces opinions lui apportent et qui sont hors de sa portée. La sanction positive est donc essentiellement spirituelle; et, si de plus en plus la suprême honte sera d'être réprouvé par autrui, on souhaitera toujours, comme suprême récompense, de REVIVRE EN AUTRUI. Vivre dans la mémoire des hommes a toujours été un vœu cher aux nobles âmes, et cette immortalité, à laquelle elles ont aspiré avec le plus d'ardeur, est la seule qui soit compatible avec la science. En ce sens seulement le positivisme consacre la maxime usuelle : Toute morale sans vie future (non personnelle, mais subjective) manque de sanction.

Dans cette constitution positive du gouvernement humain, où l'opinion populaire peut seule, par son appui, rendre exécutoires les préceptes moraux formulés par les philosophes, comment se réalisera cette alliance d'une grande force et d'une grande pensée ? L'opinion est susceptible de s'égarer ; si elle gagne les batailles, c'est elle aussi qui les perd ; elle a donc besoin d'être dirigée, gouvernée, c'est-à-dire ramenée à la considération habituelle du bien commun. Ce qui suppose d'abord que chaque individu se soumette librement à une certaine foi ; puis que, par sa nature, cette foi soit apte à devenir la même pour tous, universelle. Problème colossal, qui échappe à tout pouvoir individuel quelque grand qu'il soit ! Le positivisme, ici pas plus qu'ailleurs, ne vient rien créer ; il développe seulement et systématise des tendances spontanées et universelles. L'histoire prouve que l'homme a d'autant mieux subordonné sa vie à ses croyances que l'esprit positif a eu plus de part dans leur formation. Cette influence, qui prévalut d'abord dans les vues spéciales de la morale humaine, s'est étendue jusqu'aux vues générales. Dès ses premières acquisitions, l'esprit positif produisit les seules convictions vraiment universelles et inaltérables : Don Juan, qui ne tient compte ni de l'enfer, ni du ciel, ni des convenances sociales, accepte les deux bases de toute moralité, la raison et la sociabilité : il croit au théorème fondamental (deux et deux font quatre) où commence la voie sacrée qui aboutit à la religion positive ; c'est pour le seul amour de l'humanité qu'il cède aux instances du pauvre qui lui demande l'aumône au nom de Dieu.

Ces convictions ont passé des doctrines aux docteurs. A l'époque où le grand théoricien du catholicisme, de Maistre, dans ses *Soirées de Saint-Pétersbourg*, signalait la foi dont ils étaient l'objet, la confiance populaire s'était étendue des géomètres aux astronomes, aux physiciens, aux chimistes et même aux biologistes. Leur ascendant lui a arraché ce précieux aveu :

« Cette espèce de despotisme, qui est le caractère distinctif
» des savants modernes, repose aujourd'hui toute entière sur de
» profonds calculs à la portée d'un très petit nombre d'hommes.
» Ils n'ont qu'à s'entendre pour imposer silence à la foule. Leurs
» théories sont devenues une espèce de religion ; le moindre
» doute est sacrilége. Le traducteur anglais de toutes les œuvres
» de Bacon, le docteur Shaw, a dit : ..... *Que le système de Coper-*
» *nic a bien encore ses difficultés.* Certes, il faut être bien intrépide
» pour énoncer un tel doute. La personne du traducteur m'est abso-
» lument inconnue ; j'ignore même s'il existe : il est impossible
» d'apprécier ses raisons qu'il n'a pas jugé à propos de nous faire
» connaître, mais sous le rapport du courage, *c'est un héros !* »

De Maistre a fourni lui-même la preuve décisive que l'esprit scientifique l'emporte sur l'esprit théologique pour déterminer des convictions. Lorsqu'il procéda à la systématisation du catholicisme, dans ce traité *Du Pape**, où a pris sa source la réaction qui a abouti au *Syllabus*, il tenta, comme il l'a écrit ailleurs, d'établir par des arguments positifs : « qu'il n'y a pas un dogme chrétien qui » n'ait sa racine dans la nature intime de l'homme et » dans une tradition aussi ancienne que le genre humain.» A ceux qui, inquiets de la nouveauté du procédé, regrettaient, pour le bon motif, qu'il ne s'en fût pas tenu à l'argumentation traditionnelle, il répondait : « On ne » m'aurait pas lu ! » Or il a été lu, et Auguste Comte, en s'appropriant tous ses principes essentiels, a montré que la Révolution positive avait trouvé un serviteur théorique inconscient chez le plus conséquent de ses adversaires.

Au lieu de s'émouvoir du discrédit dans lequel la croyance à la science jetait la théologie, au point qu'il fallait être un esprit fort pour soutenir des doctrines en contradiction avec les théories positives, cet audacieux penseur n'hésita pas à annoncer l'inévitable restauration du catholicisme. Ce qui lui donnait cette conviction, c'est que les savants, si puissants sur la nature, ne comptaient pour rien dans les choses humaines. Comme toutes les fortes têtes philosophiques, de Maistre ne mettait pas en doute l'inévitable tendance de l'esprit humain vers l'unité de méthode et de doctrine, et, dans la séparation douloureuse entre deux pouvoirs ennemis, relatifs l'un à la foi et à la morale, l'autre à la raison et à l'industrie, il ne pouvait voir qu'un accident. Mais lorsque, en vertu du contraste entre la divergence des vues des savants modernes en matière politique ou morale, et la convergence et la puissante unité des conceptions théologiques, il concluait que la théologie, ayant conservé la suprématie dans la direction morale, reprendrait la direction de tout le domaine scientifique même astronomique, de Maistre comptait sur une harmonie impossible. Faute d'avoir bien analysé la situation, il n'a pas vu qu'il fallait que l'Humanité renonçât à la méthode positive partout où elle a graduellement prévalu malgré la théologie et à ses dépens, ou qu'elle y soumît également la morale et la politique. Or, la question ainsi posée, qui ne reconnaîtrait l'inanité d'une restauration théocratique ! comment revenir sur ces transformations logiques que les cerveaux les plus rebelles à l'esprit scientifique ont eux-mêmes subies ! N'est-ce pas pour consolider ces conquêtes de la méthode positive, et préparer les forces nécessaires à son universelle extension, que Descartes établit, entre la raison positive et la foi théologique, cette trève provisoire et systématique qui détruisait sans retour en Physique l'autorité théologique, et en présageait en Morale l'élimination définitive ! En effet, en Logique et en Physique le public ne donne plus le nom de *science* qu'aux découvertes de l'esprit positif, et les conceptions théologiques correspondantes sont, à ses yeux, discréditées ou couvertes de ridicule. Or, quand une fois l'esprit humain a réellement abandonné une théorie fictive, il n'y revient jamais. De plus, l'esprit positif est essentiellement actif, vivant, conquérant, et, quel que soit le domaine qu'il conquiert, il fait pénétrer la conviction dans les esprits les plus rebelles au gouvernement théologique. L'expérience ayant réussi envers la logique, le monde et la vie, il y avait présomption qu'elle ne serait pas moins décisive envers la société et l'homme.

Nous pouvons maintenant, grâce à Auguste Comte, résoudre une difficulté que de Maistre ne pouvait dénouer. Déjà, au milieu du XVIIIᵉ siècle, David Hume avait, dans un de ses *Essais* *, caractérisé ainsi cette situation :

« Lorsque je pense que l'on a mesuré et déterminé la gran-
« deur et la figure de la Terre, que l'on a expliqué les marées,
« que l'on a soumis les corps célestes à des lois constantes, que
« l'esprit est parvenu jusqu'à calculer l'infini, et que, malgré
« cela, les hommes ne laissent pas que d'être toujours en dispute
« sur le fondement de leurs devoirs, cette bizarrerie étrange me
« fait retomber dans la défiance et dans le doute. »

Le doute de Hume ne portait que sur les principes fondamentaux proposés jusqu'à lui, puisqu'il tenta de tirer l'art humain de l'empirisme où il était demeuré, sans plus de succès que les grands philosophes qui, avant lui et depuis Pythagore et Aristote (dans sa *Morale* * et sa *Politique* *), avaient entrepris de fonder une théorie rationnelle et systématique du gouvernement. Mais la persistance populaire de la morale théologique ne lui inspira pas plus d'illusion qu'aux véritables penseurs, ses émules, dont Diderot mourant exprimait la situation provisoire par cet aphorisme : « L'incrédulité est le premier pas vers la phi-
« losophie ! » Tous avaient la certitude que l'antagonisme,

anormal et passager; entre l'essor moral et l'essor positif était plus apparent que réel; car, malgré la décadence de la théologie, ils voyaient l'élévation morale de l'Occident révolutionnaire se maintenir sous l'influence connexe de l'esprit scientifique, de la vie pratique et du bon sens vulgaire. Ils eurent le sentiment profond de l'unité humaine, et, si sa conception positive leur échappa, ils conservent sur de Maistre l'incontestable supériorité de ne l'avoir cherchée que dans la science, sans Dieu ni roi. Le grand XVII° siècle reprenant, à sa manière, le grand dualisme philosophique institué par Aristote et Platon, avait ouvert à l'esprit positif deux voies, qui ne furent identifiées que par Auguste Comte. Descartes, dans son *Discours de la Méthode** (1637), formula l'immortel manifeste de la philosophie naturelle; et, joignant l'exemple au précepte, il fonda la Géométrie générale, qui en formera l'éternelle base logique. Le chancelier F. Bacon, dans sa *Grande Restauration des Sciences* (1620), tenta, d'après une judicieuse interprétation de la nature, d'arracher directement à la théologie et au verbiage métaphysique les considérations sociales et morales. Mais le programme qu'il élabora ne fut suivi d'aucune construction durable; et, malgré de précieux résultats dus à de vigoureux disciples, cette école ne présenta pas le majestueux développement de la fondation cartésienne. Aussi, pendant que les philosophes présentaient en Logique et en Physique un accord fondamental, ils manifestaient en Morale les plus profondes divergences. C'est que les insuccès répétés qui signalaient les tentatives faites dans cette dernière direction, étaient le résultat inévitable d'une situation où les moyens ne répondaient pas à l'intensité des besoins. Le gouvernement de la nature humaine, étant le plus noble des arts, ne pouvait cesser d'être empirique qu'après la rationalisation de tous les autres, plus simples et par conséquent mieux accessibles aux vues abstraites. Or celles-ci ne sont devenues scientifiques qu'en suivant un ordre fatal : nos conceptions positives se sont dégagées de l'adhérence théologique d'autant plus tard qu'elles se trouvaient plus directement relatives à l'homme. C'est pourquoi la science de l'Humanité a dû prendre successivement possession de la mathématique avec Thalès, puis de l'astronomie avec Hipparque, de la physique avec Galilée, de la chimie avec Lavoisier et de la biologie avec Bichat, avant de se compléter par la sociologie et la morale. Ce que de Maistre avait regardé comme une impossibilité absolue était donc uniquement relatif à l'ordre d'évolution du savoir humain. Les tentatives des Hobbes, des Hume, des d'Holbach et des Condorcet pour réaliser les vues de Bacon, et fonder une morale et une politique rationnelles, n'étaient donc pas mal inspirées, mais seulement prématurées. Auguste Comte l'a prouvé par la fondation de la religion de l'Humanité.

Suivant en cela l'ordre nécessaire des progrès de l'esprit humain, le public, en vertu des habitudes acquises dans les arts mathématiques, physico-chimiques et biologiques, commence à admettre la compétence positive dans le gouvernement de la nature humaine. La combinaison entre la science et la pratique, qui a présidé depuis l'essor industriel à de si prodigieux progrès matériels, a inspiré la conviction qu'un jour elle deviendrait possible dans le domaine humain et porterait le progrès politique et moral à un degré inconcevable. C'est pourquoi le public qui demande des mesures réelles et opportunes, parle couramment de politique et de socialisme scientifiques, sans trop savoir encore ce que cela veut dire. On réclame une éducation scientifique ; on institue spontanément des fêtes purement humaines, familiales ou patriotiques ; on aspire à connaître le rôle des grands hommes dans cette évolution sociale dont ils ont été les produits les plus caractéristiques. Il n'est pas douteux que, dans un tel milieu, les règles morales et religieuses émanées de la science ne soient acceptées avec la même confiance que toutes les autres règles positives. Comme cela se fait déjà envers les ingénieurs, les astronomes et les médecins, dans leurs arts respectifs, la masse de ceux qui n'ont pas étudié s'en rapportera, dans sa conduite privée et publique, aux philosophes qui possèderont mieux que tout autre l'ensemble du savoir abstrait et qui seront, au même degré, capables de l'enseigner. L'examen complet de la question établit donc l'inébranlable conviction que le gouvernement de l'homme appartiendra enfin sans réserve à la science de l'Humanité, comme celui du monde lui appartient maintenant sans retour.

Avec cette nouvelle autorité spirituelle, la société devra-t-elle, comme l'insinue de Maistre, redouter un nouveau despotisme venant, au nom de la science, remplacer celui que le Jésuitisme voudrait nous imposer au nom de Dieu? ou bien y trouvera-t-elle toutes les garanties nécessaires au digne essor de la conscience et de l'opinion? L'expérience a déjà répondu. Toutes les entreprises industrielles, relatives à l'exploitation terrestre et animale, que dirige l'esprit scientifique ne sont-elles pas autant d'*actes de foi* positive? quel plus sûr gage de sa foi peut-on donner que de se conformer à des lois dont on ignore la démonstration et d'où dépendent sa fortune, sa santé et sa vie! C'est là un spectacle bien honorable pour l'humanité et qui atteste l'activité universelle des sentiments bienveillants; la confiance et la dignité président à l'existence commune. L'homme n'est pas né pour chercher perpétuellement les principes de sa conduite, mais pour conformer sa vie à des principes admis universellement; la foi, qui assure le bonheur privé et public, ne cessera pas d'être une vertu. Au point de vue abstrait, toute foi consiste dans la disposition universelle à croire spontanément, sans examen ni démonstration préalables, aux lois proclamées par une autorité compétente. Pour qu'une règle soit de foi, il suffit qu'elle réponde à des dispositions intérieures ; mais pour qu'elle comporte une adoption durable et universelle, il faut qu'elle soit conforme aux réalités extérieures. Le catholicisme, pour consolider une croyance indémontrable qui ne répondait qu'à des convenances cérébrales, dut recourir à des procédés arbitraires, dont l'infaillibilité papale peut servir de type. Le positivisme n'aura aucun besoin de pareils artifices, pour consolider une foi qui satisfait simultanément à ces deux exigences : utilité, réalité. Dans l'acception positive, AVOIR LA FOI c'est soumettre volontairement sa raison à celle de l'Humanité, c'est-à-dire à l'ensemble des théories abstraites et générales construites par ses plus puissants interprètes. Tous concourent cependant à cet ensemble, puisque le bon sens individuel, véritable positivisme spontané, alimente, stimule ou contrôle la raison générale ; de sorte qu'on peut encore définir la foi positive : la soumission du bon sens particulier au bon sens universel.

Une expérience, aujourd'hui bien suffisante, a convaincu le peuple qu'il n'avait pas mal placé sa confiance. Le caractère relatif de la foi positive s'est déjà manifesté assez pour qu'il écarte, comme une chimère aussi ridicule qu'absurde, la pensée de voir transformer en despotisme une domination bienfaisante. En effet, bien que les démonstrations ne soient pas connues de tous, et elles ne le seront peut-être jamais à ce degré, on a cru aux vérités mathématiques, au double mouvement de la Terre, à la circulation du sang ; et ces découvertes de l'esprit positif comptent plus de croyants que n'en eurent jamais la *Bible* *, le *Coran* * et le *Contrat social* réunis. Cela tient à ce que la réalité étant le point de départ des lois abstraites correspondantes, jamais on ne les a trouvées en contradiction avec les faits observés qui leur ont servi de base. De là l'inaltérable conviction populaire. A quelles vérités a-t-on jamais donné sa foi avec plus de justice et d'avantages? Celui qui formule la loi en tire-t-il un pouvoir despotique sur les hommes? mais il est soumis lui-même à cette loi qu'il a découverte et non créée! ce qui le distingue de tous les autres, c'est qu'il donne le premier l'exemple de la soumission à cette vérité nouvelle qui lui est due, et le public finit par croire à ce qu'il voit pratiquer. Si c'est dans la loi même qu'on voit le despotisme, il est inévitable; mais il change de nature et de nom : c'est la domination des choses et des principes, non celle des hommes. De plus, ce n'est pas celui qui découvre la loi qui l'applique; ce ne sont pas des commandements qu'il formule, mais des lumières qu'il répand : c'est à chacun, selon ses convenances particulières, à en déduire les règles propres à chaque cas; et l'activité de tous, femme, poète, artisan, y trouve le plus vaste champ. Si, pour préciser ce que ces indications peuvent avoir de trop abstrait, nous prenons la théorie de la division telle qu'Auguste Comte l'a construite dans sa *Synthèse subjective* *, nous remarquons que le grand philosophe n'en a pas déduit deux règles, l'une pour son service, l'autre pour celui du public. Celle qu'il a formulée et adoptée, le public peut la récuser ou l'accepter et l'appliquer, quand bon lui semble; et, pour faire usage de cette théorie et constater que la règle correspondante le conduit toujours au but, la connaissance de la démonstration ne lui est pas indispensable. Ce contrôle expérimental suffit au peuple pour croire fermement, et en toute liberté de conscience, aux vérités démontrables.

Toujours, l'adhésion donnée aux dogmes positifs conserve un caractère provisoire; toujours, il y est sous-entendu qu'erreur ou omission n'y feront jamais compte. Cette réserve tacite, qui constituerait au point de vue théologique le plus grand des sacrilèges, résulte de la nature même de l'esprit positif. Une loi scientifique n'est acceptée qu'à la condition qu'elle sera confirmée par l'expérience, et cette acceptation elle-même n'est maintenue qu'aussi longtemps qu'elle satisfait aux besoins pratiques; dès qu'elle devient insuffisante, c'est le devoir de tous les individus compétents de la développer assez pour embrasser les cas qu'elle avait dû d'abord omettre. La dignité humaine est aussi respectée que la continuité mentale, puisque, en perfectionnant ainsi sa foi, l'homme ne renonce pas à ses premières convictions, mais les conserve ou les étend, selon que le champ de son activité reste le même ou se développe. De plus, chacun peut prétendre, dans la mesure de ses moyens, à modifier les règles existantes, à en formuler de nouvelles, à la seule réserve de remplir les conditions rationnelles exigées des savants eux-mêmes pour leur accorder sa foi : en cela seulement il y a égalité, ces conditions étant communes à tous. Sans redouter aucune de ces renaissantes divagations contre lesquelles le catholicisme n'avait de frein décisif que dans le bras séculier, la foi positive comporte le droit le plus étendu de révision et d'examen. Pour surmonter les hérésies, comme la quadrature du cercle, le prétendu calcul des probabilités et la prétendue science des économistes, l'esprit positif n'a pas besoin de la force : comme le Danté, en sa *Divine Comédie* *, il laisse dire les gentils, regarde et passe son chemin. Leur discrédit est la conséquence immédiate de son triomphe. Non-seulement la règle est commune à tous, mais la foi est de même nature : comme il n'y a pas de compétence universelle, que nul ne peut ni tout observer ni tout vérifier, les savants ont nécessairement entre eux la même confiance que celle que le peuple leur accorde collectivement; ce qui varie, c'est seulement le degré de confiance, qui diminue ou s'étend selon le plus ou moins de compétence. Ainsi, il n'y a, dans cette soumission de la raison individuelle qui distingue la foi positive, rien qui rappelle le caractère humiliant de la foi théologique, rien de cet aveuglement nécessaire, qui portait un saint Augustin à croire à l'Évangile malgré ses absurdités, et un Pascal à *s'abêtir* pour devenir parfait chrétien !

Rien n'est plus opposé à l'établissement d'un dogmatisme despotique que l'aptitude spontanée des vérités démontrables à déterminer, chez tous, cette irrésistible adhésion seule susceptible de surmonter tous les égoïsmes, de provoquer et faciliter tous les dévouements. Dans cet assentiment général, l'esprit positif trouve l'appui nécessaire à l'application des lois qu'il découvre. Loin d'étendre le domaine de la législation civile et criminelle, cet esprit supprime radicalement les procès d'opinion et de tendances, en raison de sa capacité à maintenir l'ordre dans les cerveaux par les seuls moyens spirituels. Pour faire prévaloir ses doctrines il n'emploiera pas plus la persécution, sous la République, qui lui assure tous les moyens d'action, qu'il n'a fait appel à l'insurrection pour les faire surgir sous le règne de la théologie. Pour établir que c'est avec la foi démontrable seule qu'il y a essor paisible, accord général et conviction inaltérable, on ne peut invoquer une preuve plus frappante que l'universelle adoption de la théorie du double mouvement de la Terre ! Quand l'esprit humain a-t-il eu à surmonter un tel concours de résistances, le plus formidable peut-être qui se soit jamais opposé à l'adoption d'une vérité parmi les hommes ! Il lui fallait formellement contredire le témoignage des sens et celui de la tradition presque unanime du genre humain ; abaisser l'orgueil de l'homme, qui se regardait jusque-là comme le centre de la création ; mettre en doute même la parole de Dieu, pris en flagrant délit d'ignorance majeure ; détruire la clef de voûte de l'Église catholique. Et cependant, malgré les entraves inquisitoriales, sans émeute, l'esprit positif l'a emporté : il a suffi que Galilée soumît aux règles de la méthode positive la conception de quelques astronomes de l'antiquité, que dans des circonstances opportunes Copernic venait de remettre au jour et lui donnât pour la première fois l'appui de la démonstration. Ce beau génie eut raison de tous les obstacles parce que, profondément pénétré des véritables caractères de la logique positive, il sut mieux, grâce à elle, observer la réalité, qu'il considérait comme l'assise inébranlable et exclusive de la philosophie naturelle. Certes, lorsque le prolétariat aura été suffisamment familiarisé avec les enseignements qui découlent d'une marche aussi fructueuse, il n'hésitera pas à délaisser de vains docteurs, dont la brutale ignorance ne sait résoudre les questions quelconques que par destruction, pour aller demander à l'esprit positif les moyens du salut aussi bien que le secret de ses destinées et les conditions de son bonheur.

Un résultat aussi précieux, vraiment incomparable, est bien fait pour donner la plus ferme assurance, au milieu des troubles du présent, en nous rattachant à l'ensemble des vérités démontrables qui forment l'ancre que nos pères ont jetée dans la réalité des choses. Nos destinées y sont indissolublement liées : il faut s'y tenir, et ne tenir qu'à cela. Autour de ces vérités positives se sont groupées toutes les intelligences d'élite, et leur concorde est la meilleure garantie que possède la foi populaire. Tout résultat acquis est aussitôt fraternellement étendu d'une extrémité à l'autre de la République occidentale ; à quelque patrie que leur sort soit lié, ces esprits positifs s'entendent, s'unissent. Méthode, principes, langage, destination, tout leur est commun. L'élite du peuple occidental s'est émancipée de Dieu et des Rois grâce à cette alliance philosophique, contre laquelle n'ont pu prévaloir ni la foudre papale, ni l'échafaud démocratique, ni le canon des rois. Une seule des découvertes émanées de cette corporation a plus fait pour le bonheur, la paix et la liberté de l'espèce humaine, que tous les écrits des Voltaire, des Helvétius et des Rousseau, quelque grande qu'ait été l'influence de ces littérateurs, trop souvent superficiels et inconséquents.

Il faut donc céder à l'évidence ; les théologiens, aussi bien que les démocrates, doivent en prendre leur parti : la foi positive s'est substituée à la foi surnaturelle, et ses interprètes inspirent une confiance qu'envient les théologiens. Le sentiment de plus en plus précis d'un ordre terrestre et humain indépendant de nous a déterminé, dans tout l'Occident, d'actives convictions morales et religieuses chez les esprits bien cultivés, et des préjugés de plus en plus prononcés chez les esprits populaires. C'est un fait accompli : il existe une autorité morale qui, sans Dieu ni roi, et par son ascendant irrésistible, en viendra à inspirer, fortifier ou rectifier la conduite que tiendront les familles, les classes et les nations. En fait, c'est un gouvernement d'opinion, basé sur l'esprit positif, qui relie les unes et les autres. La grande destination du XIXᵉ siècle est d'organiser, de régulariser ce pouvoir spirituel, en universalisant, par une éducation commune à tout l'Occident, les principes généraux qui doivent partout prévaloir. Sous cette impulsion, la puissance de l'opinion se manifestera de plus en plus, et d'autant mieux que la désuétude de la théologie dégagera cette suprême sanction d'appuis épuisés devenus des fardeaux, à la fois compromettants et oppressifs, et la concentrera de plus en plus dans le prolétariat. Le nouveau pouvoir spirituel existe ; il est consulté, il est obéi ; la consistance et la plénitude de sa préparation lui assureront inévitablement la prépondérance. L'anarchie mentale des organes actuels de l'opinion facilitera son ascendant, aussi bien que l'appui qu'il trouvera dans tous les cerveaux, car il n'en est aucun qui n'ait, à quelque degré, cédé à la pénétration de la foi positive. On peut donc livrer à leur propre dissolution les sacerdoces théologiques quelconques ; aucun des résultats essentiels de la civilisation ne sera compromis.

CHAPITRE QUATRIÈME.

DE LA CONSÉCRATION DE LA MORALE POSITIVE.

La morale positive, conforme à la tradition, repose sur l'existence des êtres collectifs. Partout, on trouve l'homme lié à une famille, à une patrie et à une collectivité plus complexe; il n'existe pas hors de ces milieux. Leur empire, qui va croissant, est caractérisé surtout par la continuité; il se résume dans cette loi universelle : LES MORTS GOUVERNENT LES VIVANTS, en dirigeant leurs pensées et leurs affections. L'Humanité, qu'ils représentent, constitue, par conséquent, l'Être suprême, au nom duquel doivent être consacrées les règles de la morale positive.

Héritier de toutes les civilisations, le positivisme combine nécessairement l'autorité de la tradition à celle du dogme et de l'opinion publique. Isolées, la conscience et l'opinion sont exposées à des illusions, à des erreurs, à des excès, et, sans ce régulateur, dont la certitude précède le témoignage de la raison individuelle, elles auraient difficilement évité l'arbitraire. Toutefois, pour la stabilité des règles morales, il ne suffit pas de consacrer la tradition, sans laquelle toute doctrine est sans avenir faute de passé; il faut de plus, comme dans toutes les religions préparatoires, que cette tradition s'identifie avec les lois de l'autorité suprême qui consacre réellement les prescriptions morales quelconques. Comme envers toutes les autres conceptions fondamentales de la morale positive, il ne s'agissait pas ici d'inventer un Être suprême, mais, parmi les diverses influences humaines, de le reconnaître à ses caractères de constance et d'universalité, indispensables pour en rendre l'existence partout vérifiable.

Une observation vulgaire nous apprend qu'il y a

quelque chose au-dessus de nous ; une foule de preuves
journalières témoignent de la multiplicité de ces influences
dominatrices. Nous sommes fixés sur la Terre ; nous ne
pouvons nous déplacer dans l'espace très loin en surface
et moins encore en hauteur et en profondeur ; nous avons
reçu de nos pères un caractère physiologique indélébile ;
nous n'avons déterminé ni notre nature, ni notre sexe, ni
notre famille ; nous n'avons pas davantage choisi notre
siècle ou notre patrie : nous vivons au XIX° siècle, nous
sommes Français, et nous ne pouvons pas faire que nous
ne le soyons en effet. Toutes ces influences peuvent se
ramener à deux fatalités irréductibles, celles de l'ordre du
monde et de la tradition. L'une et l'autre ont été recon-
nues de tout temps, mais avec certaines contradictions.
D'après les conceptions surnaturelles, l'Être suprême
aurait créé l'ordre du monde, contrairement à la loi universelle qui, partout, fait dépendre l'ordre le plus noble
du plus grossier ; la tradition, variable avec le dogme
théologique, aurait pris naissance à un certain âge de
l'humanité ; les prédécesseurs et tous les autres croyants
en auraient été indépendants. Ainsi, bien que les juifs,
les chrétiens et les musulmans aient un père commun,
Abraham, plus nominal qu'effectif, la tradition véritable
remonte à Moïse pour les uns, à Jésus et à Mahomet pour
les autres : leurs conflits mutuels ont prouvé combien la
tradition s'était trouvée rompue par ces diverses tentatives d'unité. Il importait de satisfaire à la fois à tous les
programmes partiels, pour respecter pleinement la réalité
extérieure et la continuité humaine, jusqu'à ce siècle
méconnues ou altérées. Pour cela, il fallait partir de l'élite
de l'humanité, remonter sans discontinuité la suite des
temps, de génération en génération, et confirmer les résultats obtenus en comparant le passé avec toutes les civilisations qui n'ont pas participé à cette évolution. Puis,
en vertu de la même loi, déterminer, parmi les diverses
influences constantes qui ont dominé chaque génération,

celle qui les régit toutes, sans exception dans le temps et dans l'espace, et en représente à la fois le principe et le but. Par sa fondation de la Sociologie, Auguste Comte a rendu la réalité claire pour tout examinateur de bonne foi. Il a démontré que, de tout temps, les hommes, à leur su ou insu, ont été subordonnés à des collectivités, dont ils sont de plus en plus dépendants, fatalement, nécessairement, qu'ils le veuillent ou non. C'est cette situation, empiriquement conçue jusqu'à lui, qu'il faut systématiser, afin d'en tirer les conséquences.

Malgré les rêveries théologico-métaphysiques, l'homme est né en société. L'Adam du paradis théologique, l'Être-Moi de la métaphysique, véritables adultes–nés, sont des fictions toutes pures ; nulle part on ne les a rencontrés, pas même dans le *Robinson Crusoé* * de Daniel de Foë : car Robinson non-seulement a été élevé en famille, mais il a sauvé avec lui l'outil qui abrège, le livre qui console et un cerveau cultivé, toutes choses qui portent l'empreinte de la société. Avant nous, la famille existe : elle a tout préparé pour nous recevoir ; c'est elle qui d'abord nous transmet tout, à commencer par la vie. La famille n'est pas particulière à l'humanité ; on la trouve chez certaines espèces animales, comme le chevreuil et le renard chez lequel elle va jusqu'au veuvage, ainsi que l'a constaté Georges Leroy. Par conséquent, son existence et sa légitimité ne doivent pas plus se discuter que celles de nos organes digestifs ou locomoteurs. Rousseau n'obéissait donc qu'à son imagination désordonnée quand il décrivait un état chimérique où l'homme, semblable à une bête fauve, aurait vécu solitaire dans les bois. A son tour, toute famille fait partie d'une société supérieure, peuplade, tribu ou nation, sous la protection de laquelle elle développe ses germes spontanés ; jamais, si ce n'est par accident, on n'a vu de famille isolée. C'est cette dépendance que de Maistre exprimait, lorsque, à propos de la *Déclaration des Droits de l'Homme*, il écrivait :

« L'homme isolé est une entité. Il n'y a point d'homme dans
« le monde. J'ai vu des Français, des Italiens, des Russes, etc. ;
« je sais même, depuis Montesquieu, qu'on peut être Persan ;
« mais quant à l'homme, je déclare ne l'avoir rencontré de ma
« vie ; s'il existe, c'est bien à mon insu. »

Enfin, les diverses patries, malgré leurs luttes primitives,
ou mieux, en raison même de ces luttes, s'agglomèrent, éta-
blissent entre elles des rapports déterminés qui les transforment en membres d'un commun organisme. Les *Voyages*
de Cook, comme les relations des découvertes faites par
les grands navigateurs, ses prédécesseurs, les Gama, les
Colomb, les Magellan et les Tasman, nous ont toujours
montré, dans les continents qu'ils ont explorés, l'homme
vivant en société.

Avec l'essor de la civilisation, l'homme est de plus en
plus saisi par la collectivité. Dans le temps, tout est lié :
chaque génération naît de la précédente, et l'impulsion
que chaque siècle a reçue de celui qui l'a précédé est fatalement transmise au suivant. L'homme dépend de plus en
plus de cet héritage, directement ou indirectement. Chacun de nous, par sa famille et sa patrie, remonte jusqu'aux
premiers âges du genre humain, par une suite ininter-
rompue d'ancêtres de toutes familles et de toutes nations,
qui ont nécessairement influé sur notre état actuel. Mais,
de plus en plus, il se lie à la population planétaire toute
entière ; cela est vrai de l'élite de l'humanité et le sera
graduellement pour les divers groupes orientaux. Dès que
l'un de ceux-ci s'agrège au concert occidental, il y apporte,
comme éléments, l'action de ses propres ancêtres, qui
deviennent désormais les nôtres ; et, en retour, ils adop-
tent ceux qui nous étaient particuliers. C'est ainsi que
s'accroissent, spontanément et sans plan préconçu, les
deux sources de notre puissance, la solidarité et la continuité, de façon à tendre vers l'unité finale. Ainsi nul ne
naît seul, et chacun est concitoyen de tous les âges et de

tous les peuples qui ont concouru à le former, et qui font de l'homme, selon l'expression de Leibnitz, un composé de temps et d'éternité : vie, savoir, puissance, tout nous est transmis par la société. L'être qui pourrait se suffire à lui-même, sans le secours de ses semblables, ne serait, suivant l'énergique expression d'Aristote, qu'une bête ou un Dieu. Il est donc impossible d'établir des règles de conduite en faisant abstraction de ces organismes, sans lesquels l'homme ne peut ni être conçu, ni vivre, ni se développer. Nécessairement, chaque individu fait partie d'une famille, chaque famille d'une patrie, chaque patrie d'une collectivité plus complexe. Prétendre fonder une morale positive sans ces êtres collectifs, serait vouloir bâtir sur le sable : *Nous vivons par autrui.*

Nous sommes donc dominés par une collectivité de plus en plus continue et étendue ; il nous faut préciser et déterminer l'élément prépondérant auquel nous devons tout subordonner. Dans cette liaison universelle, la poussée des générations, ou *continuité,* l'emporte nécessairement, et de plus en plus, sur la coopération des contemporains, ou solidarité proprement dite. Ce qui, en effet, distingue le genre humain des espèces animales, et constitue la source de sa supériorité, c'est qu'il a des ancêtres, qui en raison de leur nombre toujours croissant, lui fournissent à la fois l'impulsion et la règle. Leur action s'étend même à nos animaux domestiques, lesquels d'ailleurs participent volontairement à l'œuvre collective ; si le chien de chasse, par exemple, parvient à se dominer c'est par l'intervention humaine, et, ce qu'il est devenu, on le doit à l'influence de la continuité sociale. C'est par la protection de ses ancêtres que l'homme a pu sortir de l'animalité et, se dégageant de vaines terreurs, prendre le gouvernement du monde terrestre et vital ; c'est par leur entremise que nous en subissons l'influence, car sans eux le temps et les forces de tout genre nous auraient manqué pour en tirer des prévisions et pour le modifier. Nous leur devons les éléments et les procédés de toutes nos opérations ; soit que nous poursuivions leurs entreprises, comme ils avaient continué celles de leurs prédécesseurs, soit que nous en entreprenions de nouvelles, c'est toujours en nous conformant aux lois, artificielles ou naturelles, qui leur sont dues que nous agissons, et par elles ils nous protègent contre nous-mêmes. Ceux qui ne croient pas les subir, ignorent les origines de leurs pensées et de leurs affections ; ils ne savent pas de qui ils sont fils, voilà tout. Quoique nos pères nous soient inconnus à nous-mêmes pour la plupart, nous savons que nous n'existons que par eux ; et c'est le sentiment et la notion de leur concours réel qui nous poussent à une active sympathie universelle. Auguste Comte n'a donc fait qu'exprimer, sans exagération aucune, une situation créée fatalement, et subie jusqu'à lui avec tous les inconvénients de l'ignorance, quand il a formulé cette loi fondamentale : *Les Vivants sont toujours, et de plus en plus, gouvernés par les Morts.* Cette loi de l'ordre humain, qui ruine par la base la doctrine démocratique, ne paraît étrange aux esprits révolutionnés, que parce qu'il est difficile, et à eux plus qu'à tous les autres, d'observer ce qui se passe continuellement autour de soi, à commencer par sa propre famille.

Il importe, pour compléter autant que possible ces indications, de rappeler comment les morts gouvernent les vivants, de façon à en devenir à la fois les modèles et les protecteurs. Dans l'existence de nos ancêtres, il y a deux parts à faire, l'une efficace et permanente, l'autre perturbatrice et finalement anéantie. L'activité de nos pères a cessé, leur corps a disparu, mais durant leur vie ils ont produit un certain nombre de résultats, matériels, intellectuels et moraux. Tous cependant ne subsistent pas, et finalement il ne reste que le bien qu'ils ont accompli ; le fleuve de l'oubli emporte le reste. La part inassimilable de leur activité n'a ni suspendu ni altéré l'ordre humain, dans sa nature, son arrangement ou la succession de ses progrès; elle n'a pu que retarder ou affaiblir la marche commune. Dans tout conflit provoqué par les fautes ou les crimes, le mal est d'abord prépondérant, quoique de moins en moins, quelle que soit la puissance de la continuité humaine; mais comme ces perturbations individuelles sont momentanées, et non indéfiniment renouvelables, elles s'affaiblissent continuellement, et la continuité finit par prévaloir : semblables en cela à la force d'impulsion des corps quelconques, constamment atténuée et finalement surmontée. Les siècles épurent donc graduellement l'héritage du genre humain. Cet héritage ne se compose, en dernière analyse, que des âmes, puisque les résultats matériels étant périssables de leur nature doivent être renouvelés. Il n'y a donc que les produits de l'intelligence et du sentiment qui puissent se combiner, dans le cerveau des vivants, avec les résultats dus à son activité propre. Cette combinaison spontanée est, dans la plupart des cas, inextricable, en sorte qu'en général, dans chacun de leurs desseins, les vivants ne pourraient en rapporter les éléments à leurs multiples auteurs. Les âmes de ceux-ci s'identifient avec le cerveau qui conserve, transmet et même développe les résultats, intellectuels et moraux, qui leur sont dus ; et, comme ces résultats sont fixes et constants, elles finissent, comme toutes les forces continues, par devenir prépondérantes, quelle que soit l'intensité de la réaction du cerveau assimilateur. Par la nature subjective de leur action, ces âmes peuvent agir sur tous uniformément, se partager et s'étendre sans rien perdre de leur puissance. L'universalité de l'adoption de la loi de la chute des corps, due à Galilée, n'en a en rien altéré la valeur. Ce qui constitue la base du concours en forme donc la garantie perpétuelle. Ainsi l'action dominatrice de nos pères n'a rien de cet arbitraire divin, qui impose des *volontés,* et dispense, quand et où il lui plaît, les facultés morales ou intellectuelles. Ici la personnalité a disparu, et comme il n'y a plus d'organes, il n'y a plus de facultés ni de volontés, mais des *lois.* Par cette distinction capitale entre la réalité absolue, et celle dont l'utilité est insépa- rable et qui est la seule durable, Auguste Comte a déter- miné la véritable puissance suprême, celle qui relie les divers éléments humains, alimente, règle et consacre leurs affections, leurs pensées et leurs actions, L'HUMANITÉ.

Toutes ses propriétés sont maintenant connues. Le véritable Grand-Être offre donc une situation identique à la nôtre, une nature semblable et seulement plus déve- loppée; il a goûté nos affections, éprouvé nos douleurs, partagé nos espérances, et fait, comme nous, un effort constant pour améliorer graduellement une situation misérable et une nature grossière. C'est le sentiment de cette réalité, non encore dévoilée, qui, pour représenter par approximation l'Humanité, inspira à nos pères la créa- tion des dieux, puis la fiction de l'Homme-Dieu, et enfin l'utopie la plus rapprochée de la conception réelle, dont elle annonçait l'avènement prochain et qui remplaça Jésus dans tous les cœurs chevaleresques, celle de la Vierge- Mère. L'Humanité attend parfois des siècles la réponse que le temps apporte toujours aux problèmes démon- trables. Elle ne pouvait être aperçue qu'après avoir, par l'entremise de la République Occidentale, pris possession de la Terre et atteint l'âge adulte. Alors, Auguste Comte put découvrir les lois qui la caractérisent le mieux, celles du Progrès, et établir l'universalité des lois de l'Ordre; lois également immuables dans l'arrangement des phé- nomènes, dont l'intensité est seule modifiable. Les institu- tions fondamentales, propriété, famille, langage, gouver- nement, coexistent partout; elles n'ont éprouvé de varia- tions que dans la manière de les concevoir, d'abord fictive, abstraite, puis positive; de les consolider, d'abord militaire, conquérante puis défensive, et enfin industrielle; de les consacrer, d'abord au nom de l'égoïsme, domestique puis national, et enfin au nom de l'amour universel. Ces lois permettent de déterminer l'avenir, et cette prévision, qui était l'attribut caractéristique des dieux, n'appartient qu'à l'Humanité. Elle ne les a pas créées par caprice : elle les respectait et les appliquait longtemps avant de les formuler, et ce qui s'accomplit sous nos yeux les confirme toujours, bien que la volonté de nos ancêtres ne soit plus pour y introduire des modifications. L'Humanité est subordonnée à l'ordre astronomique, physique et vital, base nécessaire de notre activité, et, en en formulant les lois, elle a donné avant nous l'exemple de la première des soumissions. Elle remplit la condition de tout pouvoir, puisque son existence est indépendante de ceux qui la subissent, et qui en sont les instruments directs. Quoique dérivée de nos semblables, nous ne pouvons nous soustraire à cette puissance, pas plus qu'à celle du double mouvement planétaire, et encore moins maîtriser son action. Elle rend compte de ce fait incontestable, la domination du passé ; il lui suffit, pour en remplir simultanément toutes les conditions successives, d'en éliminer des formes passagères, qui les rendaient en apparence incompatibles et contradictoires. Elle embrasse les générations futures, puisque les générations passées ont été l'avenir avant d'être incorporées à l'Humanité ; cette extension réelle satisfait en même temps au besoin propre à tout homme de prolonger son existence en la liant, par l'entremise de ses successeurs, à des destinées impérissables. Quant aux contemporains, comme ils seront un jour des ancêtres, et que, par conséquent, dans une certaine mesure, l'avenir dépend de leur digne activité modificatrice, ils sont aussi appelés à faire partie de l'Humanité : ils y trouvent à la fois un but élevé et un type de perfectionnement. Mais dans le passé, dans le présent et dans l'avenir, il n'y a de vie réellement durable que celle qui a été conforme à l'utilité générale. Les familles, les patries offrent la même nature et composition, actuelle et successive, et toutes dans leur ascension ont tendu à former cette Humanité à laquelle elles s'incorporent finalement. L'Humanité représente donc l'ensemble des êtres qui librement ont concouru, concourent et concourront au bien commun *(res publica)*. Nos contemporains et nos neveux n'y étant incorporés qu'en espérance, les Morts la représentent donc seuls actuellement. C'est à l'Humanité que convient surtout l'aphorisme qu'Hippocrate appliquait au corps humain : en elle, *tout conspire, tout consent, tout concourt*. Sous tous les rapports, comme l'écrivait Auguste Comte, en 1842 : « l'homme proprement dit n'est au fond » qu'une pure abstraction : il n'y a de réel que l'HUMA-» NITÉ. » (Conclusions générales du *Système de Philosophie positive.)* Nous devons désormais considérer les individus, les familles et les peuples, non comme des êtres séparés, mais comme des membres divers d'un seul Grand-Être, en tant qu'ils concourent, dans le temps et dans l'espace, à le préparer et à le servir.

Ériger l'Humanité en principe et fin de toute existence est la conséquence directe et nécessaire de notre nature sociale. Une digne soumission est la condition de notre salut et de notre bonheur : *l'homme s'agite et l'Humanité le mène !* Nulle puissance particulière ne prévaudra contre la sienne ; elle est défendue contre toutes les attaques : par sa masse, qui s'étend à tous les âges et à tous les lieux ; par sa cohésion, qui fait dépendre les parties quelconques de l'ensemble, lequel, spontanément, comprime et annule toutes les divergences, assure et perpétue tous les concours. On se soumettra d'autant mieux au tutélaire empire de l'Humanité qu'on l'aimera davantage, et on l'aimera d'autant plus qu'on appréciera mieux les bienfaits qu'elle nous déverse libéralement avant que nous

ayons pu les demander ou les mériter. Du moment qu'il y
a transmission de sentiments et d'opinions, il y a subordination de la part de l'obligé. Rousseau exprimait les
sentiments des révoltés quand il disait : « Je hais les bien-
» faiteurs; » et en effet l'esprit révolutionnaire tend à placer
l'homme hors la loi de l'Humanité. Puisque les morts
gouvernent directement les pensées et les affections des
vivants, l'autorité aura un éternel empire ; ceux qui parlent en son nom, la Famille, l'Eglise, la Patrie, n'ont
d'autre but légitime que de faire aimer, connaître et servir
l'Humanité. Par la mère et le maître, qui ont formé l'esprit
et le cœur, l'homme subit passivement d'abord ce joug du
passé; il n'est *citoyen* que le jour où l'acceptant librement
il travaille à son tour pour les autres, comme les autres
avaient jusque-là peiné pour lui. Le culte, le dogme, le
régime de l'Humanité, voilà où notre cœur doit chercher
des inspirations, notre esprit des lumières, notre activité
un but. Les formes antérieures sous lesquelles la morale
avait été conçue n'ont eu de valeur que par le degré d'Humanité qu'il y avait en elles : *Sans l'Humanité,* et sans la
Famille et la Patrie qui la préparent nécessairement, *il
n'y a pas de morale !* Depuis que l'Occident a mieux pressenti cette suprême existence, il s'est pris d'un profond
attachement : pour les lois abstraites, concrétisées dans
l'Espace, qui ont dirigé l'émancipation de l'Humanité;
pour la Terre, qui a été l'objet de ses prodigieuses conquêtes, le théâtre de sa grandeur morale, et qui sera le
siége éternel de son empire. La sociabilité, d'abord domestique, puis civique, a pu enfin revêtir son caractère universel, en s'étendant à toutes les populations, passées,
futures et présentes. Dès lors, la civilisation occidentale,
la plus rapprochée de l'Humanité, a, par les merveilleux
témoignages de sa sociabilité, posé les bases du véritable
ordre politique ; elle a pu entreprendre de réunir, par une
même foi démontrable, sans violence ni vain prestige,

tous les hommes de bonne volonté, dans un même amour et une commune destinée. Auguste Comte, le premier, a eu la notion positive de cette unité, pressentie et cherchée par tout ce que notre espèce a compté d'âmes généreuses, énergiques et éclairées. Cette suprême providence, dont les Aristote, les saint Thomas d'Aquin, les Descartes, les Leibnitz, les Diderot, les Hume, les Condorcet, ont graduellement préparé la conception et dont ils sont désormais inséparables, est la créatrice de la morale universelle. C'est au nom de l'Humanité que seront désormais consacrées ses règles quelconques ; et c'est sous sa direction que l'opinion publique est appelée à donner sa sanction aux applications des principes qu'Elle a formulés.

CHAPITRE CINQUIÈME.

DE LA CONCEPTION POSITIVE DU DEVOIR.

Le devoir est une fonction accomplie par un organe libre. Tout concours à une œuvre commune suppose des inégalités sociales, spontanées ou acquises, remplissant des fonctions distinctes. Le devoir est la formulation systématique de cette situation nécessaire; et les classes quelconques y sont assujetties. L'harmonie entre les fonctions et les organes n'étant pas absolue, il faut contenir les divergences par les sacrifices de la personnalité, dont le degré est déterminé par la raison abstraite. La foi est donc une condition nécessaire à l'accomplissement du devoir. Celui-ci est relatif à l'élévation personnelle et sociale de l'individu et au degré de civilisation. En fait, le devoir est la soumission à l'Humanité.

Vivant par autrui, aspirant à revivre en autrui, tout homme trouve sa destinée fixée sans arbitraire. De la situation qui lui est faite, entre le passé et l'avenir, résulte nécessairement le devoir universel de donner à son activité totale une destination sociale. La détermination des devoirs suppose résolu le problème de l'unité humaine; la notion directe de l'Humanité y a satisfait pour la collectivité, nous allons voir comment la découverte de Gall a permis de la compléter par l'unité morale de chacun de ses agents. Avant Auguste Comte, la conception positive du devoir était restée à peine entrevue à travers le vague insurmontable de la métaphysique. Partant de l'idée synthétique qu'y avait toujours attachée le bon sens populaire, il a pu en analyser les divers éléments et en consolider la notion. Il a défini le DEVOIR : *une fonction accomplie par un organe libre*, toute fonction consistant dans le concours à l'existence d'un être collectif. Le sentiment du devoir est donc profondément lié à l'esprit d'ensemble.

Établissons d'abord en quoi consiste ce concours des vivants. Les morts les gouvernent, mais la direction générale qu'ils leur impriment, au nom de l'Humanité, est aveugle : pour constituer un concours efficace, il ne suffit pas d'une impulsion, d'une règle, d'un but ; quoique assujettie à des lois invariables, leur direction est trop peu précise et trop peu fixe pour permettre une action directe dans chaque cas particulier. Pour agir, il faut que des volontés viennent compléter les lois sociales : les morts n'agissent que par les vivants. Il n'y a donc pas de concours sans la participation des générations écoulées et des contemporains (les générations futures interviennent comme destination) ; et ce concours est, selon les cas, plus ou moins étendu dans l'espace et dans le temps. Mais cela ne suffit pas ; un concours est stérile sinon perturbateur toutes les fois que, dans chaque opération distincte, il ne se résume pas dans une individualité prépondérante : ce n'est que dans ce cas qu'il y a force sociale. Toute activité collective qui n'y aboutit pas ou qui n'en résulte pas, selon qu'elle est spontanée ou systématique, représente une agglomération, une cohue, et non pas une puissance. L'inégalité, spontanée ou acquise, est donc une condition nécessaire de tout concours ; ce n'est pas une inégalité de nature : l'activité est commune à tous, elle est seulement plus intense et plus directe chez l'un des participants, qui devient alors l'instrument, l'organe de la fonction. Les inégalités entre les éléments sociaux sont inévitables ; l'hérédité les produit, l'exercice les développe, la civilisation les augmente de plus en plus, et partout les éléments prépondérants tendent à devenir dirigeants. L'inégalité est non moins indispensable ; sans elle, chacun pourrait se passer de tous, or cela n'est vrai ni d'un individu, ni d'une famille, ni même d'un peuple. Nous avons tous besoin les uns des autres et de plus en plus, vu la division croissante des fonctions industrielles, relatives au vêtement, au logement et à l'alimentation. Que cherchons-nous en autrui, sinon ce qui nous manque ? Sans cette nécessité, comment la société, co-éternelle avec l'homme, se serait-elle étendue et développée ?

Nul ne pouvant faire à la fois tout le bien ni pourvoir à tous les travaux, car ce qu'on gagne d'un côté on le perd de l'autre et il n'y a que l'Humanité qui embrasse tout, il importe au bon emploi de sa supériorité que chacun remplisse l'office qui lui est propre. Ce sont ces inégalités réelles, et non une égalité chimérique, qui créent les liens de plus en plus resserrés de solidarité et de continuité, qui donnent essor à l'attachement pour nos concitoyens, au respect pour nos ancêtres, et à la bienveillance universelle pour nos successeurs et les peuples retardés, ainsi que pour les races animales associées à notre œuvre. Pour établir une égalité incompatible avec la liberté et la fraternité, il faudrait comprimer les inégalités, c'est-à-dire recourir à la violence et exciter les haines ; or cette œuvre serait à la fois contradictoire et passagère. L'envieux qui proteste contre les inégalités ne songe pas que son égoïsme appelle l'orgueil de celui qui le méprise parce qu'il n'est pas son égal en richesses. L'amour universel peut seul tourner en source d'harmonie et de bonheur ces inégalités créées par l'Humanité pour son service, et qui ne deviennent une source de désordres que lorsque nous ne savons pas en faciliter et en régler l'emploi ; n'oublions pas que l'homme qui est capable des plus grands crimes l'est aussi des plus grandes vertus. Celui qui sait apprécier tout ce qu'il doit à la société, et tout ce qui lui manquerait sans le dévouement des forts, riches ou philosophes, n'en chérit que mieux l'ordre qui le domine. « L'amour seul rend » léger ce qui est pesant, et supporte avec égalité les iné- » galités de la vie ! » Cette maxime de l'auteur de l'*Imi-*

tation de J.-Ch. *, le plus beau livre qui soit sorti de la main des hommes, disait Fontenelle, qui s'y entendait, caractérise le principe essentiel de tout concours, de toute force, de toute société.

Évidemment, il n'y a d'ordre que lorsqu'il existe une action générale due à la combinaison d'éléments inégaux sous la direction d'une inégalité prépondérante; l'ordre est d'autant plus stable que les différences sont plus prononcées et leur harmonie plus intime. En dernière analyse, il n'y a pas de fonction qui ne soit essentiellement réductible, comme organe, à un individu, et, comme destination, à l'Humanité. Quand on envisage une fonction, il faut donc toujours tenir compte de deux choses. D'abord, toute activité n'en est pas nécessairement une; ainsi le parasite qui consomme ne remplit pas plus une fonction que la grêle ou l'inondation, puisqu'il y a dans les deux cas perturbation, destruction, sans production d'utilité; il faut donc que les actes convergent, plus ou moins bien selon la nature et la situation de l'agent, vers l'ensemble du système humain. On doit en outre considérer les fonctions quelconques comme les éléments partiels, multiples et inséparables d'une fonction générale, et dont les agents sont les instruments particuliers. Si nous les distinguons, ce n'est que pour mieux en apercevoir les rapports, mais il faut avoir le sentiment profond de l'indivisibilité de leur ensemble, qui est la vie de l'Humanité. Les inégalités ne pouvant résulter que d'un développement plus ou moins prononcé des trois éléments de toute force (sentiments, raison, énergie), une fonction ne diffère essentiellement des autres que par leur variation d'intensité. Les fonctions sont donc réductibles à deux classes distinctes de relations, spirituelles et temporelles. Les premières sont uniformes, en ce sens que tous leurs organes doivent satisfaire aux mêmes conditions; mais les secondes seules exigent une multiplicité de fonctions (puisque nul ne peut tout faire) réductibles à trois classes : agriculture, fabrication, commerce. Les fonctions spirituelles comprennent des attributions morales, qui incombent à la femme, et philosophiques, qui relèvent du sacerdoce. De même les fonctions temporelles comportent une division entre les directeurs et les agents directs des opérations matérielles. Ceux-ci, pas plus que les femmes, ne constituent une classe proprement dite, vu la communauté de leurs aspirations ; les prolétaires composent le corps social, d'où surgissent les inégalités, de forces et de lumières, qui constituent essentiellement les deux pouvoirs généraux de toute société. Toute activité étant ramenée à l'ensemble, chacun de ces éléments doit se considérer comme associé à une œuvre commune à laquelle il coopère par une fonction distincte, dans la mesure de ses forces morales, physiques et matérielles.

Remplir sa fonction spéciale, les devoirs de son état, devient donc la conséquence nécessaire des inégalités sociales. Toute participation à la vie collective est donc, par le fait même de son existence, assujettie à un ensemble de conditions dérivant de la fonction et qui lient l'agent et la société pour laquelle il travaille. Sous quelque aspect qu'on envisage ces relations mutuelles, spontanément résultées de la fonction, c'est d'elles que dérivent nécessairement les devoirs positifs correspondants ; ce qui élimine toute interprétation arbitraire, dont la source est toujours personnelle. Dès lors, le devoir est simplement l'expression systématique d'une situation nécessaire. Les classes quelconques sont uniformément assujetties à des devoirs déterminés ; la société serait contradictoire et tendrait à sa dissolution, s'il n'en était pas ainsi, car elle posséderait des organes sans fonctions. Des individus troublent-ils la société, comme les anciennes classes dirigeantes quand elles cessent de remplir leurs fonctions ou comme les parasites, qu'Horace * appelait des producteurs de fumier, la société tend spontanément à les transformer ou, si elles en sont incapables, à les éliminer, c'est-à-dire à les subordonner, en somme à les ramener à l'activité commune. La société ne serait pas moins contradictoire si on y supposait des fonctions sans organes ; que sont les parias ? des individus qui remplissent des fonctions sociales sans être regardés comme membres de cet être collectif qu'ils servent ; la civilisation tend à les faire reconnaître comme des agents au même titre que les autres, c'est-à-dire à les incorporer à la société. Puisque l'ordre résulte du concours, le désordre vient toujours, en dernière analyse, des fainéants. Dans toute société régulière et à l'état normal, il n'y a que des citoyens, c'est-à-dire des fonctionnaires remplissant chacun un office spécial, moral ou matériel, librement accepté ou choisi.

Arrivera-t-on à établir dans chaque cas l'harmonie entre la fonction et l'organe ? Il est évident que la perfection sociale serait atteinte, si chaque organe, individu, famille ou peuple, pouvait exclusivement se livrer au genre précis d'activité auquel il est le plus propre, en vertu d'heureuses dispositions spontanées, développées par l'éducation et facilitées par les circonstances. Malheureusement, quelque désirable que soit cette harmonie, elle ne sera jamais complète ; il y aura toujours des imperfections et de graves lacunes. Il ne faut pas croire qu'on puisse partout rectifier ou compléter l'ordre existant, soit en déplaçant les organes, soit en créant des fonctions nouvelles. Ces changements comportent à leur tour des abus propres ; il faut surtout, sous ce rapport, se garantir de l'illusion révolutionnaire qui considère tout changement comme étant nécessairement un progrès. Les fonctions n'étant plus réparties par la seule hérédité, mais conjointement avec un concours complexe de conditions, parmi lesquelles le mérite n'intervient ni exclusivement ni principalement, il devient de plus en plus difficile de déterminer toutes les raisons du choix et surtout de vérifier tous les titres. Les fonctions les plus importantes consisteraient en examens, et les premiers fonctionnaires seraient les répartiteurs. Comme il y a, dans la destinée de tous, des influences fortuites auxquelles il est impossible de pourvoir, parce que nul ne peut les prévoir, et qui viennent modifier les situations, la répartition serait toujours incomplète, toujours à refaire. Quant à *créer* de nouvelles fonctions dans une société où tout se tient, sans savoir au juste ce que produira sur l'ensemble la modification introduite, sans connaître les liaisons essentielles de ce nouvel élément avec le tout, c'est là une œuvre grave : il ne faut porter la main qu'avec crainte et respect sur l'édifice social. D'ailleurs, on ne crée pas de fonctions, on développe ou comprime celles qui existent, et elles ont toutes des inconvénients. Il y aura donc toujours des imperfections immenses et des abus inévitables. Cela tient à la situation terrestre de l'Humanité, à la nature de ses éléments, sujets à la maladie et chez lesquels l'altruisme ne peut toujours prévaloir, ni l'esprit tout prévoir, et dont l'activité ne saurait pourvoir à tout.

Toutefois, si la grandeur de l'homme consiste à se résigner à ce qu'il ne peut empêcher, elle éclate bien davantage dans ses efforts pour tirer le meilleur parti d'une situation fatale. Afin de consolider l'harmonie sociale, il réagit de préférence sur les conditions modifiables, c'est-à-dire sur les qualités personnelles qui, plus que la situation, dépendent de lui. Voilà pourquoi il fait surtout porter son activité régulatrice sur l'*emploi* des forces quelconques, beaucoup plus que sur l'*origine* des organes, qui échappent, en général, à son pouvoir, surtout dans les cas les plus importants, par exemple pour la formation d'un millionnaire, d'un homme d'Etat, d'un philosophe ; d'ailleurs, leur origine ne dispense jamais de régler l'usage qu'ils font de leur puissance, qu'ils la doivent à l'hérédité, à l'élection, au travail ou à la fortune. Les fonctions sociales quelconques sont des charges, elles exigent que chaque individu fasse effort pour concourir au maintien de l'ordre matériel et moral. Les inégalités de développement, la séparation des opérations, l'imperfection de l'harmonie entre les fonctions et leurs organes respectifs, déterminent des habitudes, des préjugés, des sentiments, qui sont la source de grandes dissidences. L'activité propre à chacun des éléments sociaux tend continuellement, en vertu de leur spontanéité, à les faire indéfiniment diverger, et, par conséquent, à arrêter tout développement et même à dissoudre toute société. Ces tendances personnelles, quoique à peu près d'égale force chez l'ensemble des individus, sont toujours plus ou moins opposées, tandis que la division des fonctions sociales et l'aptitude à les remplir comportent une infinie variété. Mais, comme dans la plupart des offices sociaux les hommes nécessairement utiles, ne sont pas individuellement d'une indispensabilité absolue, l'exercice, qui est la condition fondamentale de tout art, compense l'inaptitude première ; en même temps l'éducation les y prépare en cultivant leurs facultés morales et mentales. L'éducation et la pratique concourent donc à maintenir l'ordre matériel, qui suppose toujours deux choses : un sentiment qui dispose à s'y soumettre, une raison qui éclaire sur la nature et les conditions de cette soumission. Il faut aussi une volonté efficace, sans quoi l'inclination et les lumières demeureraient insuffisantes ; mais comme par lui-même le caractère se met indifféremment au service du bien et du mal, c'est dans le sentiment et dans la raison qu'il faut voir les bases de l'unité personnelle, les conditions de l'accomplissement du devoir.

Il n'y a pas de société vivante sans sacrifices, car on ne peut concourir à l'existence collective, s'agit-il des actes les plus simples, sans comprimer à un certain degré la personnalité. Nous avons des désirs sans bornes que notre peu de ressources ne satisfera jamais, quelles que soient nos améliorations : on n'agrandira pas la Terre, on n'ajoutera pas des organes à notre cerveau. Toujours l'activité humaine rencontrera des obstacles, toujours le dévouement sera nécessaire ; la médiocrité relative est le lot du genre humain, et les riches de cœur, d'intelligence et de force ne manqueront jamais d'objet de dévouement. Quelque important qu'il soit pour le bonheur de savoir se résigner, se soumettre à ce qu'on ne peut empêcher n'exige pas une grande vertu. Mais l'homme s'élève lorsqu'il s'assujettit à une obligation volontaire, comme par exemple arriver à l'heure : il doit alors, pour l'utilité commune, régler l'emploi de son temps, c'est-à-dire s'imposer une série de précautions et de sacrifices. Les populations primitives n'arrivent jamais à l'heure, elles n'en ont pas la notion. Cette régularisation de l'activité est un de ces grands progrès de la vie moderne, qu'il faut étendre de la vie industrielle à l'existence mentale et morale. Il est des circonstances où, pour le service d'un être collectif, il faut accepter de mourir, ce qui est une bien autre affaire ; cependant la civilisation militaire a obtenu cette abnégation d'un être craintif, essentiellement préoccupé de sa conservation, à laquelle il est naturellement porté à tout immoler ; et en 1870, comme en 1792, les Français sont morts pour la Patrie, au cri de : Vive la République! L'existence industrielle offre d'admirables exemples d'un pareil dévouement : c'est cet esprit de sacrifice qui inspire les mécaniciens de chemin de fer quand, pour sauver un convoi, ils s'exposent à un péril certain, dont la sublimité égale les plus héroïques dévouements militaires. L'amour est donc la première condition pour faire un devoir : il est gratuit, il donne avant d'avoir reçu et même sans jamais recevoir. Il est la source de toute unité : nous sommes menés nécessairement ; c'est l'égoïsme qui règne à défaut de l'altruisme ; or, comme il n'y a que l'essor de celui-ci qui ne comprime aucune activité, il est utile au bien commun que celui-là lui cède en tout. Il n'y a pas de devoir sans un effort sur soi en faveur des autres : on n'aime que comme cela, et l'on ne se fait aimer que par là.

On ne peut cependant réduire le devoir, comme l'avait prétendu Kant avec son impératif catégorique, à une simple impulsion sentimentale s'imposant au reste du cerveau ; car on pourrait aussi bien se méprendre sur sa véritable nature et la confondre avec une excitation égoïste, que la tourner vers sa propre destination, comme le ferait un amour de la famille qui serait exclusif de tout autre. Le sacrifice ne suffit pas pour faire un devoir ; il faut que l'altruisme s'élève et tienne compte de la connaissance positive des conditions qui rendent le dévouement socialement efficace. L'altruisme ne triomphe qu'appuyé des lumières de la raison abstraite, qui seule peut déterminer sans arbitraire les êtres pour lesquels il doit se manifester et le degré de subordination auquel l'égoïsme doit satisfaire. Il n'y a pas de devoir sans le sentiment de l'harmonie à laquelle sa propre fonction concourt dans l'espace et dans le temps, sans la connaissance suffisamment familière des relations normales qui existent entre sa fonction et toutes les autres. C'est donc une obligation morale universelle, de s'inspirer de l'ensemble des connaissances acquises de son temps. Mais la raison doit compléter l'amour et non le dominer, sans quoi l'on voit les misères et les désordres, et l'on y reste insensible ; les géomètres et les biologistes, quoique dégagés du surnaturel, n'ont pas pourvu à l'enseignement populaire qui pouvait prévenir des révolutions, et consolider la société, qui leur crée des loisirs pour un meilleur usage. Ils savent et ne croient point, ce sont encore des enfants du doute : une doctrine qui ne touche pas le cœur et qui n'aboutit pas à une action sociale est incomplète !

Nous pourrons, grâce à la profonde réalité du positivisme, et sans craindre les dangers propres au mysticisme théologique, utiliser une précieuse disposition de notre nature, en raison de ses immenses avantages intellectuels et moraux. L'homme tend, toutes les fois qu'il est sous l'empire d'un sentiment profond, à personnifier les choses inanimées comme le sol natal, ou abstraites comme la raison. En y cédant, nous arrivons à transformer la notion et le sentiment du devoir en une chose réelle, qui nous dirige, que nous aimons, et pour laquelle nous allons jusqu'à donner notre vie. Le but de l'éducation positive sera de faire passer la notion scientifique du devoir à l'état de sentiment, ou de penchant à conformer sa conduite aux nécessités des existences collectives, selon les voies formulées par la science de l'Humanité.

Fonder l'unité personnelle sur l'amour et l'unité sociale sur la foi, voilà tout le problème humain. Il faut que cette foi soit commune à tous, et nous avons vu que l'universalité est une des propriétés nécessaires de la foi positive. La *confiance* est, par conséquent, une condition essentielle de toute existence sociale. Pourquoi, en effet, dans toute société régulière, les hommes de devoir ont-ils toujours été des hommes de foi? pourquoi en tout temps leur a-t-on donné la préférence sur les hommes de raison? C'est que la foi qui est la raison touchée par l'amour a un avantage capital pour la pratique. La raison argumente longtemps avant de céder; cette allure prudente, chèrement acquise par l'expérience, est nécessaire, mais il suffit que quelques-uns l'aient pour tous; cela d'ailleurs est inévitable, puisque les démonstrations ne seront jamais que le partage d'un petit nombre. Celui qui aime, peut croire sans grand effort, il est persuadé aisément; la foi est agissante, parce qu'elle unit les ardeurs du cœur aux lumières de la raison, qui isolée balance, tandis que la foi passe et applique. La lutte contre le catholicisme a pu faire croire à une incompatibilité entre la raison abstraite et la foi; mais avec la foi positive, il n'y a plus entre elles de différence de nature, les lois sont les mêmes, la foi devient la raison plus quelque chose, elles ont un terrain commun.

Il n'y a plus contradiction mais harmonie entre la raison et la foi. Est-ce que l'amour d'une mère éclairé par l'esprit positif ne fait pas un homme de raison de l'enfant qu'elle a soumis, pénétré, persuadé sans faire intervenir de démonstrations? A-t-il jamais existé un individu vraiment grand que la raison n'ait point fait homme de foi? et n'est-ce pas ce caractère particulier qui l'a créé directeur de ceux chez qui les mêmes notions étaient restées à l'état de raison pure. La République n'a pas été fondée par ceux qui disaient qu'elle serait le meilleur des gouvernements mais par ceux qui ont eu foi dans son opportunité! Le langage porte témoignage de cette supériorité : on plaint l'homme sans raison, on méprise l'homme sans foi; n'est-ce pas la suprême récompense d'une vie bien employée que d'être entouré de nobles âmes qui ont foi en vous, qui croient à votre parole sans preuves actuelles. L'efficacité des vérités démontrables est indépendante de la source des notions, qu'elles viennent par la foi ou par la démonstration; ce qu'il importe avant tout, c'est de se subordonner aux lois de l'Humanité par amour. Les résultats essentiels des principales découvertes ont échappé à leurs auteurs et à une foule de cerveaux qui d'abord les reçurent par seule raison démonstrative. Les Copernic, les Galilée, les Képler, auxquels nous devons l'établissement de la doctrine du double mouvement terrestre, croyaient en Dieu, aussi bien que Gall, à qui revient la démonstration des penchants bienveillants. Ils n'ont pas vu qu'elles étaient l'effet décisif du triomphe de l'Humanité sur l'absolu, et l'élimination de Dieu du monde et de l'homme, ce que conçoivent

très bien aujourd'hui la plupart des esprits actifs qui ont
reçu ces deux conceptions par persuasion, par foi toute
pure. La foi positive ne le cède donc pas nécessairement
à la raison abstraite : elle s'appuie toujours sur elle, mais
elle peut, grâce à de nouvelles acquisitions, devenir plus
clairvoyante que ne l'était, avant, la mentalité humaine,
même chez ses plus éminents interprètes.

De ce que la foi exige la participation des sentiments
bienveillants, il résulte qu'elle est une vertu : pour con-
sentir à adhérer à des vérités qu'il ne voit pas encore, il
faut que l'homme fasse un effort, un sacrifice pour l'utilité
commune, non de sa raison mais de ce qu'il y a de trop
personnel dans son exercice. Ceux qui prétendent n'obéir
qu'à leur raison, même en les supposant de bonne foi, ne
font le plus souvent que subir l'inspiration de l'égoïsme.
Ce sera éternellement un devoir, pour l'enfant d'avoir foi
en sa mère, pour tous les âges d'avoir foi en la parole
d'un homme d'honneur. Il n'est pas de professeur, fût-il
le plus raisonnant des raisonneurs, qui ne donnât la préférence à un enfant bien élevé, c'est-à-dire spontanément
disposé à accorder sa foi à tous ceux auxquels ses parents
le confient. C'est que pour bien apprendre, pour bien penser et pour bien agir, il faut y mettre de son cœur. Nous
n'avons tous commencé à exercer notre cerveau que par
ce moyen ; que nous le voulions ou non, nos notions quelconques reposent sur la foi que nous inspira notre mère.
C'est un malheur public, lorsqu'il faut que des générations
transforment les notions qui servent de base à la foi commune, car ce sont des générations sacrifiées pour le bonheur général. Mais encore, même dans cette situation,
l'amour rend-il plus sûrement raisonnable conformément
aux nouvelles lois mentales plus parfaites, que cette élévation rationnelle ne conduit au dévouement social. Il
n'est pas douteux que c'est l'amour de la République et
de l'Humanité qui entraînera les esprits généreux vers les

solutions positivistes, beaucoup plus que les démonstrations sur lesquelles elles reposent. Celui qui est désintéressé se trompe rarement sur ce qu'il doit, quand la vérité
lui est une fois connue. Tandis que le vulgaire des aca-
démiciens en était encore à savoir si le positivisme est
possible, une humble servante illettrée pratiquait cette
foi. Pour la religion de l'Humanité, le prolétaire qui vit
en se dévouant à ses entours est regardé comme supérieur, en raison et en moralité, au savant orgueilleux qui
ne se reconnaît pas de devoirs sociaux, et ne voit dans les
illettrés que des pauvres d'esprit.

En la concevant comme une dérivée de la notion de
l'Humanité, la notion du devoir devient aussi relative
qu'elle. Le devoir dépend à la fois de toutes les conditions
d'accomplissement de la fonction à remplir, c'est-à-dire de
notre nature et de notre situation. Fonction composée du
cerveau, la notion du devoir varie avec l'élévation de nos
sentiments qui l'inspirent, de notre intelligence qui
l'éclaire, et de notre caractère qui le réalise; elle varie
aussi avec la situation de l'individu dans la société, quelle
qu'elle soit. L'homme a d'autant plus de devoirs, qu'il est
plus *élevé*. L'admirable ambiguïté de la langue vulgaire
rappelle que le rôle de l'éducation est d'élever l'homme de
l'état animal, où il ne se reconnaît aucune obligation, à
l'état civique, caractérisé par l'acceptation volontaire et
l'accomplissement continu de ses devoirs. Plus l'homme
est élevé dans l'Etat, par le fait de la naissance, de la
richesse ou du mérite, plus ses devoirs sont nombreux;
l'Orient nous en offre un exemple caractéristique. La
théocratie hindoue fait du paria, c'est-à-dire de l'étranger
à la société, un être qui n'a point de devoirs; tandis
qu'elle soumet aux obligations les plus minutieuses le
brahme placé, par sa fonction, au sommet de la hiérarchie.
De même, plus la civilisation à laquelle appartient l'individu se rapproche de l'état normal, plus le nombre de

ses devoirs augmente. La notion du devoir est, en effet, relative au degré de civilisation, c'est-à-dire aux mutations qui caractérisent l'évolution de l'Humanité. Sans cela, la société aurait été contradictoire, puisque le concours aurait diminué au fur et à mesure que l'homme s'éloignait de son origine et qu'il recevait de la société plus d'excitants et de moyens pour user et abuser et, par conséquent, un plus grand compte à rendre. En fait, l'Humanité, qui inspire et formule les devoirs, les fait prévaloir par une influence, mentale, pratique et même physiologique : il y a des familles et des races plus ou moins morales. Ainsi, c'est non-seulement le nombre des devoirs qui augmente avec les générations, mais aussi la moralité spontanée, c'est-à-dire la disposition héréditaire à les accepter et l'aptitude cérébrale à les remplir.

Il faut donc envisager le devoir comme l'ensemble des relations ou lois qui relient l'homme à l'Humanité. Le devoir nous rend les débiteurs de tous, comme tous sont obligés envers nous. Il n'y pas de devoir sans échange mutuel, entre l'organe et l'être collectif, de services, de pensées et de bons sentiments. Que peut-il y avoir de commun entre Dieu, qui se proclame nécessaire, et des créatures qu'il déclare inutiles ; il n'a rien d'humain, il nous est étranger ! Sans morale, sans devoirs, il est seul ! c'est là le résultat de la toute puissance, la plus monstrueuse des conceptions qui ait pu surgir d'un cerveau humain. Par le devoir, les questions de l'esprit sont aussi des questions de cœur ; il éclaire et touche à la fois. Jamais homme ne fit le bien par raison pure, car le devoir suppose l'amour qui provoque ou complète la reconnaissance des relations réelles. En le mettant en rapports avec l'Humanité, le devoir dote l'homme de toutes les ressources de sa puissance, et c'est grâce à cet appui que l'altruisme peut contrôler les inspirations vicieuses et accomplir les sacrifices de personnalité que l'utilité commune exige. La

conscience qui est l'expression de la prépondérance habituelle d'instincts bons ou mauvais inspirant la raison, ne
doit être écoutée que lorsqu'elle se subordonne aux seuls
instincts altruistes, c'est-à-dire lorsqu'elle respecte l'ordre
humain. Le grand but de l'éducation est de cultiver la
raison et l'amour de façon à les faire concorder tous deux,
en rendant l'un le miroir de l'Humanité, l'autre l'écho de
sa voix ; plus ces deux éléments en deviennent les fidèles
interprètes, plus la conscience est élevée. Le devoir c'est
la digne soumission de l'Humanité.

CHAPITRE SIXIÈME.

DU CARACTÈRE SOCIAL DE LA MORALE POSITIVE.

L'indépendance étant sociale, dans ses conditions d'existence et dans ses conséquences, le droit n'est pas absolu, mais relatif au degré de soumission volontaire à l'ordre humain. Puisque un être quelconque n'a d'autre droit que celui de toujours faire son devoir, le problème de la liberté consiste à en rendre l'accomplissement de plus en plus volontaire. Le positivisme y satisfait en relevant la dignité humaine, dont le refus de concours est la suprême sanction, et en conseillant, comme mesure aussi inévitable qu'indispensable, de VIVRE AU GRAND JOUR. C'est ainsi que, dans l'accomplissement d'un devoir quelconque, ce qu'il y a de liberté morale devient de plus en plus prépondérant sur ce qu'il y a de légalement obligatoire. L'opinion constituant, de plus en plus, le juge suprême, c'est le prolétariat qui est appelé à exercer universellement les fonctions de contrôle et d'appréciation.

Il faut, dans le concours universel, déterminer la légitime part d'intervention directe de chacun et de tous dans l'accomplissement du devoir, quel qu'en soit l'organe, individuel, familial ou national. Soumettre l'homme total sans qu'il perde de sa liberté : voilà le problème auquel le positivisme satisfait sans contradiction, et qui a tant embarrassé les théoriciens catholiques, impuissants, dans leurs essais de représentation de la réalité, à concilier le libre arbitre avec la toute puissance de Dieu ! La morale positive humanise le droit : elle enseigne à chacun à regarder sa vie intime et privée (personnelle, familiale ou civique) comme la base primordiale de sa fonction sociale, soumise à des règles les unes matériellement obligatoires, les autres purement morales, c'est-à-dire librement acceptées. Elle prescrit le devoir, non d'après les inspirations de la conscience, mais d'après des considérations sociales ; c'est-à-dire que chaque être, individuel ou collectif, doit se regarder en tout comme un citoyen de la commune patrie ou comme un membre de la famille universelle. C'est à ce point de vue que la doctrine positive apprécie et juge les hommes, les familles, les cités.

Nier le droit d'intervention d'un élément social, tant à l'égard des êtres qui relèvent de lui que de ceux dont il dépend, serait nier l'existence même de la société. Quelle que soit la nature de l'être considéré, ses conditions d'existence, comme les effets de son indépendance, sont sociaux. Aucun des éléments individuels ou collectifs n'étant capable isolément de pourvoir à ses nécessités, se trouve nécessairement dans la dépendance du tout qui le domine. Il ne peut donc pas y avoir de devoirs personnels à l'individu, à la famille ou à la patrie, le devoir étant inséparable de l'idée d'ensemble. L'activité de ces éléments ne pourrait avoir lieu sans le concours des prédécesseurs, qui leur fournissent une impulsion, des lumières et des instruments, ni sans l'assistance des contemporains, dont la protection leur en assure l'exercice et les avantages. C'est que la vie publique constitue le milieu conservateur et multiplicateur de toutes les vertus privées et civiques : là, il faut être utile aux autres, devenir quelque chose, se faire un nom ; là on travaille et ce n'est pas pour soi. Rien ne vaut le service d'une collectivité supérieure pour subordonner l'égoïsme à l'altruisme. Les individus, les familles et les peuples que la richesse ou la violence conduit à l'oisiveté, c'est-à-dire à l'isolement de leurs semblables, tombent dans une corruption et dans une dégradation inévitables. Ce n'est qu'en cédant à une grossière illusion que des êtres collectifs croient pouvoir s'abstraire de cet ensemble et subsister par leurs seules forces ; ils ne sont susceptibles d'exister à part que parce qu'ils ont hérité des résultats passés et présents de la vie commune, et ils peuvent s'en isoler d'autant plus longtemps qu'ils y ont participé davantage. Mais loin de se séparer du tout par cette suspension de leur activité, ils n'aboutissent qu'à augmenter leur dépendance, en vivant plus que jamais sur l'héritage de leurs ancêtres, à l'accroissement duquel ils ne concourent plus.

Dans toutes les situations, les divers modes d'accomplissement des actions ont des conséquences sociales, réelles, irrécusables, qui ne peuvent être indifférentes, puisque leurs résultats s'adressent, au fond, à toutes les collectivités, directement ou indirectement. Nous sommes tous plongés dans l'Humanité, comme un poisson dans l'eau, c'est notre milieu ; c'est pourquoi, dans un système quelconque de relations sociales, les actes individuels exercent une influence inévitable sur l'ensemble. Rien de plus irrationnel et de plus immoral que le prétendu droit absolu de non-intervention. Comment peut-on laisser à la prudence d'un État le règlement d'actions qui doivent être incorporées à l'ensemble des opérations occidentales ! Dans une république industrielle est-il indifférent de voir les pays riches en bois et en houillères gaspiller follement ces précieux matériaux ? Que d'actions de ce genre, qui, sans porter une atteinte directe et matérielle aux biens, à la liberté et à l'existence des autres peuples, engendrent des maux si difficiles à guérir ! On ne peut laisser à chacun le soin de déterminer les règles qui lui conviennent et sous sa seule responsabilité. Cette réaction se faisant sentir plus lentement chez une nation, on a pu croire qu'une conduite anti-sociale y était susceptible de s'accommoder avec le bonheur particulier, comme dans le cas des guerres coloniales ou du système prohibitif ; mais cela n'est vrai dans aucun cas, et d'ailleurs de tels écarts deviennent de moins en moins possibles. Une telle réaction se précise de plus en plus, selon qu'on passe des nations et des classes aux familles et aux individus ; aussi est-elle sentie davantage dans les cas relatifs à la morale personnelle.

Évidemment, on ne doit pas admettre comme point de départ, dans le règlement de l'existence de l'être individuel, pas plus que dans celui des classes ou des nations, la considération exclusive de l'utilité particulière, qui n'est autre chose que le libre essor des sentiments intéressés. Pourquoi la sobriété est-elle un devoir? parce que dès que l'on dépasse la juste mesure dans l'usage des produits alimentaires, on manque à la fois de respect pour le travail de ses ancêtres, de bonté pour la postérité et pour les pauvres, auxquels toute consommation exagérée rend plus difficile l'acquisition des matériaux nutritifs. La modération dans la satisfaction de nos besoins nutritifs et autres tourne toujours à l'avantage de ceux qui ont moins reçu, elle permet de rendre à chacun ce qui lui est dû. Bien que les savants académiques déclarent que tout animal est alimentaire, parce qu'il contient les quatre éléments, l'homme ne doit pas manger de tout. Suivant l'exemple des prédécesseurs, qui ont cessé de faire entrer leurs semblables dans leur consommation, la morale positive en exclut le cheval, le chien et les autres espèces animales utilisables sous le rapport affectif, industriel ou militaire. Ce serait appauvrir l'Humanité, à la vie de laquelle elles sont associées, que de dégrader les fonctions de nos compagnons et serviteurs habituels en les transformant en simples laboratoires de matériaux nutritifs. Pourquoi nous est-il impossible de demeurer indifférents à l'action de celui qui s'enivre? c'est qu'il ne vit pas seul; qu'il supporte bien ou mal son ivresse, il fait du tort aux autres, et cette boisson qui l'abrutit se change trop souvent en larmes sanglantes pour sa famille et pour ses entours. Cette réaction de la conduite des êtres quelconques sur tous est si évidente, dès qu'on se place au point de vue de l'ensemble, que les positivistes ne seront pas les seuls à blâmer et à réprouver les abus personnels, familiaux ou civiques. Il faut introduire partout le sentiment social et prescrire le devoir non pas dans l'intérêt de tel être, mais d'abord et surtout en le considérant comme membre nécessaire de la collectivité. Jusqu'à Auguste Comte, la morale semblait personnelle, de sorte que les femmes faisaient prévaloir la sentimentalité, les théoriciens l'intelligence, les praticiens la politique. Désormais tout doit être subordonné à la morale : chacun est intéressé à tous les actes de ses semblables, et, pour le citoyen moderne, la maxime de Térence * est devenue une réalité : Il n'y a rien d'humain qui lui soit étranger.

Pour tout esprit rationnel, l'indépendance ne peut être considérée comme un droit absolu, en contradiction avec la réalité des choses. Il n'y a pas de devoir sans la conciliation entre l'obligation et la liberté, entre le concours et l'indépendance. Dès qu'il y a excès de dépendance, la fonction ne peut plus s'accomplir dignement, que cette sujétion provienne de la violence, comme c'est le cas du prisonnier envers son vainqueur et de l'esclave envers son maître, ou d'une insuffisance de moralité et de raison, comme c'est le cas du Russe qui mange son blé de semence et de l'enfant à la mamelle. Une suffisante indépendance est nécessaire, comme condition de toute activité et de tout progrès. La conservation et le renouvellement des capitaux, toujours périssables, exige une perpétuelle activité, dont la pleine efficacité suppose la confiance, qui ne peut s'établir et durer sans un libre essor intellectuel et moral. L'Humanité ne se serait jamais développée si l'individu avait en tout dépendu des pouvoirs existants. Enfin, pour la santé, le devoir et le bonheur, rien ne dispense de l'effort personnel : pour se vaincre pleinement et pencher vers le bien, il faut être libre. L'indépendance doit donc être respectée nécessairement. Il faut en même temps qu'il y ait une certaine dépendance, car si l'être jouissait d'une liberté absolue, il n'y aurait ni responsabilité ni société, les intéressés devenant aussi incapables d'exiger le concours s'il le refusait, que d'en régler l'exercice s'il en abusait. Les rois absolus, à l'instar des dieux, ont eu la prétention de se regarder comme n'étant obligés à rien envers leurs sujets, jusqu'au jour où, en les frappant à la tête, un Cromwell ou un Danton leur rappelait que sur Terre nul homme n'est indépendant des autres. Il n'y a que Dieu, qui, réfugié dans son Ciel, échappe à toute responsabilité : il n'est obligé à rien, il n'a de devoirs envers personne, il n'a que des droits sur tous. Cette conception de la supériorité est aussi immorale qu'absurde ; avec l'élévation morale croissent la dépendance, parce que le nombre des devoirs augmente, et la liberté, parce que leur accomplissement devient plus volontaire et plus assuré. Tout ce qui ne converge pas vers l'utilité générale engendrant des perturbations nuisibles à la santé, à la paix, au bonheur des autres, tous ont le droit légitime d'invoquer d'un organe quelconque le scrupuleux accomplissement de sa fonction. Sans cette intervention, ceux qui accomplissent leurs devoirs, seraient opprimés par celui qui ne remplit pas les siens.

En quoi consiste notre liberté ? La fatalité humaine n'est pas absolue mais relative ; elle comporte des perfectionnements. Cette modificabilité de notre destinée consiste dans les variations d'extension et de vitesse de la marche commune vers l'unité finale, variations secondaires et subordonnées, sous peine de stérilité, à l'ordre spontané des sociétés. La liberté est donc liée à un ordre artificiel venant compléter l'ordre naturel ; elle a ses lois, par lesquelles on peut prévoir les actions humaines et déterminer le degré d'indépendance légitime, c'est-à-dire compatible avec le concours. Nous ne pouvons agir que par égoïsme ou par altruisme ; la liberté ne consiste pas à obéir indifféremment à l'un ou à l'autre; il faut agir par affection et penser pour agir : voilà la loi, et la liberté consiste à s'y soumettre de mieux en mieux. La prétendue liberté de l'esprit révolté contre le cœur se borne réellement à préférer le maître le plus grossier, le plus capricieux et le moins efficace ; en pareil cas, la personnalité triomphe de la sociabilité, l'action de l'État l'emporte sur l'influence de la conscience et de l'opinion; en dernière analyse, cette vaine illusion de l'orgueil revient à ne céder qu'à la force. L'élévation, la liberté et la puissance de l'homme ont toujours consisté dans la soumission aux lois de l'Humanité ; c'est un fait d'observation constant et universel. Il en résulte que la société est incompatible avec des droits imprescriptibles et inaliénables, puisque leur destination, comme leur institution, est sociale. Le droit c'est la force, c'est la consécration par l'État d'un pouvoir sur autrui pour l'utilité commune ; or, tout pouvoir est responsable de l'accomplissement du devoir, pour lequel il est donné, consacré ; il peut donc être suspendu, annulé, comme il peut s'acquérir. Ce n'est pas un *contrat* qui a mis l'homme en société pour garantir ses droits, il y est né ; il n'y apporte pas de conditions, il les trouve faites ; tout ce qu'il peut, et il n'y a pas d'autre liberté légitime et efficace, c'est de perfectionner cet ordre naturel, en s'y soumettant d'abord. L'Humanité n'a donné de droits que sous forme d'obligations, l'homme n'est libre que de faire son devoir ; ce n'est que par ce moyen qu'il échappe à la contrainte, soit de l'opinion, soit de la force matérielle. La morale positive, au lieu de donner la prépondérance aux caractères qui séparent chaque homme de ses semblables, insiste partout sur leur liaison nécessaire. Elle substitue l'élaboration des devoirs à la discussion des droits. En fait, partir du droit, c'est nier l'ensemble, en dissocier les éléments ; c'est ne l'envisager qu'à travers son égoïsme, en rapportant tout à soi.

L'idée du droit primordial, d'origine divine, est fortifiée par les préoccupations surnaturelles. Le Godefroi de *la Jérusalem délivrée* *, dévoué et chevaleresque pour les choses de la Terre, quand il s'agit de son salut se dirige vers le Ciel par une voie solitaire. Ce n'est certes pas de la science sociale (elle n'existait pas encore), mais d'un esprit plus négatif qu'organique que se sont inspirés ceux qui ont formulé la *Déclaration des Droits de l'Homme*; les bons sentiments qui les animaient ne suffisaient pas pour fonder un ordre social, la marche révolutionnaire ne l'a que trop prouvé. Dans le régime républicain, ainsi que l'écrivait Auguste Comte en 1842, « nul ne possède plus » d'autre droit que celui de toujours faire son devoir. »

Nonobstant l'apparence autoritaire de cette conception du devoir, le positivisme est libéral, plus que les autres doctrines. Tout en assujettissant chaque être, personnel ou collectif, à des devoirs plus étendus, il insiste tout particulièrement sur les moyens d'en rendre l'acceptation de plus en plus volontaire, afin de concilier ainsi la subordination avec la dignité. Il relève la noblesse des organes quelconques, en rattachant les individus, les classes et les nations à l'existence totale, envisagée dans l'ensemble des temps et des lieux. Nous n'avons pas créé l'Humanité, il est vrai; mais elle n'est suprême que par notre concours. Nul n'étant isolé, chacun peut être quelque chose; toute digne existence devient moralement un véritable office civique. Le positivisme fortifie la conscience de l'honnête homme en lui donnant la certitude qu'une existence vertueuse n'est jamais inutile, que dans la voie du bien rien n'est perdu. L'accomplissement du devoir est récompensé par une joie intime et immédiate, d'autant plus précieuse, que les résultats théoriques et pratiques ne valent pas toujours les efforts qu'ils ont coûtés, en sorte que la seule source de notre bonheur n'en est pas affectée. L'honneur, cette crainte infinie de toute honte méritée, s'appuie

sur une notion réelle, digne de la délicatesse d'un sentiment qui est la pudeur de l'homme. Si l'on souffre des
maux inévitables, qu'on ne doit ni à ses fautes ni à celles
de ses ancêtres, on se résigne avec sympathie à ce qui est
une condition commune à toute vie. Enfin le remords lui-
même s'ennoblit pour ainsi dire, puisque des fictions et
des abstractions perturbatrices ne venant plus altérer
notre unité morale se concentrent exclusivement sur les
maux et les torts faits à l'Humanité.

Dans cette conception, le refus de concours est le caractère suprême de la liberté, sa manifestation sublime. Une
libre activité ne dispense les effets de son ministère qu'à
ceux-là seuls qu'elle en juge dignes, sans quoi il y aurait
servitude. Le pouvoir d'exiger l'accomplissement de la
fonction que tous ont sur chacun, chacun l'a sur tous, et
si la puissance qui régit est relativement indépendante
des subordonnés, ceux-ci le sont envers elle dans une
certaine mesure. Le devoir qui lie l'Humanité entière de
bas en haut, la lie aussi de haut en bas : l'Humanité, la
Patrie, la Famille, ont des devoirs envers les êtres qui en
constituent les éléments respectifs. Cette universelle réciprocité d'obligations, qui fait de l'accomplissement du
devoir le seul acte religieux, ne peut jamais être invoquée
à l'appui de l'oppression, de l'injustice, du mal. En pareil
cas la grève s'impose, car il n'y a pas de devoir contre
le devoir : c'est une obligation stricte de refuser son concours aussi bien aux opérations industrielles inutiles ou
nuisibles et aux guerres injustes, qu'aux actes qui offensent la pudeur. Ce refus de concours doit toujours être
réservé aux cas extrêmes et exceptionnels, où il se substitue à l'emploi de la violence, qui y prévalait sous le
régime militaire. C'est ce que le prolétariat ne doit pas
oublier : les capitaux, confiés aux patrons, ne peuvent
être directement reproduits que par les travailleurs ; les
services continus que ceux-ci rendent à la société par

l'exercice de leur profession, venant à cesser par la suspension concertée de leur activité, ils entraveraient bientôt toute l'existence sociale. La seule grève légitime est celle qui a pour but d'écarter les obstacles qui nuisent à la destination sociale de leur fonction, dont l'accomplissement ne cesse d'être leur premier devoir. Le cri de ralliement de Nelson doit être leur constante devise : « La Patrie » compte que chaque homme fera son devoir ! »

A l'état normal et régulier, chacun cherche à compléter l'appui de sa conscience par le concours de ses semblables. Toutes les conditions qui sont indispensables au meilleur accomplissement de sa fonction spéciale, il est de son devoir de les remplir ; or ces conditions ne font jamais abstraction des autres éléments de l'organisme, rattachés par un ensemble indivisible de liens au fonctionnaire qui, dans chaque cas spécial, doit être regardé comme leur ministre. L'accomplissement de leurs devoirs ne les dispense jamais d'aider, par les moyens qui leur sont propres, ceux qui sans ce concours ne pourraient remplir leurs fonctions spéciales ou générales. L'honnête homme, le républicain, n'emploie les forces mises par la société à sa disposition que pour les faire concourir au bien commun ; ses vues, aussi générales que ses sentiments sont généreux, ne le séparent jamais de l'ensemble. Il a donc droit aux avantages sociaux qui suivent l'accomplissement du devoir, à la confiance, au respect, à l'éducation, à la protection. Le droit pour lui n'est qu'un appel au dévouement des autres, c'est-à-dire à l'accomplissement de leurs devoirs envers lui, pour l'aider à mieux remplir le sien, et, par ce moyen, leur devenir plus utile encore. Cette conception positive du droit, au lieu de constituer l'écrasement des faibles, les protège contre les violences des forts ou des riches. Elle donne à celui qui consacre son activité principale à autrui, le droit de compter sur l'assistance de tous pour la satisfaction des divers besoins, physiques, intellectuels et moraux, auxquels son activité propre ne lui permet pas de pourvoir. Cet appui extérieur peut manquer, mais il ne cesse d'être le plus désirable ; il contient les écarts, accroît les forces et prolonge les services. Notre magistrature ne s'étend pas seulement à notre vie, mais à celle de beaucoup ; notre existence, positive ou négative, se lie à celle de nos contemporains et de nos successeurs ; il n'y a que le passé qui échappe à notre puissance. Chacun doit donc se considérer comme une véritable providence, et par conséquent prévoir, et pourvoir après avoir prévu. Il faut détourner ses pensées et son activité de tout ce qu'on ne pourrait dire ou faire devant témoins ; voilà pour la conscience le criterium objectif du devoir. Celui qui vit en se dévouant ne craint pas l'examen, il ne peut, sans contradiction, se faire le défenseur du mur de la vie privée, envers un individu ou une collectivité quelconque. Chacun a le droit d'examiner et de juger la conduite de ceux qui se servent de leur pouvoir, soit pour en abuser, soit pour en bien user. Nous jugeons et nous sommes jugés. La passion égoïste et aveugle croit avoir échappé aux regards et aux appréciations ; vaine illusion ! il est toujours des yeux qui ont vu, des oreilles qui ont entendu, et des langues qui ont parlé. *Vivre au grand jour* est donc un devoir aussi inévitable qu'indispensable ; non pour étaler une ignoble personnalité, car en ce cas la publicité a un caractère infamant et constitue une honte de plus, mais pour contenir l'égoïsme. Les nobles âmes seules peuvent se livrer tout entières : elles nous doivent leurs inspirations et leurs exemples, aussi bien que les résultats qu'elles ont produits.

Nécessairement, l'imperfection humaine exige un organe spécialement chargé de représenter l'intérêt général et d'y subordonner, dans la mesure convenable, l'intérêt particulier. Plus le progrès est étendu et rapide, plus cet organe est urgent et nécessaire, car les divergences acquièrent un accroissement correspondant d'intensité. *Il n'y a pas de société sans gouvernement* ; sa fonction, diriger les activités dans la ligne de l'intérêt commun et y faire rentrer celles qui en sortent, est d'une nécessité constante, inséparable de toute association. Mais cette discipline est de deux natures : l'une civile et obligatoire, l'autre morale et volontaire. L'une ne s'étend pas au delà du gouvernement qui la décrète, l'autre domine tous ceux qui partagent les convictions qui la consacrent. Ainsi, chacune des phases essentielles de la vie privée, telles que la naissance, le mariage et la mort, réagissant directement sur l'ordre public, le gouvernement y introduit légalement les conditions que cet ordre exige ; et ce sont toujours les plus nécessaires et les moins délicates. Mais la liberté sera toujours mal réglée par nos intérêts, par les obstacles matériels, qui résultent de l'État ou des droits d'autrui. Celui-ci ne frappe que ce qui est accompli, il ne voit pas ce qui prépare les délits et les crimes, il n'atteint pas les maux secrets, il ne touche pas le cœur : il ne relève pas, mais déshonore ceux qu'il punit. Voilà pourquoi la morale positive limite à la conscience et, en dernier ressort, à l'opinion l'acceptation de conditions qui seraient oppressives et inefficaces si elles n'étaient pas volontaires. En tout ce qui n'offense pas directement l'ordre, le positivisme repousse formellement l'intervention de la loi ; la liberté aussi est un des aspects de l'ordre humain, et c'est l'outrager et le perturber que d'employer la violence pour intervenir dans les relations intimes d'une famille, d'un peuple. En pareille circonstance, c'est à l'opinion seule qu'il faut faire appel pour exciter ou rectifier ; et le positivisme résistera avec énergie à la tendance révolutionnaire à faire sanctionner légalement les mesures quelconques, par la seule raison qu'elles sont utiles. Le principal règlement n'est effectif et durable que par notre volontaire assujettissement aux devoirs positifs.

Partout il faut respecter le principe de la séparation des deux pouvoirs, l'un moral, l'autre matériel, et régler, en conséquence, le partage normal entre l'obligation légale et la liberté spirituelle. Les maux que crée sa non-existence incombent à ceux qui repoussent le principe et les conditions d'existence de cette séparation.

C'est l'opinion qui, dans le domaine physique, intellectuel et moral, forme le contrôle auquel rien n'échappe, quel que soit l'être considéré. Si l'individu abuse, c'est la famille ou les concitoyens qui s'élèveront contre le coupable, et cela dans toutes les classes. Lorsque Rousseau écrivait: « Si le peuple voulait se faire du mal à lui-même, qui donc l'en empêcherait ? » l'expérience et le bon sens avaient déjà répondu, qu'en tels cas tous ceux qui en ressentent le contre-coup réagissent spontanément. Quelque dégradée que soit une population, il y aura toujours une cité sur la Terre ou une âme élevée qui sauvera de la prescription l'héritage moral du genre humain. A défaut de la voix des contemporains, il y aurait toujours celle du juge suprême de la moralité, la postérité, au tribunal de laquelle les actes sont portés ; on peut surprendre l'opinion de son temps, on n'en impose pas à l'avenir. Quelque bruit qu'ait fait de son vivant, cet homme qui ne vécut que pour soi, Bonaparte, déjà l'Humanité l'a retranché de sa communion ; la renommée en passant devant lui abaissera sa trompette, comme pour l'égoïste dont parle Milton, en son *Paradis perdu* *, tandis qu'elle fera retentir les noms de maintes dignes âmes dont les belles actions étaient restées cachées dans le silence. Il n'y a d'acte irréformable et sans appel que celui qui a été conforme à la loi de l'Humanité ; c'est la postérité qui ratifie l'arrêt de celui qui, armé de cette clef, lie et délie, réforme les injustes éloges et les injustes blâmes. L'inébranlable fortitude n'appartient qu'aux gens de bien : ils ne sont pas à la merci exclusive des forts, un homme, fût-il seul contre tous, vaincra pourvu que l'Humanité soit avec lui ! Dût-il rester toujours sous le poids d'un opprobre immérité, il sait que ses œuvres iront à leur adresse ; la postérité est devant lui, le passé le soutient, et il n'est pas ébranlé par les clameurs de contemporains aveuglés. Il n'y a que les grandes âmes qui soient stables ainsi, et il peut y en avoir dans toutes les conditions. Quoique toutes souhaitent de compléter cette assurance par l'approbation des contemporains, il est des cas où il faut avoir la force de s'en passer et dire comme Danton : « Périsse ma mémoire pourvu que la Patrie soit sauvée! » D'ailleurs l'homme de bien n'a jamais été seul ni abandonné de tous, soit dans sa famille, soit dans sa cité, soit même chez les autres peuples.

Entre les providences qui concourent à former cet appui extérieur, il en est une qui, par sa situation, peut susciter énergiquement des vues élevées et des sentiments généreux, apprécier et protéger, c'est le prolétariat. Lié directement à chacune des trois grandes catégories sociales, à la femme par les affections domestiques, aux directeurs philosophiques par l'éducation, aux gouverneurs temporels par le travail, il est appelé à surveiller les pouvoirs quelconques, à en contrôler l'exercice. Dans chaque patrie, c'est à son intervention qu'il appartient de prévenir ou dissiper les conflits, qui résultent de l'activité spontanée de fonctions dont chacune tend à exagérer son influence spéciale et à méconnaître celle des deux autres. Enfin la communauté de situation et d'aspirations lui faisant surmonter la diversité des travaux et des nationalités, il est spontanément appelé à tout contrôler. Par l'exercice de cette fonction générale, le prolétariat se sauve et de sa propre oppression et de la dégradation qui résulterait de l'exclusive concentration de son activité matérielle. Pour la remplir il doit librement renoncer nonseulement à employer la violence, mais encore à devenir

l'élément exclusif ou même prépondérant du gouvernement, soit civil, soit politique. En sortant de sa situation,
le prolétariat perdrait tous ses avantages : des luttes indéfinies entre ses divers éléments rompraient l'homogénéité
de sa masse ; une ignoble cupidité ferait considérer comme
le but de l'existence générale ceux qui par le nombre et
par une activité directe et sociale, en constituent la base,
et la véritable providence générale. Ce n'est pas dans
l'exercice du pouvoir, c'est dans l'accomplissement de cette
fonction que le prolétariat parviendra à la vraie noblesse,
celle du dévouement

CHAPITRE SEPTIÈME.

DU CARACTÈRE RELIGIEUX DE LA MORALE POSITIVE.

De tout temps, il a été nécessaire de diriger l'opinion ; telle a été la destination de la religion, sans laquelle il n'y a pas de société. Toute transformation progressive, provoquée par une question sociale, aboutit à une réforme religieuse, c'est-à-dire, en dernière analyse, à une nouvelle conception de l'ensemble des rapports existants. Le pouvoir spirituel correspondant est aussi indispensable qu'inévitable : ses éléments existent ; ne pas les reconnaître, c'est les laisser sans règle et sans appui, et d'ailleurs ils tendent à se placer dans leurs conditions normales d'existence, toujours déterminables sans arbitraire. La tâche de ce sacerdoce consiste à faire prévaloir la religion positive, qui a pour culte l'amour de l'Humanité, pour dogme la science morale, et pour régime la République pacifique ; tout rapporter à l'Humanité, voilà le devoir universel que prescrit cette religion, la seule qui ait des preuves. VIVRE POUR AUTRUI est la loi de l'Humanité.

Si l'opinion rectifie ou sanctionne les actes quelconques, de façon qu'il ne dépend que d'elle que les êtres, individuels ou collectifs, ne puissent rien pour le mal, il ne faut pas oublier qu'elle est aussi apte à troubler qu'à régler. Il ne suffit donc pas d'abandonner à son activité spontanée l'essor moral des populations. Un appui leur est d'autant plus nécessaire que par cela même qu'elle écarte les obstacles qui gênaient les forts et les faibles, surtout les forts, la liberté sans lui ne désarmerait que les pauvres, isolés et livrés à l'oppression des riches. La liberté sans une autorité morale qui fasse connaître et aimer l'ordre qu'elle complète, aboutit au despotisme industriel et au monopole commercial. Heureusement l'impulsion

sociale nous domine ; elle fait surgir les éléments du pouvoir modérateur qui devient l'organe régulier des devoirs
universels, le défenseur des libertés publiques, le protec-
teur des pauvres. Il fournit un appui pacifique contre la
force ; il ne peut rien sans l'assentiment des familles, des
classes et des gouvernants ; il n'a pas d'autre bras séculier
que l'opinion. Ce pouvoir modérateur concilie la dictature
avec la liberté : en limitant la puissance temporelle, il la
consacre ; en assurant mieux la participation de chacun à
l'œuvre commune, il étend l'indépendance ; il ennoblit
ainsi à la fois l'obéissance et le commandement. L'homme
se sent trop élevé pour n'obéir qu'à l'homme ; mais quand
il voit dans un organe quelconque un reflet de l'Humanité, il peut se soumettre : ce n'est qu'à elle qu'il obéira,
sa conscience sera en repos et sa dignité sauvegardée.
C'est l'Humanité qui détermine et formule ce contrat
suprême qui lie le mandataire et ses mandants, sans servilité pour l'un, sans oppression pour les autres. Cette
liaison universelle a pour expression la religion : dire
qu'*il n'y a pas de société sans religion*, c'est reconnaître
qu'il n'y a pas d'association sans relations, sans règles
entre ses divers éléments. Un individu, une famille, un
Etat, ne peuvent pas plus exister sans religion, que le
jour sans soleil.

Personne n'est admis à se prévaloir de l'ignorance des
devoirs de son état, nul n'est censé ignorer la loi ; c'est
un principe constant et universel. Cependant, la mère qui
élève une nouvelle génération, le prolétaire qui produit la
richesse matérielle et l'industriel qui l'administre, l'homme
d'Etat qui gouverne, sont absorbés par leurs fonctions
spéciales. Comment concilier ces deux nécessités ? qui
conservera les vérités morales abstraites ? qui les dispen-
sera à l'enfant du pauvre ? qui rappellera les principes
méconnus ou oubliés ? en un mot, qui aidera chacun à
faire son devoir en lui disant en quoi il consiste et par

quels moyens on peut y satisfaire. L'activité continue des
divers producteurs d'utilité a rendu nécessaire une industrie plus générale, une fonction spirituelle, ayant pour
but de perfectionner les agents des opérations quelconques
en les rendant plus sains, plus énergiques, plus intelligents, plus honnêtes. Ce qui motive les réclamations de
plus en plus énergiques du prolétariat, c'est le besoin de
cette éducation générale, dont l'absence caractérise la crise
morale que nous traversons. Le principe de l'hérédité
réglant de moins en moins la transmission des fonctions,
l'éducation domestique ne suffit plus pour présider à l'établissement des préjugés professionnels. Pour développer
les aptitudes spontanées et les rendre mieux utilisables,
pour régulariser la division croissante et nécessaire des
fonctions, pour apprécier les progrès qui doivent être faci-
lités et les déviations qui doivent être contenues, en un
mot, pour faire concourir au même but toutes les activités,
il n'y a que l'enseignement universel des rapports fondamentaux de cet ensemble, qui va se compliquant sans
cesse.

Il n'y a jamais eu de transformation progressive de
l'Humanité sans l'introduction de nouveaux devoirs, dont
la systématisation, par un nouveau pouvoir spirituel, constitue la religion correspondante. Toutes les fois, en effet,
que l'essor de la civilisation a fait surgir des inégalités
nouvelles, c'est-à-dire assez développées pour rompre la
subordination antérieure et devenir prépondérantes, des
conflits ont éclaté, et il en est résulté une question sociale.
Dans aucune de ces crises on n'a prétendu constituer un
gouvernement d'*affranchis*, ou de directeurs qui auraient
conservé les mœurs serviles propres à leur ancienne situation, car cela serait revenu à faire des hommes les esclaves
d'autres esclaves. On a cherché à les régler par une solution nouvelle de la question religieuse, c'est-à-dire que
les têtes philosophiques se sont placées à nouveau au

point de vue de l'ensemble des rapports existants, l'ancienne conception devenant nécessairement insuffisante par suite de la permutation des inégalités. Observer ce qui est, le constater, le formuler en lois, se soumettre à ces lois et les proposer aux peuples, telle est alors la fonction de celui qui conservera éternellement le nom de fondateur de religion. Que l'on examine, en effet, à la lumière de la méthode scientifique, les problèmes résolus par Moïse, Bouddha, Confucius, saint Paul ou Mahomet, c'est toujours une question sociale qui a provoqué la réforme religieuse. On n'invente pas la religion, on la constate ; la forme est un acte de régularisation, dont l'exactitude dépend de l'époque et des lumières du fondateur.

Ramené à ce point de vue, l'avènement de la République, qui suppose tout au moins la supériorité morale des nouvelles inégalités mentales et pratiques sur les anciennes classes dirigeantes, impose aux unes et aux autres de nouvelles règles morales. Or, à cet égard, il n'y a rien à inventer ; les moyens existent, ils ont présidé à l'essor des éléments de l'ordre moderne, il n'y a qu'à les développer ; les rapports convergent de soi, il suffit de régulariser cette convergence, d'après des principes généraux et uniformes dérivés de la foi positive. Comme par le passé, il faudra rappeler à tous les conditions générales du bien commun, que tendent à faire méconnaître les divergences propres à la pratique journalière. Mais il faut déterminer avec précision les fonctions des organes nouveaux, travailleurs et philosophes. Par exemple, tous doivent-ils indifféremment participer à l'électorat et à quelles conditions et dans quelles limites ? au prolétariat, appelé ainsi à apprécier et à contrôler toutes choses, de grands devoirs incombent, quels sont-ils ? De même, quelles sont les fonctions que devront remplir les anciennes classes dirigeantes afin que, tout en étant subordonnées, elles puissent socialement utiliser leur décadence nécessaire? ce n'est qu'en le sachant qu'on peut les amener ou les maintenir dans une situation non perturbatrice. Régler tous les organes d'un ensemble de fonctions indivisibles : voilà le problème religieux, auquel, de tout temps et pour chaque situation profondément modifiée, on a cherché à donner satisfaction, par des formes passagères, astrolâtriques, polythéistes ou monothéistes, qui n'étaient que des approximations de la solution générale et seule définitive qui a surgi au XIX⁰ siècle.

Il n'y a rien, dans cette conception positive de la religion, qui puisse répugner à la raison cultivée; elle permet de concevoir comment la religion, instituée au profit de l'Humanité, constitue, dans tout état régulier, la plus sûre garantie du citoyen contre les envahissements arbitraires des pouvoirs quelconques. Les révolutionnaires, toujours incomplètement émancipés, ne savent point s'abstraire des luttes de leur temps, et c'est pour avoir cédé aveuglément aux haines qu'elles ont suscitées, qu'ils ont tenté de supprimer tout gouvernement et prétendu abolir toute religion. Les positivistes, au contraire, vivant déjà dans l'avenir, en ont tout le calme et toute l'impartialité, et, sans cesser de respecter le passé, ils procèdent dès à présent aux substitutions nécessaires, d'abord dans l'objet de leurs sentiments et de leurs pensées, afin de les accomplir plus sûrement dans les faits. Lorsqu'elles seront effectuées, la Révolution sera terminée; ce qui suppose que la solution religieuse ait prévalu chez les chefs d'abord, puis chez les autres citoyens. Ainsi, loin que le régime républicain conduise à la suppression de tout pouvoir spirituel, il en rend l'existence plus nécessaire que jamais. Dans une société moins compliquée, sous la pression de la situation, avec un dogme imparfait, surgit de saint Paul à Hildebrand un pouvoir moral, distinct du pouvoir temporel, qui s'imposa la mission d'enseigner une foi donnant à tous une même origine, un même but. Une société républicaine ne peut être moins complètement organisée que la société du IXe siècle. Supprimer cette séparation des deux pouvoirs, qui constitue la principale supériorité des temps modernes, serait faire de la République occidentale un corps sans âme, une monstruosité, car il y a rétrogradation théocratique partout où l'État est le dispensateur des vérités communes.

Tous ceux qui prétendent réunir, dans les mêmes mains, l'éducation et le gouvernement commettent une double inconséquence. La première, c'est que ce pouvoir spirituel qu'ils récusent, ils le possèdent : ce sont les prêtres démocratiques, journalistes, romanciers et dramaturges, qui transmettent aux prolétaires et aux femmes la seule instruction supérieure qu'ils possèdent en dehors de l'éducation théologique. Dans le capharnaüm révolutionnaire, ce sont eux qui conseillent, consacrent, jugent et pontifient ; chacun y est pape d'un petit troupeau, lequel n'exige de ses prêtres ni moralité ni compétence. Le positivisme, sans léser aucune situation légitime, vient apporter la lumière et l'ordre dans cette grave anarchie spirituelle. La seconde contradiction, c'est de ne pas remarquer qu'il existe, aujourd'hui comme dans tous les temps, de grandes inégalités de force et d'intelligence qui sont partout, plus ou moins régulièrement, investies du gouvernement. L'état actuel résulte de la prépondérance de nouvelles inégalités, spirituelles et temporelles, sur les anciennes qu'elles ont remplacées, soit directement soit par des organes transitoires. Ainsi, le gouvernement temporel appartiendra de plus en plus aux industriels, parce que les fonctions relatives à la vie pratique sont passées des mains des guerriers dans celles des travailleurs. De même les fonctions concernant la culture de la sociabilité et de la raison sont passées de la direction des théologiens à celle des philosophes positifs, conduits, par le besoin universel d'une morale relative, à fonder ce sacerdoce scientifique que d'Holbach, avec le grand XVIIIe siècle, appelait de ses vœux et que le grand Frédéric n'hésitait pas à qualifier de nouvelle papauté.

Un résultat certain de l'attitude préconisée par les révolutionnaires, c'est de laisser les organes les plus puissants, c'est-à-dire les plus susceptibles d'abuser, sans autres règles que celles que leur suggère leur conscience, laquelle ne distingue pas toujours le bon plaisir du devoir. Refuser de reconnaître les fonctions de tels organes est tout simplement absurde et immoral. Voir les choses telles qu'elles sont est la première condition pour exercer une action réelle ; il faut bien se soumettre à ce qu'on ne peut empêcher, si on veut en tirer le meilleur parti possible. Le gouvernement, quelque forme qu'on lui donne, monocratique, aristocratique ou démocratique, dépend d'une infime minorité ; le plus souvent même, c'est un seul qui dirige, et l'étiquette n'y change rien : jamais il n'en fut ni n'en sera autrement. Il importe donc, et d'autant plus que les inégalités sont plus prononcées, de les modérer, de les tempérer et de les régler, c'est-à-dire de les assujettir à des devoirs. La prétendue liberté des révolutionnaires, due à l'ignorance de ces conditions, revient à abandonner ce gouvernement au hasard, au caprice, c'est-à-dire à dispenser les premiers fonctionnaires de leurs devoirs et même de toute responsabilité ; il n'y a du moins que les honnêtes gens qui se règlent, c'est-à-dire ceux qui ont le moins besoin d'être réglés. Il en est de même à l'égard des fonctions spirituelles ; les révolutionnaires n'ont pas vu que les principes aptes à terminer la révolution sont formulés, que la foi positive sur laquelle ils reposent est spontanément admise par le peuple, qu'il aurait suffi de répartir à tous ces vérités abstraites pour prévenir ou adoucir nos crises politiques et sociales, et que cela ne s'est pas fait faute d'un organe spirituel correspondant.

En vain disent-ils qu'ils redoutent les abus, comme si les autres puissances étaient parfaites, comme si le pire abus n'est pas de disposer d'une grande force et de ne se reconnaître aucune règle. Parce que toute société est exposée à des divergences entre gouvernants et gouvernés, à l'antagonisme des intérêts, aux écarts des ambitieux et des mécontents, en résultera-t-il que la société doit être abolie ? Quelque harmonie que l'on suppose entre les divers organes industriels (agriculteurs, fabricants et commerçants), entre ceux-ci et les banquiers, entre les patrons et les ouvriers : il y aura des conflits ; cela suffit-il pour motiver la suppression de ces diverses fonctions industrielles ? Puisque jamais les intérêts matériels ne sont parvenus à constituer un ordre social, qu'il faut des vérités communes, chargera-t-on l'État du soin de les formuler et de les répandre, sous le prétexte qu'on éviterait les abus du sacerdoce en supprimant ainsi l'antagonisme entre les hommes de pensée et les hommes d'action ? Mais comme il y a des abus inséparables de la fonction, l'État qui l'usurpe, devenant juge et partie dans sa cause, les rend d'autant plus graves qu'ils sont plus directs et moins aisément remédiables, et que celui qui conseille a le glaive en main ! De pareilles doctrines n'en imposeront pas indéfiniment au prolétariat ; si les seuls abus suffisaient pour motiver des destructions, on renverserait toutes les institutions sociales et ruinerait toute indépendance, pour ramener finalement la société au plus ignoble esclavage : il comprendra un jour que sans religion, il n'y a pas de liberté pour un peuple.

L'existence de philosophes enseignants sans aboutir à une organisation systématique sous un directeur unique, serait une dernière contradiction : cela reviendrait à reconnaître l'existence des fleuves tout en refusant à admettre leur écoulement vers la mer. Par une exception bien étrange, la plus haute fonction morale, celle qui consiste à fixer, transmettre, enseigner et prescrire les devoirs propres à assurer l'unité humaine, serait seule privée de ses conditions d'existence. Les théoriciens vraiment honnêtes chercheront toujours à se placer dans les conditions les plus favorables au plein exercice d'une fonction dont ils sont responsables envers l'Humanité. Ils réclament toutes les forces nécessaires à l'accomplissement de leurs obligations morales, au même titre que le prolétariat ou toute autre classe sociale; leur contester ce droit légitime, c'est le dénier à tous. Ils repoussent cette prétention, au nom de la morale positive qui impose à tous les hommes des devoirs mutuels conformes à leurs fonctions réciproques. *Il n'y a pas de religion sans sacerdoce* : essentiellement réductible à un seul organe, il n'exige une multiplicité d'agents que pour mieux assurer l'universelle communication de ses enseignements; mais il y a, pour tous, uniformité de fonctions et de devoirs. Elle nécessite un certain ensemble de conditions auxquelles Auguste Comte s'est soumis; et ses successeurs, à son exemple, s'y conformeront sans que nulle puissance puisse les en empêcher, car cette attitude revient à être honnête et dévoué, c'est-à-dire à faire son devoir.

Pour déterminer les conditions d'existence qui s'imposent à tous les philosophes, par la force même des choses, il suffit de considérer ce qui est nécessaire au bon exercice de leur profession. Élevés sous la protection de la patrie, ils sont tenus de remplir, à son égard, toutes les obligations communes; par conséquent, dans le temporel, il faut qu'ils donnent l'exemple de la soumission. Ayant pour mission d'enseigner la morale positive, qui embrasse tous les aspects de la nature humaine, ils doivent avoir la compétence nécessaire, c'est-à-dire posséder la vue générale de ces rapports. Appelés, par cette éducation même, à devenir les juges de tous les conflits civiques, il importe qu'ils ne participent à aucune fonction politique ou industrielle, afin de demeurer impartiaux, désintéressés et de n'être pas détournés de la considération de l'ensemble ; il faut même, pour être pleinement dispensés de toute activité pratique, qu'ils ne possèdent aucuns capitaux. Les principes à faire prévaloir devant être communs à toutes les nations occidentales, il est nécessaire, pour prévenir ou rectifier les conflits, que les philosophes soient indépendants de leurs gouvernements respectifs. Leurs fonctions étant surtout destinées aux pauvres, et d'ailleurs leur activité n'exigeant pas de matériaux, leur office doit être essentiellement gratuit et public. D'où il résulte que leur existence doit être assurée par les libres subsides de ceux qui partagent leurs croyances.

On voit assez, par ces quelques indications, combien il y a loin d'un tel ensemble de conditions aux prescriptions habituellement exigées du clergé catholique, auquel on peut être incorporé dès l'âge de vingt-cinq ans, sans renoncer à ses droits de propriété, sans aucune préparation scientifique, et en vertu d'une grâce invisible qui place le prêtre au-dessus de l'État, le dispense des charges civiques et lui interdit le mariage comme incompatible avec sa fonction. Auguste Comte a fixé à quarante-deux ans l'âge auquel peuvent être remplies les fonctions suprêmes du sacerdoce positiviste : consacrer et juger. Préalablement, l'aspirant, après avoir satisfait aux obligations civiques habituelles et éprouvé sa vocation, devra justifier de ses aptitudes mentales et morales, par la renonciation à tout héritage, par le mariage, et surtout par l'enseignement de l'ensemble du savoir abstrait. C'est en conformant leur conduite à cette série de devoirs que les membres du nouveau pouvoir spirituel conquerront, auprès des femmes et des prolétaires, l'estime et la sympathie indispensables à leur office. Ce n'est que par l'appui qu'ils leur donneront, dans la famille, dans l'État et dans la République occidentale, que les philosophes positivistes parviendront, par la répartition de l'éloge et du blâme, et au besoin par le refus de concours, à faire paisiblement prévaloir la considération du bien commun dans la conduite habituelle des chefs quelconques.

Universellement, les hommes ont toujours employé le même procédé pour concilier le concours et l'indépendance, la dictature et la liberté, c'est-à-dire pour faire prévaloir le devoir. Comme ses prédécesseurs, le sacerdoce positiviste se placera toujours au point de vue religieux, c'est-à-dire en considérant l'ensemble de notre nature et de notre situation. Il aura sur eux tous les avantages que donne une conception rationnelle sur une conception empirique. L'Humanité exerce une action incontestable sur l'homme tout entier : par ses institutions fondamentales, elle transmet à tous des habitudes ; par le langage, elle leur communique les vérités qui composent la foi commune. En peu de mots chacun apprend de l'Humanité sur ses devoirs, sur son passé, sur sa destinée, un ensemble de notions qui, bien que reçues sans discussion, rapprochent sa raison des solutions positives, beaucoup plus que ne le croit l'orgueil cultivé. C'est ainsi que l'Humanité s'empare de l'enfant à son berceau, par l'entremise de la famille. L'église positiviste renouvellera cet universel enseignement spontané, et, en le couronnant par l'ensemble des notions abstraites, elle lui donnera la clarté, la précision et la généralité qui lui manquaient. L'éducation à laquelle elle doit satisfaire consiste à régler chaque individu en subordonnant ses affections à l'amour de l'Humanité, puis à le relier aux êtres collectifs par la foi. L'individu ainsi préparé sera apte à concourir, sous la protection de la patrie, par une fonction distincte et d'une manière durable, à l'activité commune, c'est-à-dire au perfectionnement universel. C'est en cela, essentiellement, que consiste la destination de la religion.

Voir dans l'Humanité le véritable être suprême, le seul que nous devons aimer, connaître et servir : voilà le principe et la fin de toute vie, le but de la morale positive. Il faut aimer l'Humanité, sous peine de n'être rien ! Plus notre amour pour elle s'accroît, plus les hommes sont enclins à nous aimer ; comment en serait-il autrement ! celui qui veut être heureux avec tous, n'ôtant rien à personne, parvient toujours à surmonter les résistances égoïstes, et finalement chacun ne jouit plus que des âmes. L'Humanité nous en a fourni la preuve : sans aucun intérêt, elle nous a d'abord tout donné, et elle a surtout travaillé pour les plus malheureux. La mère, le chef-d'œuvre de ses créations, nous offre le type primordial et éternel de cette providence sympathique, dont la patrie se rapprochera de plus en plus, de manière à substituer à son nom celui de matrie, qui exprime mieux le caractère que lui donnera l'activité pacifique. L'église de l'Humanité nous représente ce monde de l'avenir, qui, contrairement aux conceptions du passé, où le genre humain semblait né pour quelques-uns, dévouera aux pauvres quelconques, tous les forts, devenus leurs ministres et serviteurs. La foi de l'Humanité nous domine comme son amour ; elle est aussi efficace que réelle, elle est vraie. Ce n'est pas l'œuvre du caprice mais des âges écoulés, qui ont démontré, transmis et développé ce dogme du bon sens, éternel et perfectible, qui vient étendre notre esprit autant que notre cœur. L'examen loin de l'ébranler le confirme, et la soumission qui lui est due croît avec les siècles. Il y avait une foi spéciale pour Jérusalem, pour Bénarès, pour Athènes, pour Rome, pour la Mecque ; il n'y a pour l'Humanité qu'une loi, dont le reflet est en chacun de nous. La lumière nous vient de haut ! l'Humanité seule a construit cette foi positive qu'il eût été impossible d'édifier à un seul homme, à un seul siècle, à un seul peuple. L'espérance de l'Humanité en un meilleur avenir n'a jamais été démentie. Où trouver une destination plus étendue que dans le service de l'Humanité ! on la voit par une immense coopération tendre au mieux, dans tous les modes d'activité, sans qu'elle ait reculé jamais, même dans les situations qui semblaient les plus désespérées. Celui qui connaît respecte ses lois et y conforme ses actions a la certitude d'avoir concouru à l'amélioration des temps à venir, non-seulement dans l'ordre matériel, mais surtout dans l'ordre humain, jusque-là réservé aux dieux. Ainsi, avec l'Humanité, l'homme puise, dans son amour, l'ardeur inspirée si naturellement par tant de bienfaits, dans sa foi, le calme que donne la prévision, et, dans l'espérance certaine d'un heureux avenir, la persévérance qui complète et prolonge l'efficacité des bonnes œuvres.

On doit tout rapporter à l'Humanité, puisque tout vient d'elle. Composée de tout ce qui est bon, vrai et beau, elle représente l'union de l'idéal sans tache et du parfait réel ; son nom exprime à la fois l'amour, l'ordre et le progrès. L'Humanité est l'exemplaire de tous les êtres et de tous les âges ; elle est le modèle à contempler, à méditer, à imiter et à développer. Elle concilie tout, sans rien entraver ; toutes les conceptions fictives se subordonnent à la sienne, qui les contient toutes dans ce qu'elles eurent de socialement efficaces ; elle les utilise dans la poésie et même dans la science, comme elle réserve pour les jeux de l'enfance les anciens appareils militaires. Elle est l'inspiratrice de toutes les bonnes actions ; elle est la source de toutes les lois civiles, intellectuelles et morales ; le monde lui-même, dont elle dépend, se retrouve en elle, et si nous n'en tenions pas compte nous ne pourrions ni l'aimer, ni la connaître, ni la servir. L'Humanité représente donc cette foule de liens, moraux, intellectuels et physiques, qui nous rattachent indissolublement à nos semblables, à la Terre et à l'Espace. Tous les peuples et toutes les races proclameront un jour librement son empire, et alors son règne sera pleinement arrivé; mais, dès à présent, ceux qui se reconnaissent ses serviteurs peuvent être participants de sa vie : elle représente l'ensemble des êtres convergents. Se rapprocher de l'Humanité, tel doit être l'idéal des familles et des nations. Celui qui l'offense ou la renie se met en perpétuelle contradiction avec lui-même, car à son insu et malgré lui, l'Humanité se traduit dans ses actes, dans son langage et dans ses affections; lorsque l'homme s'en écarte, elle le livre à l'irrésolution, à l'inconstance et à la folie. C'est donc concilier son bonheur et son devoir que de se donner à l'Humanité, par son cœur, son intelligence et son activité; c'est lui confier la seule chose qui nous survive à nous-mêmes, et qui nous permette d'atteindre à cette grandeur morale qui conserve à notre cœur, jusque dans la vieillesse, la fraîcheur de l'éternité. Dans l'océan de réalités où nous sommes plongés, l'Humanité est partout le rivage où doivent s'arrêter nos affections, nos pensées et nos entreprises.

Il n'y a pas, en dehors de la religion de l'Humanité, de croyance qui ait des preuves : elle seule est démontrable. Comment ceux qu'elle a touchés, n'auraient-ils pas recouvré auprès d'elle cette foi agissante qu'ils croyaient à jamais perdue! Faut-il des faits? elle part de là! des principes? elle est la raison même! des sentiments? elle remplit le cœur! Elle réunit les caractères de l'antiquité, de l'avenir et de la jeunesse : nul ne l'a précédée, nul ne pourra lui survivre, et elle se renouvelle sans cesse. Il n'y a pas d'existence qui la surpasse en nombre et en puissance : elle s'accroît, conquiert et s'élève tous les jours! Redouterait-elle la clarté? mais son existence se passe au grand jour, elle est née de l'examen; plus il est précis et étendu, plus elle ressort et grandit à nos yeux. A-t-elle à craindre la découverte de nouvelles vérités? mais en dehors d'elle la vérité n'existe pas; car elle aurait commencé un jour ; tous ceux qui ont révélé aux hommes des vérités descendues du Ciel qui ne tenaient pas au passé, sont venus trop tard : l'Humanité les avait précédés. Qui possède l'universalité sinon elle ! Rien ne s'est fait ni ne se fera qu'elle n'y ait part, soit pour développer et consacrer, soit pour contenir et éliminer ; elle est liée à tout. Elle n'est pas faite pour un peuple, pour une race ou pour une classe, elle est destinée à tous : elle est la religion de l'Humanité. Bien qu'elle ait eu pour interprètes nombre de grandes natures, nul ne peut lui dire : c'est moi qui t'ai faite ! Auguste Comte ne l'a pas imaginée, il l'a reconnue, et cela a suffi pour que sa gloire soit unique dans les fastes de l'Humanité : il n'y a eu qu'une religion, il n'y aura qu'un Auguste Comte.

Rapporter tout à l'Humanité, voilà la règle universelle du devoir. En y satisfaisant, on rend l'unité, personnelle et collective, plus complète et plus stable qu'en s'efforçant de tout rapporter à Dieu. Dès lors, le bien c'est tout ce qui sert à l'Humanité, matériellement, intellectuellement et surtout moralement ; le mal c'est tout ce qui lui est contraire. Le mérite consiste à employer dignement ses forces quelconques au service de l'Humanité, c'est là la vraie sanctification. L'estime ne se répartit plus d'après la seule fonction, mais selon le degré de l'aptitude totale à concourir au bien commun ; dans cette élévation morale, il y a place pour tous, car, en se rapprochant de l'Humanité, on ne déplace ni n'appauvrit personne. Celui qui, par amour effectif de l'Humanité, pense et agit pour son service, en dehors de tout espoir de récompense en ce monde ou ailleurs, est l'homme vraiment religieux ; et, en vérité, il n'en a jamais existé d'autre que celui qui a accompli son devoir. Cette notion réelle de la sainteté a été pressentie dans tous les temps. Deux exemples suffiront ici. Vers le milieu du XIe siècle, saint Bernard écrivait son *Traité de l'amour de Dieu* *, pour établir que les vrais fidèles devaient aimer Dieu, non par l'espoir de récompenses ni par la crainte de châtiments, mais uniquement pour l'amour de lui-même, d'un amour pur et désintéressé. Un siècle après, une femme musulmane souhaitait d'anéantir le paradis et l'enfer, afin que dorénavant les hommes servissent Dieu par le seul amour; et le dernier organe essentiel du catholicisme, Bossuet, s'est fait un devoir de reproduire dans son *Abrégé de l'Histoire de France**, de nobles paroles qui avaient excité l'admiration de saint Louis (*). Toute l'histoire en témoigne, l'enfer et le ciel n'ont été faits que pour les âmes vulgaires. Il fallait résumer dans une loi l'existence de tous les gens de bien, de ceux qui, par l'entremise de la famille et de la patrie, ont voué une personnalité nécessaire au service de l'Humanité. Auguste Comte a condensé tous les devoirs, toute la morale, dans cette suprême formule : *Vivre pour Autrui!* voilà la loi de l'Humanité.

(*) Joinville relate ainsi la réponse que fit cette femme à l'un des ambassadeurs que saint Louis, étant à Acre, avait envoyés au soudan de Damas : « il trouva emmi la rue une femme fort
» ancienne qui portait en sa main dextre une écuelle pleine de
» feu et en la senestre une fiole pleine d'eau. Et frère Yves lui
» demanda ce qu'elle voulait faire de ces éléments si contraires.
» Et elle lui fit réponse : Que du feu elle voulait brûler Paradis
» et de l'eau éteindre Enfer, afin que jamais n'en fût plus. A quoi
» frère Yves lui demanda de rechef ce qui l'émouvait de ce dire :
» Pour ce, fit-elle, que je ne veux mie que nul fasse jamais bien
» en ce monde pour en avoir Paradis en récompense, ni aussi que
» nul se garde de pécher pour la crainte du feu d'Enfer, mais
» bien le doit-on faire pour l'entière et parfaite amour de Dieu. »
(*Histoire de Saint Louis.*)

TROISIÈME PARTIE

DES PRINCIPALES APPLICATIONS
DE LA MORALE POSITIVE

CHAPITRE PREMIER.

DE LA MORALE PERSONNELLE POSITIVE.

La morale personnelle a pour but de développer l'altruisme par deux procédés convergents : indirectement, par la purification des instincts égoïstes, car il ne s'agit pas de détruire mais de perfectionner une personnalité nécessaire ; directement, par la culture des instincts sympathiques, instituée par Saint-Paul, et consacrée par le positivisme. En ramenant à une même loi le culte et l'activité, Auguste Comte identifia le bonheur et le devoir.

Je vais compléter cette exposition par une vue très sommaire, mais suffisamment générale, des principales applications de la morale positive aux trois degrés successifs de l'existence, personnelle, domestique et sociale, afin de déterminer les devoirs en harmonie avec la situation actuelle.

En tout temps, on a considéré la pratique habituelle des vertus personnelles comme la plus solide base des vertus domestiques et sociales. L'homme est élevé par la famille, puis par la patrie, pour l'Humanité ; ce n'est donc que par une abstraction nécessaire que l'on envisage à part de ces milieux le règlement de l'individu. Il est tout aussi légitime de placer une morale personnelle dans une religion qui regarde l'homme proprement dit comme une entité, que d'y incorporer une morale domestique et civique, les familles et les nations étant, aussi bien que les individus, inséparables de l'ensemble. La morale personnelle positive a pour but de faire prédominer, de plus en plus, la culture de la sociabilité sur celle de la personnalité, par l'emploi de deux procédés concourants : la purification des instincts égoïstes et l'excitation des instincts altruistes. Elle apprend à combiner la pureté et le dévouement pour former et maintenir les habitudes élémentaires, qui constituent le fondement de tout l'essor moral ultérieur.

Aux yeux des docteurs catholiques, les instincts personnels sont essentiellement mauvais ; tous les efforts de l'individu doivent tendre à l'anéantir et ses vœux aspirer à rompre des liens incompatibles avec la Grâce. Le bon sens a réagi contre ces aberrations ; le positivisme, consacrant cette résistance, a repris les traditions de ses prédécesseurs théocratiques, trop méconnues par le catholicisme. Il impose au philosophe l'obligation d'être médecin, afin de ne jamais séparer, dans le gouvernement de la nature humaine, le cerveau du corps, le moral du physique. Puisque la personnalité, par sa liaison avec la vie végétative, est surtout préposée à la conservation de de l'individu et de l'espèce, il est impossible sans elle de concevoir aucune vie collective. Il faut que les fonctions corporelles s'accomplissent de manière à permettre la vie complète du cerveau et ses manifestations extérieures ; la société est intéressée à la santé de chacun de ses membres, non-seulement pour qu'ils puissent remplir leurs offices, même lorsqu'ils mettent en péril la vie, comme dans les perturbations terrestres, vitales ou sociales, mais aussi pour que leurs successeurs soient sains de corps, autant que courageux, sensés et honnêtes. L'activité propre aux instincts de perfectionnement ne sera pas moins indispensable dans une civilisation qui les tourne de plus en plus sur les choses. D'ailleurs, notre vie est encore moins notre propriété exclusive que nos biens matériels, car nous la tenons en droiture de l'Humanité. Ainsi, que l'on considère sa destination ou son origine, l'existence ne nous a pas été donnée pour nous, mais pour autrui. C'est pourquoi le positivisme condamne toutes les privations et macérations qui altéreraient des forces déjà insuffisantes; répudiant toutes les variétés du suicide, il fait du soin de la santé une des obligations fondamentales du citoyen : c'est un devoir de bien se porter pour bien agir. La personnalité est non moins inévitable qu'indispensable : on ne peut pas inscrire au contrat contre cette moitié du cerveau, spontanément prépondérante, même chez les natures élevées, du moins dans leur vie habituelle. De plus, la personnalité est constamment excitée par la nécessité fondamentale de l'alimentation et par les exigences d'un milieu qui commande l'activité, pour les supporter ou pour les vaincre. Toute autre influence, quelque noble qu'elle soit, ne peut exercer sur notre conduite qu'une action modificatrice.

Non-seulement la personnalité doit être satisfaite en tant que base nécessaire de notre activité, mais aussi comme concourant directement à l'accomplissement de nos fonctions. Il faut se débarrasser de ces vues absolues qui présentent comme inconciliables l'existence de l'altruisme et celle de l'égoïsme, et ne veulent voir dans la personnalité que la source de tout mal. Auguste Comte, par un théorème capital, qui complète les vues de Gall, a le premier conçu la liaison directe des instincts égoïstes avec les instincts sympathiques. En raison de cette corrélation, il se fait un mélange des émotions sociales avec les émotions personnelles, qui ajoute à celles-ci plus de charme et à celles-là plus de force. Ainsi c'est par suite de ces relations spontanées, et non point par un calcul raffiné ou par des déductions compliquées, que l'enfant en vient à chérir celle qui tient sa vie entre ses mains, le pauvre à respecter le riche qui pourvoit à son existence matérielle, le fétichiste à adorer la Terre et le Ciel, qui le dominent par des influences insurmontables. C'est pour cela aussi que les fonctions domestiques ou sociales, d'abord recherchées pour la satisfaction de la personnalité, finissent par constituer, pour tous ceux qui ne sont pas indignes, un milieu favorable à l'essor de la sympathie. A cet égard, l'ambition n'est pas moins nécessaire que l'intérêt : c'est pour n'avoir pas voulu le pouvoir que Danton, malgré son éminente supériorité morale et sociale, échoua contre un rival haineux et superficiel, dépourvu de toute capacité gouvernementale. Une aussi précieuse corrélation permet d'utiliser au profit de l'altruisme l'énergie supérieure de l'égoïsme. C'est là un témoignage de la grandeur de l'Humanité, qui, par une digne soumission préalable, a su tirer un procédé de perfectionnement d'attributs qui semblaient d'abord la vouer à une éternelle infériorité. Ce n'est qu'en tant que nécessaires à notre vie totale, pour nous permettre de mieux servir autrui, et à ce seul titre, que le positivisme consacre les penchants personnels. Toute morale qui ne tient pas compte des plus énergiques de nos instincts est purement déclamatoire et dangereuse ; elle mène droit à l'hypocrisie, car à vouloir la suivre et faire l'ange, on en arrive à se dégrader et à faire la bête.

Né dans un milieu livré à la plus profonde dissolution morale, le sacerdoce catholique, malgré son dogme, a tenté de régler l'ensemble des fonctions cérébrales composant la personnalité. Cependant, malgré de louables efforts, et quoiqu'il ait dans cette direction obtenu d'incontestables résultats, il n'a pas pleinement résolu le problème de la purification. Comment aurait-il été possible de faire la part légitime de l'égoïsme, avec un dogme absolu, qui excite la personnalité par cela même qu'il tend à la supprimer ou tout au moins à la comprimer aveuglément. Depuis la fin du moyen âge, de nombreux témoignages confirment la source dogmatique de cette impuissance. Il suffit de rappeler entre autres preuves : l'exaltation de la vanité chez les mystiques, et de l'orgueil chez ces serviteurs de Dieu aussi insolents envers leurs inférieurs que serviles envers leurs supérieurs ; l'universel développement de l'amour-propre, qui caractérise la maladie révolutionnaire propre aux populations occidentales ; le dédain croissant pour les questions d'hygiène ; l'amour malsain de la souffrance, qui conduisait Pascal à considérer la maladie comme l'état naturel du chrétien, par la raison qu'elle développe certaines qualités morales : c'était une vue contradictoire, car les malades supposent des gens qui les soignent et qui aient des forces suffisantes, outre que, sous le rapport moral, ce sont ceux-ci qui sont les plus intéressants dans la plupart des cas.

Il était donc urgent de satisfaire à nouveau au problème de la purification. Tout d'abord, il faut soigneusement éviter de développer des instincts qui ne peuvent jamais manquer d'excitants. Les enchaîner serait pire que le mal, en leur donnant un redoublement d'activité, sans compter que cela exigerait le rétablissement d'une magistrature des mœurs aussi inefficace qu'oppressive. La satisfaction exagérée de la personnalité détermine des perturbations, non-seulement parce qu'elle altère nos forces physiques, mais surtout parce qu'elle met en danger nos facultés mentales et morales, qui sont à la fois les plus faibles et les plus précieuses, et cela lors

même que notre santé serait à l'abri des suites funestes
de l'intempérance. Comme d'eux-mêmes les divers penchants égoïstes ne peuvent arriver à se mettre d'accord,
il faut les régler, c'est-à-dire les calmer en les dirigeant
vers un but élevé inaccessible aux passions. La morale
positive fait consister la pureté dans la subordination
normale de nos instincts personnels à la sociabilité, en
vue du service continu de l'Humanité. Elle les ennoblit,
en éliminant tous les caprices, contraires au bien commun, et en ne leur donnant de satisfactions que dans
cette voie. On ne s'y engage pas sans effort, cela est certain ; mais l'homme ne s'élève qu'ainsi, et tout ce qui
limite ses volontés le fortifie, pourvu que les obstacles ne
soient point en disproportion avec ses forces. Comme l'a
fort bien exprimé de Maistre : tel homme pourra triom-
pher de la plus violente passion à trente ans, parce que
à cinq ou six ans on lui aura appris à se passer volontairement d'un joujou ou d'une sucrerie. Bien qu'au début
il soit pénible de ne pouvoir commencer ni finir où nous
voudrions, et qu'il semble qu'il vaudrait mieux s'abandonner à l'impulsion irrégulière du sentiment, il est toujours utile d'être assujetti à des règles, même dans le cas
où les lois naturelles nous demeurent inconnues. L'âge et
l'expérience nous apprennent ce que l'homme y gagne.
Puisque partout les plus nobles phénomènes sont subordonnés aux plus grossiers, il est bon, afin de réduire
autant que possible l'arbitraire, d'aller jusqu'à donner la
précision numérique aux règles volontaires que nous
instituons. Telles sont les bases d'après lesquelles le positivisme institue les devoirs de purification, point de
départ de la moralité.

En purifiant les penchants égoïstes de ce qu'ils ont de
vicieux, on a déjà fait une partie du chemin, car on a
gagné tout ce qu'on aurait perdu si on leur avait cédé.
Mais, pour constituer la moralité, cela est insuffisant si

l'on n'y joint point le dévouement. Par elle-même, il est vrai, la purification contribue indirectement à l'essor des sentiments bienveillants, puisqu'elle réduit d'autant l'empire de la personnalité. Ainsi, le positivisme conseille une juste économie, parce qu'il ne faut détruire les capitaux qu'en réservant les intérêts de l'avenir, et qu'il est nécessaire que le déjeûner de la famille soit prêt tous les jours; mais c'est en même temps le seul moyen de pouvoir être généreux et de satisfaire au devoir de l'aumône. Néanmoins, pour prévenir les mauvaises actions, il faut avant tout cultiver les plus nobles attributs de l'âme. La morale positive propose à l'homme, comme but de toute sa vie, son perfectionnement intellectuel et surtout moral, et autant qu'il dépend de lui celui des autres. C'est le travail et la culture des bons sentiments combinés qui conduisent à la vertu, pourvu qu'on ne les sépare jamais de la science, car les fausses opinions donnent lieu à des sentiments déréglés; pour être heureux il faut penser sainement. Il est donc nécessaire que l'homme cultive son esprit, en s'initiant à l'instruction encyclopédique, complétée, ou remplacée durant la transition, par un choix de lectures conseillées par Auguste Comte, et heureusement réduit, grâce à sa compétence universelle, à un petit nombre de chefs-d'œuvre, dont l'ensemble compose le catalogue de la *Bibliothèque positiviste*. Mais cet essor mental suppose toujours la culture préalable de la sociabilité. Notre existence privée et publique ne se maintenant que par une série continue de sacrifices et de dévouements, la pratique habituelle des bonnes actions a été et restera le grand procédé de culture des instincts altruites. Mais comme les résultats produits par notre concours à la vie commune sont rarement dépendants de nos seuls efforts, et que d'ailleurs ils ne nous sont pas toujours accessibles, il faut, pour rester dans le domaine de la morale personnelle, considérer surtout les procédés de culture dont chacun peut isolément disposer. C'est pourquoi, afin de suppléer à l'intermittence nécessaire de nos actes, il faut s'attacher surtout aux bons sentiments qui les inspirent et qui ont un prix bien supérieur à nos yeux. En les cultivant directement, nous faisons plus que doubler nos forces. Rendre l'altruisme prépondérant sur l'égoïsme, voilà l'idéal vers lequel l'homme doit tendre et en deçà duquel il restera toujours.

Tel fut le but que poursuivit le catholicisme ; c'est à lui que nous devons l'institution systématique de la culture des instincts sympathiques. Le sacerdoce romain a pris pour pierre angulaire de son gouvernement la théorie de saint Paul sur la nature humaine, qui est la conception morale la plus grande que l'Humanité ait produite jusqu'à Gall et Auguste Comte. Le fondateur du catholicisme formula ainsi la distinction fondamentale entre l'égoïsme et l'altruisme :

« La chair a des désirs contraires à ceux de l'esprit, et l'esprit en a de contraires à ceux de la chair. Ils sont opposés l'un à l'autre. C'est pourquoi je ne fais pas le bien que j'aime et je fais le mal que je hais. »

Appuyé sur cette conception décisive, saint Paul conçut l'audacieux problème de transformer la nature humaine en faisant, malgré l'énergie supérieure des sentiments intéressés, prévaloir la Grâce ou l'esprit, c'est-à-dire les instincts sympathiques, sur la Nature ou la chair, qui personnifie les instincts égoïstes. Malheureusement la forme théologique de cette théorie en altéra beaucoup l'efficacité. Dans la conception paulinienne la distinction entre la Grâce et la Nature est absolue : elle ne comporte pas de conciliation, et elle a conduit à comprimer les instincts personnels bien plus qu'à exalter les penchants sympathiques. C'était à la fois une erreur de fait et un vice de méthode, d'ailleurs inévitables ; mais l'important était d'instituer la culture morale par un exercice spécial, quelque insuffisants que fussent les procédés primitifs. Cette doctrine a du reste entravé l'essor des sentiments désintéressés, en les réduisant à la seule vertu de charité, et en tournant les préoccupations individuelles vers un salut égoïste. Pour saint Paul, en effet, la Grâce est un don extérieur à nous, une impulsion directe de la divinité, qui la dispense à qui il lui plaît : « Nous ne sommes » pas capables, écrivait-il, de former de nous-mêmes » aucune bonne pensée, mais c'est Dieu qui nous en rend » capables. » L'homme était ainsi poussé à chercher son point d'appui en dehors de l'Humanité et du monde, c'est-à-dire en dehors de la réalité. Au point de vue de la culture morale, comme à tous les autres, ceux que le catholicisme a transformés l'ont été non grâce à sa doctrine mais malgré elle.

Tous les hommes jouissent de la Grâce, par ce seul fait qu'ils existent ; nous le savons depuis que Gall a remplacé la théorie théologique par la théorie positive de l'innéité des penchants sympathiques, jusqu'à lui abandonnée au caprice divin. Désormais, le perfectionnement de l'homme dépend de sa seule providence ; il peut développer sciemment la bienveillance et lui faire acquérir une intensité jusqu'ici impossible. Par suite de la faiblesse spontanée de l'altruisme, il sera toujours nécessaire de l'exciter par des exercices appropriés et purement moraux. Si ces exercices sont d'abord moins efficaces que les actes proprement dits, comme ils n'exigent point de matériaux, qu'ils sont toujours à notre portée et que leur essor peut devenir continu, ils acquièrent finalement un prix inestimable. A ces exercices moraux habituels, où la pensée et l'action se combinent avec l'affection toujours prépondérante, le positivisme, tout en éliminant des procédés passagers, conserve la qualification de prières ou de pratiques religieuses, depuis longtemps consacrée par un usage universel. Il en systématise l'emploi par l'institution systématique du culte privé, par lequel l'homme exerce sur soi-même un effort quotidien afin de développer ses sentiments affectueux. Ce culte intime, où chacun devient son propre prêtre, repose sur cette loi morale : l'expression des sentiments les excite et les fortifie, avec une intensité qui croît avec la régularité et la continuité des efforts correspondants, de façon à rendre habituelles des impulsions accidentelles. Par là, chacun peut apprécier la puissance finale de ces petits actes renouvelés chaque jour, et apprendre comment, avec la persévérance, les plus faibles efforts engendrent les plus nobles progrès. Ce n'est que par ce culte habituel que les hommes peuvent accomplir sûrement en eux-mêmes cette révolution morale préalable que suppose la libre prépondérance de la religion de l'Humanité.

En quoi consistent les avantages de cette intime culture morale? Tout d'abord, nous devenons plus capables de *Vivre pour autrui* dans le présent et dans l'avenir : nous fortifions et perfectionnons notre appareil cérébral tout entier, et par suite notre santé elle-même si profondément liée à l'unité affective; nous améliorons la race, puisque toute profonde modification organique est transmise par la génération. Enfin, nous travaillons à notre bonheur, nous emparadisons notre esprit, par la culture des souvenirs que nous ont laissés les chers témoins de notre vie, que nous relions aux images aimées de ceux qui nous entourent et de ceux qui ne sont pas encore. Serait-ce vivre réellement que de concentrer ses affections sur le temps présent sans retour vers le passé, sans souci de l'avenir ! L'amour seul sait tirer parti de tout et y trouver des plaisirs; il étend sa sollicitude au-delà de l'espèce humaine, sur les êtres sensibles qui lui apportent leur concours, sur la Terre qui est notre demeure, sur l'Espace qui représente la fatalité des lois les plus générales. Tout concourt ainsi à développer l'affection, tout conspire à son essor : c'est dans les actes bienveillants qu'elle inspire et dans les douces émotions qui l'accompagnent, que l'homme trouve le bonheur. Aimer, c'est être heureux de la félicité des autres, c'est, sinon actuellement, du moins en espérance, *Vivre pour autrui*. Auguste Comte, en fondant ainsi dans une même formule la loi du bonheur et celle du devoir, a pour la première fois concilié ce qui paraissait contradictoire. Il a démontré ce que tant de natures élevées avaient pressenti, ce qui inspirait à Mme la marquise de Lambert cette maxime : La perfection et le bonheur se tiennent ; l'homme n'est estimable et heureux que par le cœur : sa vraie grandeur est là ! Auguste Comte a fait de la culture directe des sentiments altruistes, c'est-à-dire de l'amour, le principe de la morale positive et de la religion de l'Humanité, qui en est l'aboutissant nécessaire. La morale positive personnelle concourt donc à établir l'unité collective en purifiant et exaltant à la fois chaque nature individuelle.

CHAPITRE DEUXIÈME.

DE LA MORALE DOMESTIQUE POSITIVE.

Le but de la morale domestique positive est d'élever l'homme pour la patrie et pour l'Humanité sous la présidence féminine. L'Humanité, qui a créé la femme, développe de plus en plus les aptitudes et les fonctions qui la différentient de l'homme. Librement vouée au foyer domestique, la femme y devient la providence morale de l'homme comme ménagère, épouse et amie, et surtout comme mère. Le positivisme élimine les utopies qui confient à l'État une fonction éducatrice qui n'appartient qu'à la mère, aussi bien que celles qui appellent la femme à la vie publique. C'est dans la famille qu'elle participe le mieux à l'existence sociale, et c'est afin d'assurer sa fonction capitale que *l'homme doit nourrir la femme.*

Faire de l'individu un être moral, c'est-à-dire pur et dévoué, serait impossible si on ne le maintenait dans les milieux spontanés qui alimentent, règlent et stimulent ses affections, ses pensées et son activité. La famille et la patrie élèvent l'homme jusqu'à l'Humanité; mais c'est dans la vie privée que se fait d'abord l'apprentissage de la vie publique; un mauvais fils, un indigne époux, ne sauraient être de bons citoyens. Afin d'inspirer, de former et de conserver les vertus sociales, l'amour de la femme sera toujours nécessaire à l'homme; c'est au milieu des êtres pour lesquels il aime le plus à vivre, qu'il apprend à se soumettre, à goûter les plaisirs du dévouement et à vivre au grand jour. Il faut concevoir la famille comme l'élément social spécialement destiné à élever l'homme sous la direction de la femme, qui en est le principal organe. Régler la morale domestique revient donc à résoudre la question féminine.

A tous les égards, la famille actuelle n'est que le développement de la famille primitive : au début, la femme n'existe pas, et la condition de l'espèce humaine ne diffère guère de celle qui est demeurée habituelle aux races animales, où le mâle l'emporte sur la femelle en force et en beauté. Dans la phase initiale, que représentent encore les populations les plus retardées, les sexes sont à peine distincts : la femme, surchargée des travaux les plus pénibles et les plus grossiers, assimilée au reste du domestique et le premier des esclaves, n'y est qu'un homme inférieur, plus maigre et plus laid. Voilà la condition dans laquelle l'Humanité a trouvé cet être sans nom dont elle a fait sa création la plus caractéristique, la femme, qui lui doit tout ce qui constitue sa noblesse et sa puissance. En raison de l'évolution sociale, les deux sexes présentent des inégalités croissantes, au triple point de vue physique, mental et surtout moral, en même temps que leurs fonctions se différentient de plus en plus. Néanmoins, ce développement les fait de mieux en mieux concourir à leur élévation mutuelle, l'homme par une action extérieure, spirituelle ou matérielle, la femme par une action domestique et morale. Un tel concours rend l'union plus complète et plus stable; la femme échappe graduellement à la domination brutale de l'homme, qui, de son côté, en concentrant son attachement, cède davantage à l'influence morale. Sur tous les caractères que présente la famille, c'est le perfectionnement mutuel des deux sexes qui est le plus constant, celui qui devient de plus en plus prépondérant.

Malgré des exceptions de plus en plus rares et passagères, et qui n'ont cessé de concilier la vie extérieure avec les vertus privées lorsqu'elles ont été vraiment éminentes, c'est dans la famille que la femme trouve sa plus haute destination. Il faut, en effet, considérer la famille comme l'atelier où se fait le grand œuvre, et la femme comme l'industriel par excellence. Librement vouée au foyer domestique, par ses diverses fonctions de ménagère, d'épouse, d'amie et de mère, elle élève l'homme, le purifie, exalte ses bons sentiments et devient à la fois sa consolatrice, son conseil, sa providence. Elle assure le bien-être des siens comme ménagère et, par sa prévoyance, elle fait ressortir l'importance de la conservation des matériaux et l'immoralité du gaspillage. Tout en poursuivant ses occupations habituelles, elle participe dans sa famille à l'activité industrielle, plus dignement qu'elle ne le fera jamais, comme ouvrière, dans ces grands ateliers qui altèrent la délicatesse féminine et mettent en péril sa moralité spontanée. — Devenue épouse, la femme ennoblit l'homme, en disciplinant les instincts les plus énergiques, « dans cette union qui constitue la plus parfaite » amitié, embellie par une incomparab'e possession » mutuelle » (Auguste Comte, *Catéchisme positiviste*). En acceptant volontairement l'obligation de la vie commune, l'un et l'autre s'imposent d'incessants sacrifices, et témoignent d'un respect mutuel pour leurs fonctions. Mieux l'indissolubilité du lien est garantie contre les caprices individuels, plus cette destination tourne au profit des deux époux et détermine un constant dévouement. « Entre » deux êtres aussi complexes et aussi divers que l'homme » et la femme, ce n'est pas trop de toute la vie pour se » bien connaître et s'aimer dignement » (*loc. cit.*). Une pareille union, lorsqu'elle a été vraiment digne, devient plus forte que la mort et survit à l'existence objective de l'un des conjoints. Rétablir le divorce serait compromettre d'aussi précieux résultats, puisque malgré un serment librement donné il supprime à la fois les fonction de mère et d'épouse. Le divorce n'est admissible que lorsque l'un des époux a été condamné à une peine infamante entraînant la mort sociale. En ce qui concerne les cas où les époux sont séparés de fait, il y a lieu sur leur demande motivée de constater la dissolution du premier mariage, laquelle entraîne par le fait même l'incapacité perpétuelle d'en contracter un second. — Suivant le développement naturel de leur haute magistrature morale, les femmes sont amenées à s'intéresser aux choses qui portent plus loin et plus haut que leurs familles respectives. Avec l'amie, l'Humanité a ajouté à sa providence affective un nouvel organe, dont la puissance repose sur la combinaison de la tendresse la plus profonde et du respect le plus pur. Grâce à cette création, le genre humain a réalisé un immense progrès moral ; les membres des autres familles ont cessé d'être regardés comme des étrangers, ils ont pu être accueillis dans cette maison au foyer de laquelle veille l'honneur, et avec lui la dignité, la liberté et la paix. Réalisée chez l'élite de l'Humanité, cette transformation distingue les Occidentales de toutes les autres ; ce sont elles que, dans sa belle tragédie de *Zaïre* *, Voltaire nous a dépeintes :

> Compagnes d'un époux et reines en tous lieux,
> Libres sans déshonneur et sages sans contrainte,
> Et ne devant jamais leurs vertus à la crainte.

Agissant par conseil et par affection, et non par volonté impérative, c'est surtout comme amies qu'elles interviennent dans les affaires de leur temps, politiques, sociales et religieuses. Dans leur intérieur seulement, dans leur salon, elles préparent l'opinion ; partout ailleurs, au temple, à l'école ou au club, leur assistance doit toujours rester passive. Au foyer domestique elles règnent, c'est là qu'elles agissent si puissamment sur le cœur de l'homme et réalisent la conception positiviste de la femme personnifiant l'Humanité.

Jamais les âmes révolutionnées, qui finissent par ne plus se comprendre à force de chercher bien loin les moyens d'améliorer l'instruction de la jeunesse, ne parviendront à ravir à la mère sa fonction d'éducatrice. Une mère seule est capable d'élever l'homme, parce que seule elle a cette puissance du cœur qui forme le caractère pour la vie et détermine des mœurs, malgré la paresse du corps et de l'esprit et en dépit de sauvages appétits. Voir dans la mère la directrice perpétuelle de ses enfants, voilà le principe de toute éducation ; jusqu'à la puberté, ils ne doivent dépendre que d'elle exclusivement, et c'est un malheur pour elle et pour eux quand il en doit être autrement ; durant tout le reste de leur existence elle doit conserver la surintendance de leur éducation. Établi sur le culte de la mère, par lequel les deux sexes s'élèvent à l'amour de l'Humanité, le culte intime a pour résultat capital de prolonger au-delà de la mort la douce et salutaire influence de cet ange gardien, commun à tous les âges. N'est-ce pas elle qui la première a aimé son enfant et souffert pour lui ? qui a risqué sa vie pour lui donner le jour ? Accents, regards, sourires, les premiers ont été pour celle dont il est la chair et le sang et qui, dans le jour et dans les veilles, lui a prodigué ces soins si délicats, dont la multiplicité et la durée lasseraient tout autre qu'elle. Laissons donc les enfants à leur mère ; il n'est pas d'être qui, sous tous les rapports, leur soit attaché par autant de liens, qui ait autant vécu pour eux, à qui ils aient autant coûté.

Les novateurs pédagogiques, invariables partisans de l'instruction obligatoire, qui essayent de persuader que l'enfant est de trop à la maison, qu'il est nécessaire de le confier à un *étranger* pour le soustraire le plus tôt possible à l'influence féminine, afin d'en faire un homme et un citoyen, ne font que remettre au jour les procédés jésuitiques du casernement de la jeunesse. Avec de Maistre, nous disons : « Faire des enfants, ce n'est que de la peine ; » mais le grand honneur est de faire des hommes, et c'est » ce que les femmes font mieux que nous, » et c'est à quoi l'État n'entend rien. Telle est leur aptitude à remplir cette fonction, qu'elles y atteignent la limite de la perfection humaine : pour ce petit être, si faible d'intelligence, sans moyen de réaction, et qui se trouve dans son absolue dépendance, la mère aura une affection sans borne. Il y a plus, elle comblera de soins et de caresses l'enfant infirme, qui ne sera jamais qu'un fardeau, et qui laissera éternellement sans retour tant d'actes de dévouement. Non, ce n'est pas par un directeur de conscience, sacerdotal ou laïque, mais par la mère seule que les conseils moraux doivent être transmis à l'enfant, et cela n'en vaut que mieux pour l'un et pour l'autre. Unique intermédiaire par lequel la société puisse sans danger faire sentir son action à l'enfant, c'est la mère qui a la gloire d'avoir formé ce que la patrie et l'Humanité ont compté de plus pur et de plus grand : toujours les saint Augustin sont fils des sainte Monique, et il n'y a que les Cornélie qui enfantent des Gracques. Somme de la perfection, la mère, par l'excellence de sa nature, est devenue l'image chérie de la patrie et de l'Humanité.

Les théoriciens purement révolutionnaires n'ont émis tant de sottises dans leurs projets de rénovation de l'éducation populaire, que pour n'avoir pas tenu compte de la nécessité des préjugés, c'est-à-dire de la digne subordination au cœur, dont ils ne comprennent pas l'importance. Autrement en juge la mère, qui déploie toute son énergie pour faire prévaloir ces préjugés, dont l'homme comprendra d'autant mieux la portée, lorsque la science lui en aura donné la démonstration, qu'ils lui seront depuis plus longtemps devenus habituels. Faute de tenir compte de l'existence des sentiments bienveillants, ils renouvellent la prétention mise à la mode par Rousseau, dans son *Émile*, d'élever l'homme sans préjugés, conception brutale qui, à la fois, pousse au mépris de la femme par le seul fait de méconnaître si radicalement ses fonctions, et discrédite auprès des mères la véritable émancipation. Fort bonne observatrice d'une réalité avec laquelle elle est en contacts si intimes, la femme regarde avec pitié ces partisans de l'observation, qui ne voient pas que la suppression des préjugés équivaudrait à laisser le champ libre à cette bête fauve que tout homme renferme en lui. Il n'est pas surprenant que les mêmes révolutionnaires qui tombent dans d'aussi grossières erreurs se laissent aller à un raffinement de sensiblerie, à l'imitation de Rousseau, dont on retrouve la trace dans toutes les corruptions contemporaines. Tout parent qui ne néglige pas au besoin les corrections corporelles est bien près d'être regardé comme un individu sans cœur par ces âmes sensibles, qui, sous la qualification de droits des enfants, ont inventé une des plus extravagantes conceptions d'un siècle si riche en ce genre. Toutes les fois que les procédés pacifiques ne suffisent pas, il faut bien recourir à des procédés plus effectifs ; il en est de l'éducation des enfants comme de la vie civique, il faut se soumettre dans tous les points essentiels ; d'ailleurs le pire mal qui puisse arriver à un homme c'est d'avoir été un enfant mal élevé. En matière d'éducation, il faut se défier de ces prétendus progrès, qui ne sont presque toujours que des modifications perturbatrices enfantées par des esprits sans cœur.

En résumé, les sollicitations des révolutionnaires ne sont pas faites pour faciliter la solution du problème moderne, car elles augmentent les répugnances de la femme pour toute rénovation ; or, sans sa conversion, on ne pourra résoudre aucune des questions de notre temps, religieuse, sociale ou politique. Dans leurs tentatives d'assimiler les rôles de l'homme et de la femme, ces anarchistes poursuivent une œuvre anti-sociale ; car elles aboutiraient, si elles pouvaient réussir, à ramener notre espèce à l'égalité primitive, c'est-à-dire à abroger l'œuvre de l'Humanité. Universellement, la prétendue égalité des sexes revient à l'interversion de leurs fonctions : l'épouse travaille aux champs et le mari tisse à la maison, l'instituteur élève les garçons pendant que la mère est à l'atelier ; il faudrait être aliéné pour voir une amélioration dans un pareil bouleversement. Comme le progrès rend les femmes de moins en moins aptes à la vie extérieure, on ne peut améliorer leur sort qu'en consacrant cette tendance ; la question n'est donc pas de les pousser à se faire électeurs, avocats, députés, médecins ou industriels. Agissant dans la famille comme organes de la providence morale de l'Humanité, elles ne doivent participer ni à la vie extérieure, comme citoyennes ou ouvrières, ni au commandement, ni à la prédication ; ce n'est qu'en restant femmes qu'elles peuvent être supérieures, et le jour où elles veulent le devenir à la manière des hommes, ce ne sont plus que des singes de l'homme. Toutes les déclamations sur le prétendu esclavage des Occidentales, par des paladins des droits des femmes trop zélés pour être vraiment désintéressés, sont en contradiction avec les faits comme avec la méthode qu'elles ont constamment employée pour accroître leur indépendance. Il s'agit de les aider à développer leur nature ; comme elles l'ont fait dans le passé ; en remplissant leurs devoirs en dépit de tous les obstacles, elles sont arrivées, sans insurrection, à conquérir leur liberté actuelle, et, par cette héroïque façon de donner sa vie, elles ont obtenu la meilleure garantie de leurs droits, l'existence domestique. On sera toujours certain de se faire accepter et écouter d'elles en invoquant les devoirs qui les vouent à leur famille, où elles trouvent le plein essor de leur activité, physique, intellectuelle et morale, car elles ne sont vraiment heureuses que là. Ne cherchons donc jamais, par des excitations artificielles, à les en tirer pour les placer dans une situation qui

altérerait leur supériorité morale et entraverait leur
office social; ce serait à la fois dégrader leur nature et
attenter à leur bonheur.

Satisfaire à l'aspiration universelle des gens de cœur,
en assurant à tous le paisible essor des affections domestiques, seule source du vrai bonheur, tel est le moyen le
plus efficace pour perfectionner l'homme et exalter la
femme. Assister l'époux, tenir le ménage, créer de corps,
d'esprit et de cœur quelques-uns de ces êtres dont la formation et le développement sont si délicats et si longs;
voilà de quoi absorber l'existence d'une seule femme à
l'exclusion de toute autre activité. Telle est la tâche à
laquelle il est de son devoir de se dévouer, parce que nul
ne peut l'y remplacer; c'est afin de lui garantir les
lumières, les loisirs et la disponibilité exigés par sa fonction que l'Eglise et la société civile interviennent dans
l'existence de la famille, qu'elles ont, par leurs réactions,
concouru dans le passé à élever et développer. Incorporer
la femme à l'essor mental de l'Humanité, voilà la fonction
que le sacerdoce positif aura à remplir envers elle; c'est
pour satisfaire à ce devoir que la science de l'Humanité
lui sera enseignée comme à l'homme, sauf un moindre
développement mathématique, par les mêmes maîtres,
quoique dans des leçons séparées. Sans cette initiation
encyclopédique, l'on courrait le risque de compromettre la
raison générale elle-même en laissant décheoir, par
désuétude héréditaire, la capacité abstraite chez celle qui
la transmet. Fonderait-on un régime rationnel et pacifique si le nouveau citoyen continuait à traiter en enfant
ou en créature inférieure celle qui est son amie, qui
deviendra sa compagne, et qui finalement contribuera à
son tour à former corps et âme une nouvelle génération?
A l'égard du devoir qui consiste à dispenser la femme du
travail extérieur, on ne doit pas oublier, quoiqu'il incombe
à la société civile, que ce n'est que par l'entremise du

père et de l'époux qu'il peut être satisfait; il n'en faut excepter que les cas où ses protecteurs naturels viennent à lui manquer. Ce devoir étant pleinement rempli envers elles, les dignes femmes renonceront librement à l'usage pernicieux des dots, aussi contraire à leur dignité que nuisible à l'activité industrielle. Tous les devoirs sociaux envers la femme reviennent essentiellement à assurer au prolétariat tout entier la plénitude de la vie de famille, restée jusqu'ici le privilége des classes aisées. Il faut donc voir le résumé de la morale domestique positive, dans ce devoir universel qui la rattache à la morale civique : *L'homme doit nourrir la femme !* On ne peut incorporer le prolétariat à la société moderne, sans la réalisation générale de cette règle ; car ce n'est que lorsqu'il aura obtenu l'accroissement de salaire et de loisirs qu'elle motive et consacre, qu'il pourra être associé au double mouvement intellectuel et moral. Nous reconnaissons donc que les deux sexes, en se distinguant l'un de l'autre, concourent nécessairement de mieux en mieux, l'un par le travail et l'autre par l'éducation, à leur perfectionnement mutuel et à la formation de dignes serviteurs de la patrie et de l'Humanité.

CHAPITRE TROISIÈME.

DE LA MORALE CIVIQUE POSITIVE.

La morale sociale développe l'homme formé par la famille. La patrie, dont la notion fût tardive, assure le concours de tous les citoyens à l'œuvre commune par un double organe, spirituel et temporel. Le nouveau régime exclut l'autonomie communale et les grandes nationalités comme incompatibles avec l'étendue normale de la patrie, dont la Hollande fournit le type, ainsi que le communisme et l'industrialisme comme contraires à la dignité civique. Tous les services humains étant libres et gratuits, le travail doit se dégager des mœurs serviles. Consacrant la hiérarchie industrielle et la division entre les entrepreneurs et les travailleurs, qui constituent respectivement la providence matérielle et la providence générale de l'Humanité, la morale civique positive règle les devoirs respectifs par l'entremise du pouvoir spirituel, médiateur de tous les conflits.

Maintenant, il faut examiner la morale sociale, c'est-à-dire l'ensemble des devoirs que le positivisme institue envers l'existence civique et universelle. Il faut voir dans l'activité publique la véritable destination de l'homme, de même que la femme trouve la sienne dans la vie privée. En effet, la famille est trop peu étendue pour donner pleinement le sentiment et la notion de l'existence collective, et bien que le culte de la tombe en soit inséparable, la continuité n'y est pas assez sentie, non plus que la solidarité. Tous les instincts sympathiques y sont cultivés il est vrai, mais il n'y a que le plus énergique, l'attachement, qui s'y exerce pleinement ; enfin, la vénération pour les supérieurs et la bonté pour les inférieurs ne trouvent leur véritable essor que dans la vie publique. Toutefois,

les principaux avantages de la vie publique seraient
annulés si l'homme devait passer directement de l'existence domestique à l'existence universelle, car les liens
deviendraient à la fois trop faibles et trop indéterminés
pour comporter quelque efficacité. Entre la famille et
l'Humanité, il faut la patrie, plus étendue que l'une, plus
intense que l'autre, et cela pour le triple perfectionnement
de notre cœur, de notre esprit et de notre activité.

A un degré mieux saisissable que chez les autres êtres
collectifs, quoique ce caractère soit commun à tous, la
patrie résulte du concours universel, par des fonctions
distinctes, à une œuvre commune. La division fondamentale, en spirituel et temporel, de l'organe chargé d'assurer
ce concours, par la réaction de l'ensemble sur les parties,
déjà distincte dans la famille, y est de plus en plus
tranchée : imparfaite et spontanée au début, elle tend à
devenir complète et systématique. Instituer un régime
industriel et pacifique, compatible avec la séparation
positive des deux pouvoirs, et dans lequel les fonctions
quelconques seront rapportées à l'Humanité, voilà le but
de la morale civique positive, et le terme de l'évolution
sociale. Né partout au milieu d'une peuplade ou d'une
tribu, l'homme n'est arrivé que relativement tard à la
notion de patrie ; elle est même demeurée inaccessible à la
morale monothéique, faute de pouvoir se placer au point
de vue collectif : dans le Décalogue, il n'est pas question de
patrie, et pour les juifs comme pour les chrétiens et pour les
musulmans la nationalité est purement religieuse ; de là
leurs tendances spontanées vers la théocratie. Évidemment,
les polythéistes progressistes leur ont été bien supérieurs
sous ce rapport ; nous devons la notion de patrie et son
principal développement à la civilisation militaire, ébau-
chée en Grèce par les Thémistocle et les Alexandre, et
pleinement développée par la Rome conquérante, qui en
a formulé les principaux devoirs et fourni les types les plus

caractéristiques, dans les Scipion, les Trajan et dans César, le plus grand de tous. Appuyés sur les incomparables résultats de cette civilisation, le sentiment et la notion de patrie ont pu surmonter le dogme chrétien, assurer la séparation des pouvoirs, et se transmettre jusqu'à nous, à travers le moyen âge et l'ère révolutionnaire.

Tout en s'inspirant de sentiments plus généreux et de vues plus générales, la patrie ne cessera jamais de constituer, comme elle le fut dans le monde romain, le véritable centre de notre vie, la grande unité pour laquelle nous devons agir et mourir au besoin. On doit faire tout converger vers cette destination; s'y dévouer, voilà le plus important des devoirs, et pour la religion de l'Humanité l'homme est avant tout un citoyen. Un si noble but fait consister la plus grande mission du sacerdoce positiviste, telle que je l'ai remplie en France sans interruption depuis vingt-et-un ans, dans la formation et la vulgarisation des devoirs propres à l'existence civique. J'ai dit comment la Science sociale, ayant formulé les lois du concours des diverses nations dans le temps et dans l'espace, apprend à tous, Français, Anglais et autres Occidentaux, ce qu'ils doivent penser et comment ils doivent aimer leur patrie pour servir l'Humanité. On ne doit attendre l'avènement d'un régime industriel systématique que de l'institution de ce sacerdoce; les convictions n'étant pas mûres, avant d'agir il faut se mettre d'accord pour réaliser pacifiquement l'œuvre, réelle, utile et durable, à laquelle le positivisme convie tous les citoyens. Un premier pas sera fait dans cette voie par la suppression de tout ce qui pourrait entraver la plus complète liberté d'exposition, de discussion et de réunion, de manière à laisser l'opinion seule juge des doctrines quelconques. Réagir sous ce rapport contre les tendances actuelles des gouverneurs républicains est un devoir; car il ne s'agit pas de reprendre ni de consolider les plus désastreuses mesures de Bonaparte, mais de supprimer les subventions et priviléges quelconques que l'État accorde à l'Église et à l'Université, en tenant compte, par de justes indemnités, de tous les droits acquis. Secondés par cet ensemble de mesures provisoires, destinées à écarter toutes les entraves à la liberté spirituelle, ceux qui savent consolideront et compléteront, par l'enseignement et la prédication, l'action morale de la famille, pour le bien commun de la patrie et de l'Humanité.

Respectueux de l'ordre et du progrès, conditions inséparables de toute activité pacifique, le positivisme écarte spontanément les tendances révolutionnaires vers toute restriction ou extension exagérée de la patrie, qui en rendrait l'existence stérile ou perturbatrice. Utopie anarchique de l'autonomie politique de la commune et conception rétrograde des grandes nationalités sont également éliminées par lui, comme contradictoires avec le régime positif. Sans doute, la commune est l'intermédiaire obligé entre la famille et la patrie; c'est là que se fait l'apprentissage de la vie publique, et que se développe le sentiment social rattaché de bonne heure aux trois siéges matériels (Maison commune, Temple et Cimetière) qui rappellent sans cesse l'union, l'unité et la continuité. Toute tentative d'exagérer son indépendance entraverait le concours auquel elle doit son existence; création de la patrie, la commune est un groupe secondaire qui dépend de ce qui se décide dans la métropole, autour de laquelle de multiples éléments analogues se sont graduellement groupés sous le poids d'un passé commun. Il faut concevoir la patrie comme un organisme dont les campagnes représentent la base végétative; leur coordination s'opère par l'action des grandes villes sous la présidence d'une cité capitale, qui gouverne nécessairement parce qu'elle est socialement supérieure; c'est cet ordre spontané que l'autonomie communale viendrait perturber. Ce qu'on préconise au nom de la théorie métaphysique des races ou des frontières naturelles, est devenu un pur anachronisme ; les grandes nationalités n'ont eu de raison d'être qu'au point de vue militaire ; elles ont repris faveur avec la décadence de la foi théologique, qui devenait de plus en plus incapable de coordonner des populations politiques distinctes. On ne pourrait, faute de principes communs, maintenir l'ordre dans des Etats aussi étendus sans exagérer l'action du gouvernement temporel ; de là ce despotisme administratif qui caractérise l'Occident révolutionnaire, car les nations ne se résignent pas plus que les individus à une dissolution prématurée.

Il faut, avec Auguste Comte, concevoir la patrie normale comme une Cité prépondérante, avec le territoire nécessaire pour la nourrir, sur lequel vivent un certain nombre de familles ayant des antécédents communs et travaillant pour une postérité commune. Des divers Etats actuels, la Hollande peut être regardée comme le type le plus approché de cet idéal ; ses dimensions suffisent à l'existence durable d'un régime pacifique et industriel réglé par une foi démontrable. En quoi consisterait l'utilité de nations plus étendues, quand on ne se battra plus au dehors pour maintenir au-dedans un régime oppressif ? la patrie n'inspire un amour efficace que lorsque ses diverses parties sont réunies, sans aucune violence, par une active solidarité qui permet de se connaître assez pour s'aimer profondément. Aussi, avec le régime du travail, dès que la pleine liberté spirituelle sera établie et le sacerdoce de l'Humanité suffisamment développé, il y aura à la fois décomposition des nationalités trop étendues et concentration des pouvoirs législatif et exécutif ; le gouvernement temporel étant, durant la transition, chargé de maintenir l'ordre matériel, et d'empêcher toute atteinte à la famille et à la propriété. La France n'échappera pas à cette loi ; en temps opportun, c'est-à-dire lorsque la religion de l'Humanité sera établie en Occident, le positivisme demandera la décomposition politique de la France, préparée administrativement par l'institution civile de la commune et de la province, gages de la liberté sociale. En cela, comme en tout, la doctrine positive est relative, et chaque modification y est déterminée; nous dirons ce qu'il faut faire à cent ans d'ici, car on prêche d'abord pour réaliser ensuite; nos successeurs pourvoiront plus tard aux exigences de leur situation, en continuant la tâche que nous leur léguerons, comme nous avons acceptée celle de nos successeurs.

En ne séparant jamais la réduction finale des diverses patries à leurs dimensions normales, de la considération d'un régime où le travail prévaudra sur la guerre, on détermine mieux le caractère de la nouvelle activité civique. Soit que l'on tende au monopole avec l'industrialisme, soit que l'on comprime l'indépendance avec le communisme, sous prétexte de fortifier le concours, on entrave également la transformation sociale. Comme il n'y a de société progressive que celle où le concours est volontaire, il est du devoir de tous, pauvres et riches, de se considérer comme des collaborateurs à une œuvre destinée à l'ensemble des successeurs, pour lesquels ils travaillent en fait, comme les prédécesseurs avaient travaillé pour eux. La distinction métaphysique entre les fonctions privées et les fonctions publiques doit donc être écartée; toutes les professions propres au régime industriel devant être envisagées au point de vue social, il en résulte que tous les services humains sont gratuits. Agir, c'est donner à la fois son existence et les résultats dus à celle des ancêtres qu'on s'est assimilés; comment tarifer une activité qui met en péril la vie du travailleur, trop souvent victime des éléments ou d'appareils mécaniques qui, comme ces dieux antiques, dévorent parfois leurs serviteurs? Vulgairement, on conserve encore de fausses distinctions introduites par une vanité servile pour caractériser la rétribution des

diverses fonctions sociales ; mais qu'on le qualifie d'hono-
raires, d'appointements ou de gages, en aucun cas, le
salaire ne paye le service rendu. Essentiellement, il représente l'indemnité due pour renouveler les matériaux
employés à la conservation et à la régénération des forces
quelconques, physiques, intellectuelles et morales, mises
au service de la société. Sciemment ou non, le salaire est
dans tous les cas un prélèvement sur les capitaux créés par
les générations, passées et présente ; il faut donc le calculer
d'après les nécessités de l'existence de la famille, de
manière à assurer le loisir à l'enfance, le repos à la
vieillesse, et à tout âge la vie domestique à la femme ; le
surplus est le patrimoine du genre humain.

Patrons et ouvriers, faute d'avoir le sentiment social
de leurs fonctions respectives, croient et prétendent toujours, pour le plus grand nombre, ne travailler que pour
soi ; c'est perpétuer aveuglément des habitudes qui ne
convenaient qu'à la période guerrière, où les industriels
n'étaient que des instruments serviles entre les mains des
chefs militaires. User des capitaux dont on dispose pour
satisfaire des appétits que stimule encore une oisiveté
égoïste est certes blâmable ; mais se proposer cette ignoble
existence comme le but de son émancipation est plus
indigne encore de la part d'un prolétaire : le riche inactif,
à un certain degré, a le calme de la possession, tandis
que le second y apporte la rapace ardeur d'un déshérité
avide de jouissances. Regardant l'un et l'autre le travail
comme une servitude, non comme un devoir, et dont
chacun est intéressé à chercher à se dispenser le plus
qu'il peut, en rejetant tout ou partie de son fardeau sur
autrui, ils sont tous les deux demeurés de véritables
esclaves. Il est esclave, en effet, celui qui sert ses semblables malgré lui, celui qui use arbitrairement des
richesses communes, celui qui, méconnaissant leur origine
et leur destination, se venge sur les matériaux des torts,

supposés ou réels, de leurs détenteurs actuels. Facteurs de l'existence humaine, prolétaires et entrepreneurs doivent éviter le gaspillage des matériaux et des produits du travail; une sage économie, sans appauvrir personne, enrichit d'autant la société, qui doit en retour à son fidèle serviteur une plus grande part de ses biens. Il y a, chez ceux qui possèdent, plus d'appréhensions que de haine, plus de doutes que de peur; le prolétariat peut contribuer beaucoup à déterminer des mœurs plus nobles chez ses directeurs, en surmontant une défiance et une envie perturbatrices. Effort sur soi pénible sans doute pour beaucoup, mais certainement fructueux, car la liberté en résulte, et c'est le pas décisif dans l'élévation du prolétariat à la dignité civique. Regarder comme dégradant ou humiliant le dévouement envers les pauvres ou le respect pour les riches, est encore un reste des mœurs serviles; nul n'est dispensé de donner l'exemple des dispositions sympathiques qu'exige son office et qui légitiment son pouvoir; on n'est citoyen qu'en concourant fraternellement à l'activité commune.

Afin de faciliter cette rénovation morale, il faut, durant la transition, attacher un grand prix à tout ce qui maintient les habitudes et les préjugés sociaux qui ont heureusement dirigé le premier essor du travail, et qui continuent encore parmi nous les bienfaits des civilisations romaine et féodale. Dans le régime industriel, les débuts ont un caractère personnel et dispersif; les matériaux ne s'y présentent que sous forme de résultats acquis, qui semblent n'exiger aucune participation collective. On apprécie immédiatement, par contre, le caractère social du régime militaire; comme l'on ne se bat qu'en troupe, chacun y dépend directement des autres, le mérite est aisément distingué, et chaque fonction depuis la plus générale jusqu'à la plus spéciale y est aussitôt appréciée et respectée. Rationnellement, ces mêmes propriétés caractérisent l'activité industrielle ; mais il fallait pour les y découvrir qu'elle eût, par un essor décisif, embrassé la planète entière, et surtout que l'esprit abstrait ait abouti à la conception de l'Humanité ; c'est ce caractère social que le sacerdoce positiviste fera ressortir à tous les yeux, en mettant les lumières à la hauteur de la situation. Entretenons donc soigneusement les institutions qui conservent encore des relations morales entre les patrons et les ouvriers, entre les pauvres et les riches ; conservons ces fêtes spéciales propres aux divers corps de métiers, ces fêtes nationales, ce culte des grands hommes, qui relient les familles à la commune, à la patrie et à l'Humanité et qui, en rappelant le caractère social de l'activité, concourent à la régler pacifiquement.

Tout paisible essor de l'industrie positive suppose le respect de la division nécessaire et fondamentale entre entrepreneurs et travailleurs. Il est nécessaire au bon ordre, la conservation et même l'accroissement des trésors matériels de l'Humanité étant une condition inéludable de son existence, que cette fonction soit aussi concentrée que le permettent les forces individuelles. Malgré les sophismes révolutionnaires, il faut faciliter la marche normale de cette concentration des capitaux et non chercher vainement à l'empêcher ; car il est évident que moins il y aura de frais de gérance et de responsabilité indirecte ou factice, plus il sera facile d'assurer au prolétariat le salaire et les loisirs indispensables à son existence. On peut d'ailleurs constater que c'est la nécessité de pourvoir à l'activité rénovatrice qui a établi, dès les derniers siècles du moyen âge, cette division entre ceux qui dirigent et ceux qui exécutent ; du milieu prolétaire ont graduellement surgi les agriculteurs, les fabricants, les commerçants et en dernier lieu les banquiers, qui remplissent la fonction industrielle la plus générale. Naturellement déterminé par la multiplicité des opérations pratiques, le nombre des chefs indépendants les uns des autres dans chacun des degrés de cette hiérarchie sera toujours considérable, quoique d'autant moindre que la fonction est moins spéciale. Il importe que les nouveaux patriciens se fassent les dignes exécuteurs des lois de l'Humanité pour que leur volontés soient universellement consacrées et respectées. En acceptant volontairement la règle universelle qui consacre la division entre entrepreneurs et travailleurs, tout en satisfaisant aux légitimes demandes de ces deux éléments inséparables du nouveau régime, les chefs industriels pourront contrôler le bon emploi de leurs forces. Regarder la richesse comme sociale dans sa source et dans sa destination, et son appropriation personnelle comme le meilleur moyen de l'employer dignement, par l'entremise de la famille et de la patrie, au service de l'Humanité, voilà la loi fondamentale : richesse oblige !

Répartir la richesse matérielle, à l'administration et à la conservation de laquelle ils sont préposés, tel est le rôle des industriels. Etablis pour être la providence matérielle de la société, leur devoir général consiste à assurer l'existence domestique du prolétariat, aussi indispensable à sa dignité mentale et morale qu'à son activité matérielle. Détenteurs des biens communs d'une société qui sera toujours trop pauvre, ayant seuls les éléments de la statistique économique du monde entier, et les forces suffisantes pour pourvoir après avoir prévu, c'est à eux qu'il appartient de prévenir les crises ; quand la misère grandit, c'est qu'ils ont fait un usage erroné ou abusif de leur puissance, en la mettant au service d'opérations prématurées ou nuisibles. On doit considérer comme assujettie au même devoir de prévoyance, la transmission des offices inséparables des capitaux nécessaires à leur accomplissement. Une même loi préside dans le régime républicain à la succession des fonctions industrielles et des fonctions politiques ; elle doit relever de la libre initiative des organes actuels, l'approbation des supérieurs étant toujours réservée. Tel est le mode spontanément pratiqué à l'égard des plus simples fonctions : tout digne prolétaire est considéré par son chef immédiat comme le meilleur juge de son successeur. En ce qui concerne les suprêmes fonctions politiques, le contrôle du supérieur est remplacé par celui du public, qui doit être prévenu du choix assez à temps pour le confirmer ou l'annuler, selon les cas ; s'il y a dissidence, c'est lui qui doit exclusivement pourvoir à la détermination des gouverneurs.

Il faut considérer le prolétariat comme composant, en fait, la masse sociale, puisqu'en dehors de lui il n'y a qu'une bien petite minorité de chefs industriels ; les femmes, qui constituent la majorité de l'espèce humaine, étant envisagées à part. Dans toute société, c'est le prolétariat qui fait la besogne matérielle ; c'est lui qui renouvelle le corps social, qui reproduit toutes les choses nécessaires à la vie ; et qui agit directement sur les matériaux et les animaux, dont le patriciat a la propriété. Il remplit une fonction plus générale, celle de surveiller les actes quelconques des pouvoirs publics : il a le nombre et le désintéressement ; par sa situation il touche à tout et subit la réaction de tous les abus ; il est donc appelé à tout apprécier. Or le prolétariat ne peut exercer ce contrôle universel, avec la puissance et l'utilité nécessaires, sans une instruction encyclopédique qui lui donne des clartés de tout, et qui s'étende de son élite à tous ses membres. Mettre à sa portée l'enseignement général est le devoir fondamental du sacerdoce positiviste, et Auguste Comte a déterminé le plan suivant lequel l'ensemble de la science de l'Humanité devra lui être enseigné. En 378 leçons, gratuites, effectuées le soir et réparties dans un intervalle de sept années, le sacerdoce communiquera aux enfants prolétaires, de quartorze à vingt-et-un ans, sans nuire à leur apprentissage, l'instruction indispensable au citoyen moderne.

Élevé sous cette direction, le prolétariat donnera à son contrôle la pleine efficacité qu'il comporte, en consacrant la tendance de la civilisation à détourner sur les choses l'activité destructive de l'homme, et à limiter aux biens les répressions qui atteignaient autrefois la liberté et la vie. Son devoir est de renoncer à tout emploi de la violence pour sanctionner ses décisions, de réduire sa résistance au refus d'assentiment ou de concours, et de n'y recourir que pour des motifs sociaux. Pour le prolétariat, il peut sembler que ce soit faire une concession léonine, de réduire son extrême résistance à la grève, c'est-à-dire à une lutte entre les capitaux concentrés de quelques riches et ceux d'un nombre considérable de pauvres. Régler l'emploi de ses forces, c'est les multiplier : toutes les fois qu'une réclamation prolétaire est justifiée et réalisable, il suffit de la digne adhésion d'un seul entrepreneur pour déterminer aussitôt celle de ses confrères. Il se trouvera d'ailleurs dans le patriciat industriel, comme la noblesse féodale en a fourni tant d'exemples, des âmes chevaleresques qui mettront non plus leurs bras mais leurs richesses au service des opprimés. Tous les citoyens participant au culte et à l'enseignement de l'Humanité, il s'établira entre les divers fonctionnaires sociaux des relations directes de tous genres, qui pourront être invoquées de manière à rendre les rapports industriels de plus en plus conciliants. Si cependant des conflits éclatent, c'est le sacerdoce de l'Humanité, appelé par sa fonction à devenir le suprême modérateur et régulateur de la société et le défenseur de toutes les causes justes et dignes, qui, avec le concours des femmes, interviendra comme médiateur entre les nouveaux belligérants, en faisant appel à la conscience et à l'opinion.

Substituer à la confusion révolutionnaire des deux pouvoirs, la séparation normale seule convenable au régime basé sur la science et sur l'industrie, voilà l'attitude que préconise partout la morale civique positive, tant dans l'existence habituelle que dans les conflits qu'elle suscite. Elle distingue ce qui est dû à la fonction de ce qui revient à l'organe, ce qui permet de toujours respecter l'office quelle que soit l'indignité du fonctionnaire ; dès lors la remontrance devient conciliable avec l'ordre et la subordination compatible avec le progrès. La séparation des deux pouvoirs, si bien en harmonie avec nos mœurs et qui seule peut surmonter l'esprit de révolte et de servilité, doit être regardée comme l'institution fondamentale de la République positive et la garantie de toutes les autres.

CHAPITRE QUATRIÈME

DE LA MORALE OCCIDENTALE POSITIVE

Le but de la morale occidentale positive est de régler l'existence des diverses populations devenues solidaires depuis Charlemagne qui composent la République occidentale. Ce règlement ne peut provenir des procédés révolutionnaires : politique des nationalités, industrialisme, sentimentalisme. Le rétablissement de l'ordre occidental dépend d'une transformation religieuse, dirigée par le sacerdoce de l'Humanité, et que les divers États seconderont par l'adoption d'une politique pacifique. La France régénérée par la République est appelée à prendre cette double initiative, morale et politique.

Ce n'est pas directement que la patrie peut réaliser le règne de l'Humanité ; entre l'existence civique et l'existence universelle, se place un appareil spécial, le plus admirable qu'elle ait encore construit pour être l'agent suprême de sa puissance. Avec lui s'est produit le dernier terme de la révolution, commencée il y a trente siècles et caractérisée par la rupture croissante avec le régime théocratique, successivement étendue à l'intelligence, à l'activité et au sentiment. Par cette lente évolution, les nations ont joué dans l'histoire leur rôle caractéristique, et c'est par elle qu'elles occupent un rang déterminé dans la civilisation moderne. Elle a décomposé l'espèce humaine en deux groupes principaux, l'Occident et l'Orient ; l'un caractérisé par le développement du régime scientifique et industriel, l'autre, plus ou moins soumis au régime théocratique ou même purement fétichique, embrasse tout le reste de la Terre. La morale occidentale positive a pour but de régler l'existence des diverses patries qui forment l'élite de l'Humanité en les rapportant à l'ensemble planétaire, qu'elles ont pour mission de diriger.

Historiquement, la République occidentale a été complétée dans ses éléments essentiels au IXᵉ siècle; tous ont participé en commun au régime catholico-féodal et au double mouvement organique et critique qui caractérise l'ère moderne. Antérieurement à cette évolution commune, trois de ces éléments avaient subi les incomparables effets de la civilisation romaine, qui de plus avait étendu de l'Italie à l'Espagne et à la Gaule les résultats de la civilisation grecque, qu'elle s'était assimilée. L'impulsion que ces populations en ont reçue a été si puissante qu'elles ont pu perpétuer jusqu'à nous une suffisante communauté de mœurs, d'opinions et de langues, et la communiquer aux populations septentrionales. L'achèvement de l'incorporation fut l'œuvre de Charlemagne, qui doit être regardé comme le fondateur de la République occidentale; en respectant et consolidant la séparation des deux pouvoirs, il établit une union volontaire de populations politiques distinctes reliées par la papauté; et ce qui avait échappé à la force put être réalisé par l'alliance du sentiment et du bon sens. En y comprenant les extensions coloniales, la République occidentale se compose de cinq groupes de nations; la France, au centre; l'Italie et l'Espagne, au Sud; l'Angleterre et l'Allemage, au nord; Paris, qui en a été le foyer depuis le temps des croisades, en deviendra la métropole religieuse lorsqu'il aura perdu son caractère insurrectionnel. Rapprochées bien davantage par les aspects esthétiques, scientifiques et industriels, qu'elles ne sont séparées par les croyances théologico-métaphysique et par leurs antécédents militaires, ces diverses populations forment un tout solidaire; en fait, les Occidentaux sont des compatriotes.

Avec le positivisme, il faut éliminer, comme expression politique, la qualification purement géographique d'Européenne, que l'on a irrationnellement donnée à un ensemble de populations très distinctes les unes des autres; ainsi employée cette dénomination pêche à la fois par excès et par défaut. Malgré les hallucinations démocratiques, il n'y a pas d'États-Unis d'Europe; car cette partie du monde comprend des populations orientales, comme la Turquie et la Russie, et elle n'embrasse pas les divers appendices coloniaux de l'Occident, surtout américains, dont ils font évidemment partie. En outre, les cinq dénominations employées pour désigner les éléments de la République occidentale sont des expressions générales destinées à représenter des groupes d'États politiquement distincts; ainsi le mot Allemagne désigne une collectivité qui comprend, en dehors de l'Allemagne proprement dite, la Suisse, la Hollande, le Danemarck, la Norwège, la Suède, la Hongrie et la Pologne. En effet, il ne peut être question de faire un seul État de ces populations; la diversité des intérêts exigera toujours des gouvernements temporels peu étendus, distincts et indépendants les uns des autres; plus un gouvernement s'étend au-delà des limites normales de la patrie, plus il devient absurde et oppressif, tant au dedans qu'au dehors. Depuis que l'incorporation des éléments occidentaux a été achevée, toutes les tentatives faites dans les temps modernes pour renouveler l'œuvre conquérante des César et des Charlemagne sont devenues aussi inutiles qu'impuissantes; autant l'opération de ces deux grands hommes a été légitime et progressiste, autant l'action des Louis XIV et des Bonaparte fut perturbatrice et rétrograde. En ne perdant jamais de vue l'avenir, le véritable homme d'État secondera la conservation des petites nationalités et la restauration de celles qui ont été, depuis un siècle, brutalement dissoutes par une coupable parodie de la civilisation militaire.

Régler par des vues nouvelles ces diverses populations est d'autant plus urgent, que les procédés révolutionnaires en faveur sont d'une insuffisance déplorable et menacent sans cesse la paix. Évidemment ce n'est pas par la politique envahissante basée sur la théorie métaphysique des nationalités que l'ordre sera rétabli en Occident ; cette théorie méconnaît le caractère très complexe de la race et sa subordination au phénomène social prépondérant, la continuité. Ce matérialisme politique, qui ne se regarde comme obligé envers rien, qui ne se préoccupe pas plus de l'Humanité que de Dieu, regarde la lutte, au seul profit des forts, comme le but de la vie ; il ne voit que des individus isolés destinés à être les uns exploités et les autres exploiteurs. Le positivisme s'est jeté à la traverse, et il fait appel aux républicains français et occidentaux pour réagir contre les résultats monstrueux d'une conception arbitraire, qui se prévaut frauduleusement de la méthode scientifique, et qui, au nom du droit, ruine, sacrifie et finalement extermine les faibles, pour aboutir partout au triomphe de barbares. Avec l'industrialisme national, la politique occidentale n'est pas mieux coordonnée ; l'expérience a prouvé, ce que la théorie confirme, que sans morale positive le commerce c'est la guerre au dedans et au dehors, en raison de sa tendance à faire de chaque pays un atelier ayant pour débouché le reste du monde. Mais avec un régime si artificiel, toute production similaire est considérée comme une rivale qu'il faut nécessairement détruire ; il suffit d'un changement d'habitudes chez les consommateurs ou de la fermeture d'un marché pour accumuler les ruines et réduire le prolétariat à la misère. Avec des populations historiquement analogues comme les nations occidentales, il n'y a de possible que le libre échange dans ses dispositions essentielles, chacune produisant les matériaux qu'elle est plus apte à fournir et les échangeant avec les autres ; c'est aux praticiens à y apporter les tempéraments que nécessitent les diversités économiques. Non moins dangereuses sont les invocations à la fraternité pour aplanir nos principales difficultés ; l'opinion devrait d'autant moins accepter que les gouvernants invoquent le patronage respecté de l'Humanité, que nul peuple n'est assez pur pour parler en son nom et qu'un tel appel, soi-disant destiné à rétablir l'ordre et la paix, n'a contribué jusqu'ici qu'à augmenter nos embarras, après avoir fait couler des flots de sang. Traitons la politique comme une chose de raison ; ce sont des lumières et non des passions qu'il faut introduire dans les contestations internationales ; partout, il importe de s'attacher à simplifier et non à compliquer les questions quelconques.

La réorganisation occidentale suppose la détermination rationnelle des devoirs qui relient entre elles les diverses classes et nations de l'Occident, d'après leurs antécédents et leur destination. Une telle solution exige des études approfondies que poursuit le sacerdoce de l'Humanité, et sur lesquelles il appelle la sollicitude de tous les hommes supérieurs. Ce règlement rend encore plus nécessaire et urgente la séparation des deux pouvoirs, et si l'on avait pu concevoir quelque incertitude au point de vue civique, le doute n'est plus possible lorsqu'on se place au point de vue international. En réalité, le concert occidental ne peut résulter que de l'adoption de devoirs démontrables dominant les relations correspondantes, d'après un système uniforme d'éducation positive, qui établisse et maintienne les opinions et les mœurs qui doivent présider à l'activité commune. Morale et non politique, tel sera, chez les populations occidentales, le caractère d'une union qui deviendra de plus en plus systématique sous l'action directe du sacerdoce de l'Humanité, appelé, à l'exclusion de tous les pouvoirs politiques, au gouvernement de la République Occidentale.

En principe, et tant que les esprits n'auront pas été suffisamment préparés à cette solution, tout projet d'exercer une action collective fondamentale soit au dedans soit au dehors, devra être écarté comme prématuré. Même envers les institutions pratiques les plus élémentaires, comme l'établissement d'un système universel de mesures et de monnaies, les gouvernements ne peuvent intervenir que par leur concours pécuniaire; la détermination et l'acceptation de ces établissements dépendent du sacerdoce positiviste. Afin que la conversion des populations à la religion de l'Humanité soit aussi rapide et aussi complète que possible, il importe que chaque État adopte une attitude pacifique, qui facilite au lieu d'entraver la rénovation organique. Ne se dispenser dans aucun cas du devoir de concourir au maintien du *statu quo* territorial, voilà l'obligation qui incombe aux divers membres de la République occidentale tant que durera cette situation transitoire. Entrer dans la voie pacifique, avec ce mot d'ordre : *Pas d'annexion, sous aucun prétexte !* grouper les petites nationalités autour d'un État prépondérant, afin de garantir à la fois leur indépendance et la paix générale, voilà la marche à suivre. Sans doute, avant d'arriver à l'harmonie ces peuples continueront encore à se haïr et à s'entre-détruire, mais de telles luttes seront de plus en plus considérées comme des guerres civiles; nous marchons vers l'unité.

Suivant ses antécédents, la France est appelée à fournir l'impulsion directrice, de préférence à toutes les autres nations de l'Occident, qui, moins engagées, peuvent attendre l'accomplissement de sa transformation organique. Avant de prétendre modifier le monde, elle doit faire ses preuves chez elle en surmontant l'anarchie qui l'épuise périodiquement; il lui faut conserver à tout prix la République, qui y est aussi indispensable qu'inévitable, et qui lui permettra d'accomplir toutes les modifications capables de faire concourir les forces quelconques au bien commun. La République française doit devenir positiviste dans ses chefs et disposer d'une force militaire suffisante pour faire respecter son élaboration intérieure et assurer le maintien de la paix au dehors; double condition temporelle de l'établissement de la nouvelle religion en Occident. Vivifiée, régénérée par la République, la France, devenue assez forte pour mettre le droit au service du devoir, pourra dire au perturbateurs : Nous ne voulons pas qu'on prenne rien ! et cela en son nom et au nom de ses alliés naturels, c'est-à-dire de toutes les petites nationalités dont l'indépendance est menacée. Elle réalisera ainsi le vœu du grand Danton : Que la République s'affermisse et la France, par ses lumières et son énergie, fera attraction sur tous les peuples !

CHAPITRE CINQUIÈME.

DE LA MORALE PLANÉTAIRE POSITIVE

Le but de la morale planétaire positive est de consolider systématiquement les tendances universelles vers l'unité terrestre. Le règlement des relations planétaires est devenu aussi indispensable, par leur complication croissante, qu'inévitable par la réaction des Orientaux contre les abus des Occidentaux. L'esprit sympathique et relatif du positivisme permet seul d'y satisfaire ; considérant ces peuples comme des éléments retardés dans le mouvement commun, il les incorporera à la civilisation occidentale par une sage transition. Cette œuvre exige le profond respect de leur situation actuelle et la création d'une marine occidentale pour assurer la police des mers.

La destination de la politique positive est de faire régner la paix sur la Terre, en réglant tous les rapports humains conformément à cette formule sacrée : L'AMOUR POUR PRINCIPE, ET L'ORDRE POUR BASE ; LE PROGRÈS POUR BUT !

Organiser systématiquement l'unité qui tend spontanément à s'établir sur la Terre, voilà le but de la morale planétaire positive. Bossuet a fort bien exprimé, dans *la Politique tirée de l'Écriture Sainte*, l'importance d'un siége commun, qui nous fait tous compatriotes :

« La Terre que nous habitons ensemble sert de lien entre les hommes et forme l'unité des nations ;... les hommes, en effet, se sentent liés par quelque chose de fort lorsqu'ils songent que la même terre qui les a portés et nourris étant vivants, les recevra dans son sein, quand il seront morts ! »

A cet amour commun et profond, celui du sol, s'ajoute

une foi commune celle du bon sens, dont le fétichisme représente la systématisation fondamentale ; enfin la lutte de la vie contre la mort complète, sous le rapport de l'activité, cette communauté nécessaire. Telles sont les bases générales sur lesquelles le positivisme s'appuie pour établir l'exploitation de la planète au service de l'Humanité.

Rien ne fait mieux sentir la tendance inévitable de l'espèce humaine vers l'unité finale, que la liaison croissante de toutes les parties de la planète, qui rend impossible l'isolement des populations et ne permet plus séparer de la vie occidentale l'existence économique et morale de l'Orient. Il n'arrive rien dans l'endroit le plus obscur de la Terre qui n'ait son retentissement dans quelque autre de ses parties ; ce qui se passe à Pékin influe sur la population rouennaise, les perturbations de l'Amérique du Sud se répercutent en Angleterre. Quelle est la nation qui pourrait se suffire à elle-même sans le concours des autres, aujourd'hui que l'activité de la plus éloignée est souvent nécessaire à la satisfaction de nos plus humbles besoins nutritifs, de même que celle-ci fait à son tour appel à nos services ! Un lien plus puissant encore concourt à ce ralliement ; les populations orientales nous imitent, elles s'initient à nos conceptions scientifiques et philosophiques, aussi bien qu'à nos procédés industriels. Enfin, les avantages qui résultent de cette incorporation surmontent partout en Orient les différences de mœurs et de doctrines, ils ouvrent une vaste carrière aux natures élevées dignes de se mettre au service de ces populations ; c'est pour leurs connaissances scientifiques que les Jésuites ont été admis en Chine. Toutes ces actions et réactions des peuples les uns sur les autres iront croissant ; il s'agit, sans compromettre les résultats acquis, de fortifier sagement cette tendance vers l'unité, qui est un fait aperçu maintenant de tout le monde.

Il est, en effet, indispensable de régler systématiquement ces relations, qu'un désastreux empirisme menace de compliquer en provoquant, entre des populations trop différentes, des contacts prématurés qui ne servent qu'à surexciter l'anarchie industrielle. C'est ainsi que les Occidentaux, faits à de certaines habitudes de vie, se trouvent par l'immigration des Chinois placés en concurrence avec des hommes susceptibles d'exister d'une façon plus simple et plus économique. Or ces embarras sont le résultat inévitable de l'immixtion perturbatrice des Occidendaux dans l'existence de nations auxquelles ils étaient jusque-là demeurés étrangers, et qu'ils ne pouvaient ni apprécier ni servir faute d'une préparation morale suffisante. Nous avons trouvé au Mexique, au Pérou, dans l'Inde, dans la Malaisie, au Japon, en Chine, en Afrique, des peuples qui à maints égards valaient mieux que nous : la morale de Confucius n'est-elle pas bien supérieure à la morale évangélique, qu'elle a précédée de six siècles ? et, plus près de nous, le régime islamique n'a-t-il pas surpassé le régime chrétien dans ses rapports extérieurs, comme en témoignent son esprit gouvernemental et sa constante tolérance ? Odieux prévaricateurs, les aventuriers chrétiens leur ont apporté la misère, le vice, l'esclavage et finalement l'extermination le jour où l'ardente charité des Las Casas et des Saint-François-Xavier a fait place à l'hypocrite perversité des missionnaires industrialialistes, devenus l'avant-garde des bandits occidentaux. Certes, les premiers conquérants ont été parfois bien rudes, mais les résistances une fois vaincues, ils ont fait preuve d'une sociabilité supérieure à celle de ces soi-disant progressistes, qui ne reculent devant aucune monstruosité dés qu'elle peut servir à faciliter l'exploitation de l'Orient pour le plus grand profit de leur rapacité. Les industrialistes qui troublent ainsi des populations dignes de respect, au point de nous attirer la plus légitime exécration, ne reculent pas devant l'apologie de leurs actions et prétendent mériter des couronnes civiques! A en croire leur ignoble matérialisme, ils seraient les simples exécuteurs de prétendues lois naturelles qui destineraient les populations noires et jaunes à disparaître; ils se proposent de faciliter cette évolution en les faisant mourir de faim. Sans songer que si les blancs appliquent ces procédés évolutionistes aux populations orientales, celles-ci nous les appliqueront un jour à nous-mêmes lorsqu'elles auront saisi le secret de notre puissance; et dès à présent, elles massacrent les plus remuants de ces étranges civilisateurs toutes les fois qu'elles en trouvent l'occasion. Tôt ou tard, on s'aperçoit qu'on ne fait jamais le mal impunément : à maintes reprises déjà l'Occident a subi la réaction de cette férocité qu'il avait entretenue si aveuglément au dehors; et de leur côté ces populations intelligentes, actives, fortes par le nombre, s'arment en mettant à profit notre outillage industriel, et, si nous ne modifions pas notre conduite, elles pourront un jour nous faire payer cher nos cruautés. Elle a même commencé, cette expiation inévitable; la redoutable invasion économique des Chinois, que j'ai annoncée il y a dix-huit ans (1), lorsque cette prévision était encore considérée comme un rêve, exerce une action perturbatrice considérable sur la vie intérieure des Etats-Unis et de l'Angleterre même; elle nous menace de guerres sociales.

En présence de ces périls, il est urgent que l'Occident pourvoie pacifiquement et sans retard aux nécessités que soulève ce concours de plus en plus complet et étendu des nations. S'en remettre pour ce règlement aux industrialistes, qui regardent les populations orientales comme composées d'imbéciles et de brigands, n'est plus possible; le temps est passé où la fatuité chrétienne traitait de bar-

---

(1) *Considérations générales sur l'ensemble de la civilisation chinoise et sur les relations de l'Occident avec la Chine* (3 leçons du Cours de 1859-60 sur l'Histoire Générale de l'Humanité). Cet ouvrage se trouve à la Bibliothèque publique de la Ville du Havre.

bares les peuples qu'elle n'avait pu s'incorporer. Préservé, par sa relativité, du mépris à la fois dégradant et oppressif inséparable des doctrines absolues, le positivisme fait éclater ici son incontestable supériorité sur le bouddhisme, le catholicisme et même l'islamisme, qui ont tenté avant lui de constituer une religion planétaire : il peut seul comprendre et aimer les populations orientales et les amener, sans contradiction, à l'harmonie universelle. En réalité, il n'a subsisté des rapports mutuels entre l'Occident et l'Orient que des résultats techniques ou scientifiques, et le souvenir de dévouements exceptionnels ; ce n'est qu'en fortifiant ces liens, sympathiques, intellectuels et matériels, qui nous unissent aux Orientaux que le problème planétaire peut être résolu. Rapportant chaque institution sociale à sa véritable époque, la doctrine positive permet de marquer les positions que les peuples quelconques occupent actuellement dans leur marche vers l'Humanité. Elle considère les populations orientales comme des éléments simplement retardés et restés, dans le mouvement commun à des phases diverses, analogues à celles que nos pères et nous-mêmes avons traversées, car l'individu reproduit l'espèce ; c'est ainsi qu'elle fait la part de chacun tout en tendant à prévaloir. Regardant ces éléments inégalement avancés comme autant de facteurs de la civilisation totale, la religion de l'Humanité n'aura qu'à diriger, sans aucune rupture de continuité, leur développement spontané pour les faire concourir vers leur commune destination.

Nous possédons les deux éléments fondamentaux, l'un essentiel et l'autre complémentaire, sans lesquels les tentatives d'établir le concours des nations demeureraient illusoires ; la foi positive et le travail pacifique. Industrie et science ont également le caractère de l'universalité ; la première, comme la seconde, utilise tous les antécédents humains et destine à tous ses résultats, comme celle-ci elle a puissamment préparé le règne de l'Humanité, aussi verra-t-on de plus en plus une utopie dans toute conception qui envisagerait l'activité comme réductible à une province ou à une patrie. En concevant la planète toute entière comme la seule réalité, sous le double aspect théorique et pratique, les sentiments de fraternité universelle finiront par dominer des relations jusqu'ici livrées à la férocité, à la cupidité et au caprice. Régler les relations terrestres suppose donc que l'on aura préalablement déterminé, à la lumière des lois positives, la constitution actuelle, économique, mentale et morale, des diverses parties de la planète, pour en déduire ensuite le mode qui convient le mieux à leur incorporation au mouvement occidental.

Toutefois, ce vaste champ d'activité ne peut être abordé par les gouvernements qu'après la rénovation religieuse de l'Occident, où se concentrera d'abord l'élaboration philosophique essentielle; jusque-là il faudra être extrêmement réservé dans le choix des entreprises collectives et dans l'établissement de rapports trop intimes, et surtout ne jamais perdre de vue l'avenir qu'il s'agit de préparer. Il ne peut être question, en effet, de soumettre les Orientaux à une imitation aussi vaine qu'absurde de la marche occidentale, qui n'est pas susceptible d'être reproduite; ce qu'il faut c'est leur épargner des épreuves inutiles, grâce à une fraternelle assistance. Ce n'est que par de très lentes modifications, surtout morales, qu'on peut rapprocher leur constitution de celle de l'Occident. Hâter cette marche en leur appliquant le principe du libre-échange reviendrait, pour les castes industrielles de l'Inde, à les condamner à mourir de faim, faute de pouvoir procéder à un changement de profession que leur religion leur interdit. On pourrait étendre cette observation aux mœurs proprement dites; une transition est donc absolument nécessaire si l'on veut éviter des catastrophes, dont les Orientaux seraient les premières victimes, mais qui ne tarderaient pas à réagir sur le prolétariat occidental.

Au sacerdoce de l'Humanité seul il appartient de diriger les relations planétaires, et d'étendre la foi positive, sous des formes appropriées à leur état actuel, d'abord chez les musulmans et les russes, puis chez les hindous et les populations de l'extrême Orient, enfin au reste de la Terre. Par des missions confiées à des âmes d'élite, il interviendra auprès des chefs pour consolider chez les populations qu'ils régissent tout ce qu'il y a de convergent dans leurs mœurs et dans leurs institutions. Offrant les garanties mentales et morales nécessaires, les missionnaires positivistes trouveront auprès des gouvernements occidentaux le concours légitime, surtout financier, que ceux-ci doivent à tout ce qui contribue à la consolidation de l'ordre planétaire. Tandis que s'accomplira cette œuvre religieuse, l'Occident la complétera politiquement en respectant toujours la condition des populations retardées, au lieu de les désagréger prématurément, comme on l'a fait en Turquie, ou de les détruire, comme en Afrique et en Océanie. Réagir contre le prosélytisme révolutionnaire est un devoir non moins urgent; il faut venir en aide aux chefs orientaux dans les mesures de protection qu'ils prennent contre les missionnaires et les contrebandiers, qui au nom de principes chrétiens, industrialistes ou humanitaires, viennent empoisonner, abrutir et opprimer leurs populations. En résumé, les seules opérations politiques collectives seront temporaires et surtout destinées à maintenir l'ordre sur la planète; elles supposent une création fondamentale indispensable pour surveiller et réprimer les perturbateurs, celle de la marine occidentale, c'est-à-dire d'une gendarmerie des mers. Le positivisme, organe de la civilisation, appelle l'Occident régénéré par la foi démontrée à une noble mission : répudier le système des conquêtes, garantir les bienfaits de la paix contre les violences des forts et ne plus défendre sur la Terre que les intérêts généraux de l'Humanité. Une telle politique, rompant définitivement avec l'étroit égoïsme national nécessaire au passé pour se subordonner à la morale universelle, poursuivra ses grands desseins avec l'inflexibilité du juste, l'esprit conciliant du sage, en restant en tout fidèle à la loyauté d'une morale sociale qui a pour devise : Vivre au grand jour. Puisse la France républicaine prendre cette grande initiative à temps pour conjurer de nouveaux orages et prévenir d'irréparables désastres !

L'Amour pour principe, et l'Ordre pour base, le Progrès pour but ! telle est la formule vraiment sacrée qui résume l'ensemble de la Morale positive. Par elle, les éléments quelconques de l'ordre humain sont réglés sous les rapports ; directement, d'après leur subordination immédiate à une existence plus générale ; universellement, d'après leur dépendance envers l'Humanité, qui est elle-même soumise à la fatalité terrestre. La nécessité d'une morale positive est pleinement déterminée, tant par les besoins de la situation que par les tendances universelles de la nature humaine. Elle fournit aux hommes de pensée et aux hommes d'action un terrain commun, qui leur permettra d'asseoir sur des bases indestructibles l'existence féminine et prolétaire.

Établir systématiquement le règne paisible de l'Humanité en vue du perfectionnement universel, telle est la destination de la politique positive. Le nouveau pouvoir spirituel a construit les principes généraux de direction qu'il fera prévaloir dans le gouvernement de la nature humaine. Les devoirs destinés à régulariser l'évolution de l'ensemble des éléments sociaux vers l'état normal ne peuvent être ni devinés ni révélés ; on ne les formule qu'après une étude générale et approfondie des phénomènes humains, dont il faut découvrir et coordonner les lois. Il n'y a pas pour y parvenir d'autre voie que la SCIENCE SOCIALE, dont j'espère pouvoir vous entretenir un jour.

Grâce à une telle exposition, justice est faite des conceptions vulgaires sur la religion de l'Humanité. Cette vaste construction d'Auguste Comte apparaît maintenant comme une doctrine pure de toute conception hétérogène qui compromettrait ses grandes notions sociales et morales. Respectueuse des individualités, personnelles, familiales et civiques, elle fait converger les natures d'élite des deux sexes, de toutes classes, de toutes nations. Elle constituera ainsi une libre opinion publique, dont l'office sera de faire accepter et respecter, en tout et partout, les règles de la morale démontrée, et de réaliser, avec l'appui de tous les hommes de bonne volonté, le règne de la paix sur la Terre.

Il me reste à vous remercier de l'attention et de la liberté que vous m'avez accordées pendant une aussi longue exposition, où cependant je n'ai pu qu'indiquer en termes généraux un ensemble considérable de conceptions et de travaux destinés au service de l'Humanité.

FIN.

TABLE

DES

MATIÈRES

TABLE DES MATIÈRES

contenues dans

LA MORALE POSITIVE.

PREMIÈRE PARTIE

DE LA NÉCESSITÉ ACTUELLE D'UNE MORALE POSITIVE.

L'art moral a été d'abord empirique. Au début, l'homme ne se règle pas faute d'organes spéciaux. La formation des capitaux les fit surgir par la création du vieillard, de la femme, et surtout de la caste théocratique, qui découvre les règles morales, après de difficiles travaux séculaires, et les fait prévaloir, malgré les instincts prépondérants, grâce au triple appui de la formulation : Moïse est le type de cette évolution. Importance d'une statistique morale.

La morale théologique a été utile. Pour que les règles morales soient stables, un Grand-Être est indispensable, et au début il ne pouvait être que *fictif*. Saint-Paul et Mahomet étaient sincères ; ne pouvant analyser leurs opérations mentales, ils les rapportaient à Dieu. Cette même nécessité avait déjà inspiré la création préalable du polythéisme. Dans le théologisme, les êtres fictifs sanctionnent les règles morales, sur la Terre d'abord, puis dans le Ciel. C'est le catholicisme romain qui a porté la morale théologique à son apogée ; le reconnaître est la caractéristique de la pleine émancipation. La morale théologique a été un procédé de conservation des progrès moraux.

La désuétude croissante de la morale théologique, caractérisée par l'avènement des réformés et des esprits forts, dont les Templiers ont été les précurseurs, exigeait une opération critique dont la métaphysique fut l'organe. La morale correspondante a pour principe la conscience et pour sanction les droits. La doctrine démocratique,

DEUXIÈME PARTIE

DES CARACTÈRES FONDAMENTAUX DE LA MORALE POSITIVE.

FIN DE LA TABLE DES MATIÈRES DE LA MORALE POSITIVE.

ERRATA

Page 45, dernière ligne, *au lieu de* « adoptée et mise » *lire* :
« adopté et mis »

Page 136, ligne 8, *au lieu de* « se concentrent » *lire* : « , il se
concentre »

Page 155, ligne 6, *au lieu de* « connaît respecte ses lois » *lire* :
« connaît et respecte »

Page 172, ligne 32, *au lieu de* : « . Le divorce » *lire* « ; le
divorce »

Havre. — Imprimerie T. Leclerc, cours de la République, 174.

EXTRAIT DU CATALOGUE DES PUBLICATIONS POSITIVISTES

I.

LE POSITIVISME AU CONGRÈS OUVRIER : *De l'Enseignement professionnel*, par M. E. Laporte ; — *Des Sociétés Coopératives*, par M. I. Finance ; — *De la Représentation des Ouvriers au Parlement*, par M. F. Magnin (Paris, 1876) . . . 0 50

DU MARCHANDAGE ET DU TRAVAIL A LA MINUTE, par E. Laporte et I. Finance 0 25

DES EXPOSITIONS INDUSTRIELLES, par I. Finance 0 20

DES CHAMBRES SYNDICALES OUVRIÈRES ET DES ASSOCIATIONS COOPÉRATIVES, discours prononcé au Congrès de Marseille, par I. Finance 0 15

CALENDRIER POSITIVISTE pour une année quelconque, suivi du Catalogue de la BIBLIOTHÈQUE POSITIVISTE (Havre, 1878) . . 0 50

II. — *Œuvres de M. Fabien MAGNIN*

1º RAPPORT A LA SOCIÉTÉ POSITIVISTE sur la question du travail (Juin 1848) 0 50

2º LETTRES SUR LA GRÈVE DES OUVRIERS DU BATIMENT DE LONDRES (Paris, 1862) 0 75

3º DE LA TRANSFORMATION DES DROITS EN DEVOIRS ; DE L'AUMONE ET DE L'ASSISTANCE
(Nºˢ 5 et 17 de la Revue *La Politique Positive*)

4º DE LA REPRÉSENTATION DU PROLÉTARIAT (Paris, 1876) . 0 50

5º LE CONGRÈS OUVRIER DE MARSEILLE, programme adressé aux Organisateurs (Paris, 1879) 0 50

6º DES RELATIONS D'AUGUSTE COMTE AVEC LES PROLÉTAIRES PARISIENS, discours prononcé sur sa tombe le 5 Septembre 1878. (*Revue Occidentale* 1ʳᵉ année, nº 4.)

7º QUESTIONS SOCIALES : du régime industriel et du prolétariat (en cours de publication dans la *Revue Occidentale*, paraissant tous les deux mois ; par an Fr. 20.)

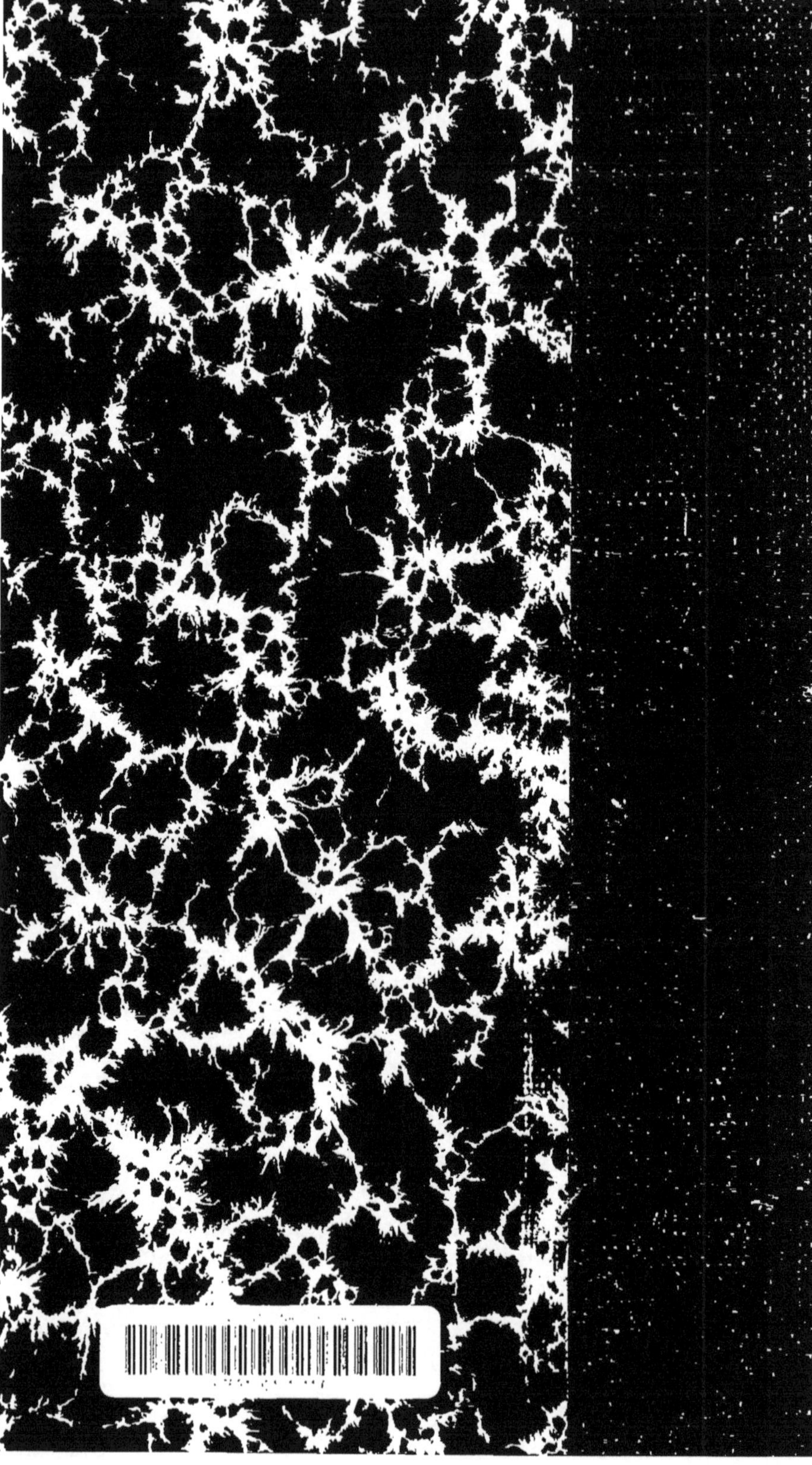